管理技术转移

刘海波 张亚峰 著

知识产权出版社
全国百佳图书出版单位
—北京—

图书在版编目（CIP）数据

管理技术转移/刘海波，张亚峰著．—北京：知识产权出版社，2021.6
ISBN 978-7-5130-7397-4

Ⅰ.①管… Ⅱ.①刘… ②张… Ⅲ.①技术转移—研究 Ⅳ.①F113.2

中国版本图书馆 CIP 数据核字（2021）第 009597 号

内容提要

本书从技术转移活动的历史发展、基础架构形成和主要特征出发，解析了技术转移的概念、形态、机制、模式和规律，并从项目化管理、合同管理、知识产权管理、国际技术转移管理等方面探讨了如何管理技术转移。本书可用于与技术转移、科技成果转化相关的政策制定、学术研究和教学培训。

责任编辑：李　潇　刘晓琳　　　　　　责任校对：王　岩
封面设计：杰意飞扬·张　悦　　　　　　责任印制：刘译文

管理技术转移

刘海波　张亚峰　著

出版发行：知识产权出版社有限责任公司	网　　址：http://www.ipph.cn
社　　址：北京市海淀区气象路 50 号院	邮　　编：100081
责编电话：010-82000860 转 8025	责编邮箱：3275882@qq.com
发行电话：010-82000860 转 8101/8102	发行传真：010-82000893/82005070/82000270
印　　刷：三河市国英印务有限公司	经　　销：各大网上书店、新华书店及相关专业书店
开　　本：787mm×1092mm　1/16	印　　张：14.5
版　　次：2021 年 6 月第 1 版	印　　次：2021 年 6 月第 1 次印刷
字　　数：292 千字	定　　价：98.00 元
ISBN 978-7-5130-7397-4	

出版权专有　侵权必究
如有印装质量问题，本社负责调换。

序

创新驱动发展，更需转移转化

习近平总书记在党的十九大报告中提出："深化科技体制改革，建立以企业为主体、市场为导向、产学研深度融合的技术创新体系，加强对中小企业创新的支持，促进科技成果转化。"

科技成果转化，即从实验室向生产线或应用场景的技术转移，是亟待解决的历史性、世界性、时代性难题。从有独立科研活动那一天起，科技成果转化工作就开始了。直到今天，世界上没有哪一个国家或地区完全成功地解决了这个问题。而且，当代科学技术研究领域越来越细分、方法越来越复杂，特别是投资越来越巨大，成果转化问题变得越来越突出，甚至矛盾越来越尖锐。

科技经济"两张皮"也一直是困扰着我国的重大难题。1982年，我国提出现代化建设的一个基本方针：经济建设必须依靠科学技术，科学技术必须面向经济建设。该方针直指当时我国多个行业存在科技经济"两张皮"的痼疾，这个方针在今天还有重要的方向性指导意义。

2017年9月，国务院发布《国家技术转移体系建设方案》，指出："改革开放以来，我国科技成果持续产出，技术市场有序发展，技术交易日趋活跃，但也面临技术转移链条不畅、人才队伍不强、体制机制不健全等问题，迫切需要加强系统设计，构建符合科技创新规律、技术转移规律和产业发展规律的国家技术转移体系，全面提升科技供给与转移扩散能力，推动科技成果加快转化为经济社会发展的现实动力。"《国家技术转移体系建设方案》首次描绘了我国技术转移体系建设的蓝图，提出了"两步走"目标和"三方面"重点任务。

"两步走"目标是：第一步，到2020年，适应新形势的国家技术转移体系基本建成，互联互通的技术市场初步形成，有利于科技成果资本化、产业化的体制机制基本建立；第二步，到2025年，结构合理、功能完善、体制健全、运行高效的国家技术转移体系全面建成。

"三方面"重点任务包括：一是优化国家技术转移体系基础架构，构建技术转移体系的"四梁八柱"。建设统一开放的技术市场，构建互联互通的全国技术交易网络。发展技术转移机构，加强高校、科研院所和社会化技术转移机构建设。二是拓宽技术转移通道，增强技术转移体系的辐射和扩散功能。依托创新创业促进技术转移，深化军民科技成果双向转化，推动科技成果跨区域转移扩散，拓展国际技术转移空间。三是完善政策环境和支撑保障，确保体系高效运转。推动高校、科研院所完善科研人员分类评价制度，建立以科技创新质量、贡献、绩效为导向的分类评价体系。健全国有技术类无形资产管理制度，统筹研究科技成果转化奖励收入有关税收政策等。

我国技术转移体系的直接法律基础是《中华人民共和国促进科技成果转化法》（以下简称《促进科技成果转化法》）。这部法由全国人民代表大会常务委员会于1996年5月15日发布，2015年8月29日修订。修订后的《促进科技成果转化法》充分吸收了近年来国内外技术转移理论成果和实践经验，直面我国科技成果转化的主要问题，提出了诸多针对性措施。为了有效施行《促进科技成果转化法》，国务院2016年2月26日印发了《国务院关于实施〈中华人民共和国促进科技成果转化法〉若干规定的通知》，国务院办公厅2016年5月9日发布了《促进科技成果转移转化行动方案》。至此，我国关于科技成果转化的法律法规政策体系基本健全，工作架构设计完毕。

但是，一些基本理论问题、认识问题还没有解决。本质而言，技术转移的理论问题、认识问题，就是实践问题，是技术转移的理论和认识不能及时、有效地回应技术转移实践提出的问题。

歌德说："理论是灰色的，而生命之树常青。"不过，理论也是必要的。没有理论指引，实践可能会走很多弯路。

本书的目的，是在理论上探讨技术转移的诸多基础性认识问题。比如：成果转化和技术转移是什么关系？技术转移有没有一些规律性特征？技术转移和专利许可是不是一回事儿？技术转移的最新国际动态是什么？技术转移该如何管理？

为了尝试回答这些问题，本书按照从认识到实践的逻辑，把内容分为四个部分：第一部分是认识技术转移，从历史发展的脉络厘清技术转移的由来、现代技术转移基础架构的产生，以及技术转移的四个本质特征。第二部分是解析技术转移，辨析了技术转移以及相关的概念，分别从行动者和观察者的视角梳理了技术转移的十三种发生形态，探讨了技术转移的五种机制、三种模式和十三个规律。第三部分是管理技术转移，总结了技术转移管理中的项目化管理、合同管理、知识产权管理以及国际技术转移管理。第四部分是制胜技术转移，主要讨论了我国的技术转移政策、专业服务平台、当前我国技术转移的特点和我国建设国家技术转移体系的关键要素和亟待解决的问题。希望这样的结构安排能在帮助读者建立比较全面、系统的技术转移知识体系架构的同时，了解现实中技术转移的真实情况。

这些探讨当然不能解决技术转移的全部认识问题。但是聚沙成塔、集腋成裘，这样的探讨多了，思想实验多了，环境就会好起来，行动就会顺起来，参与技术转移的人就会多起来，技术转移对创新驱动发展的贡献就会大起来。

我们期待着这一天。

2021 年 5 月

目 录

第一部分 认识技术转移

第一章 技术转移在"二战"后的展开 … 3
第一节 "冷战"框架下的技术转移 … 5
第二节 联合国框架下的技术转移 … 11
第三节 国际投资贸易带动的技术转移 … 19

第二章 技术转移基础架构的形成 … 23
第一节 美国《拜杜法》 … 23
第二节 英国技术集团 … 26
第三节 德国史太白技术转移中心 … 30

第三章 技术转移的四大本质特征 … 36
第一节 时代使命 … 36
第二节 法制基础 … 37
第三节 市场经济 … 41
第四节 专业能力 … 44

第二部分 解析技术转移

第四章 技术转移的概念辨析 … 49
第一节 概念的提出 … 49
第二节 概念的发展 … 50
第三节 与相关概念的关系 … 53

第五章 技术转移的发生形态 … 56
第一节 观察者的视角 … 56
第二节 行动者的视角 … 63

第六章 技术转移的理论探索 … 73
第一节 技术转移的机制 … 73

第二节　技术转移的模式 ………………………………………… 78

第七章　技术转移的基本规律 …………………………………………… 95
　　第一节　宏观视角 ………………………………………………… 95
　　第二节　操作视角 ………………………………………………… 100

第三部分　管理技术转移

第八章　技术转移的项目化管理 ………………………………………… 109
　　第一节　项目管理概要 …………………………………………… 109
　　第二节　技术转移项目 …………………………………………… 116
　　第三节　用项目方法管理技术转移 ……………………………… 120

第九章　技术转移的合同管理 …………………………………………… 124
　　第一节　技术合同概要 …………………………………………… 124
　　第二节　技术合同类型 …………………………………………… 125
　　第三节　技术转移合同需求 ……………………………………… 127
　　第四节　用合同管理技术转移 …………………………………… 134

第十章　知识产权管理 …………………………………………………… 136
　　第一节　知识产权与技术转移 …………………………………… 136
　　第二节　知识产权政策 …………………………………………… 146
　　第三节　用知识产权管理技术转移 ……………………………… 152

第十一章　国际技术转移管理 …………………………………………… 156
　　第一节　国际技术转移的新形势 ………………………………… 156
　　第二节　国际技术转移的新视角 ………………………………… 160
　　第三节　国际技术转移服务平台 ………………………………… 163
　　第四节　我国管理国际技术转移新举措 ………………………… 168

第四部分　制胜技术转移

第十二章　我国技术转移政策 …………………………………………… 179
　　第一节　历史演进 ………………………………………………… 179
　　第二节　政策议题 ………………………………………………… 183

第十三章　我国的技术转移平台 ………………………………………… 186
　　第一节　平台要求 ………………………………………………… 186
　　第二节　机构平台和区域平台 …………………………………… 186
　　第三节　网络平台 ………………………………………………… 189
　　第四节　建设情况 ………………………………………………… 192

第十四章　我国技术转移的特点 …… 200
第一节　多主体合作持续深入 …… 200
第二节　知识产权作用更加突出 …… 201
第三节　国际化程度不断加深 …… 202
第四节　对国民经济的作用越来越大 …… 203

第十五章　建设国家技术转移体系 …… 208
第一节　体系化认识 …… 208
第二节　关键要素 …… 210
第三节　亟待解决的问题 …… 213

后　记 …… 220

第一部分
认识技术转移

技术转移是历史性、世界性和时代性难题。在科技对人类各方面影响不断扩展、加深和强化的今天,解决好这个难题的急迫性越来越突出。

第一章　技术转移在"二战"后的展开

现代技术转移是本书关注的重点。现代技术转移兴起于"二战"之后，成形于 20 世纪 80 年代初。如果说，由于炸药在战场上的广泛使用把人类带入"科学战"时代，那么，"二战"期间，为在战争中取胜而发明并使用的计算机、原子弹等，则把人类带入了"科工一体化"时代。科学技术的研究开发与工业化生产制造体系的密切结合，是决定"二战"结局的一个关键因素。牢牢掌握了这个因素的美国，不但取得了战争的胜利，还在"二战"后基于国际地缘战略和国内经济发展的双重考虑，主动展开技术转移的实践。

知识链接
人类历史上的技术转移

人类社会的进步和人类文明的发展始终伴随着技术进步和技术向生产力的转化。18 世纪中后期以蒸汽机应用为标志的第一次技术革命、19 世纪中后期以电力技术为标志的第二次技术革命和 20 世纪中后期计算机信息网络带来的第三次技术革命是人类历史上的三次重要技术革命，极大地推动了人类的发展，而技术转化为生产力是技术发挥作用的重要体现。当我们把视角放大，从国家、区域、产业或者主体层面考虑技术的作用时，会发现技术还呈现出在国家之间、区域之间、产业之间或者主体之间转移与扩散的现象，这都是技术转移的体现。

技术转移作为一种广泛存在的社会现象，从古至今都极为普遍（见表 1-1）。通过技术转移获取先进技术是落后国家赶超先进国家的必经之路。历史上的英国在 15 世纪时还是欧洲的一个二流农业岛国，通过积极学习和引进欧洲大陆的各种先进技术，促进资本主义的发展，最终迎来第一次技术革命，使英国成为世界范围第一次工业革命的首发地。美国的崛起同样得益于技术转移，通过大量引进、消化来源于欧洲（主要是英国）的技术，其国内的工农业生产得以高速发展，成为 19 世纪技术引进成效最大、获益最多的国家。日本的经验则更加典型，"二战"后日本只用了 20 多年时间就赶上了世界先进科技水平，其中技术引进发挥着至关重要的作用。

表 1-1　人类历史上技术转移情况统计（公元前 12 世纪～1958 年）

发明项目	产出地点和年代	转移地点和年代	转移约用时间（年）
养蚕织丝	中国，公元前 12 世纪	欧洲，6 世纪	1800
弓弩	中国，公元前 3 世纪	欧洲，11 世纪	1400
耧车	中国，公元前 1 世纪	欧洲，约 17 世纪	1800
曲柄扬谷风车	中国，公元前 1 世纪	欧洲，约 14 世纪	1500
提花织机	中国，公元前 1 世纪	欧洲，约 5 世纪	600
制青瓷	中国，2 世纪	欧洲，13 世纪	1100
造纸	中国，2 世纪	欧洲，12 世纪	1000
独轮车	中国，3 世纪	欧洲，12 世纪	900
石拱桥	中国，7 世纪	欧洲，14 世纪	700
马挽具	中国，7 世纪	欧洲，11 世纪	400
火药	中国，9 世纪	欧洲，14 世纪	500
印刷术	中国，11 世纪	欧洲，15 世纪	400
指南针	中国，11 世纪	欧洲，16 世纪	500
眼镜	意大利，13 世纪	日本，约 16 世纪	300
机械表	德国，16 世纪初	日本，17 世纪初 中国，17 世纪中	100～150
铅室法制硫酸	英国，1746 年	日本，1872 年 中国，1932 年	126～186
氯法制漂白粉	法国，1785 年	日本，1872 年 中国，1909 年	87～124
汽船	美国，1801 年	日本，1855 年 中国，1865 年	54～64
水泥	英国，1821 年	日本，1903 年 中国，1906 年	82～85
铁路运输	英国，1825 年	日本，1872 年 中国，1884 年	47～59
火柴	英国，1827 年	日本，1876 年 中国，1880 年	49～53
有线电报	美国，1844 年	日本，1869 年 中国，1880 年	25～36
平炉炼钢	德国，1865 年	日本、中国，1890 年	25
电灯	美国，1880 年	日本，1890 年	10
电子管	英国，1904 年	日本，1917 年	13
无线电广播	美国，1910 年	日本，1925 年 中国，1927 年	15～17
电子显微镜	美国，1936 年	日本，1942 年	6

续表

发明项目	产出地点和年代	转移地点和年代	转移约用时间（年）
尼龙	美国，1938 年	日本，1949 年	11
DDT	瑞士，1941 年	日本，1947 年	6
电子计算机 通用电子管计算机	美国，1946 年； 英国，1949 年	中国，1958 年	12；9
半导体三极管	美国，1950 年	日本，1954 年 中国，1957 年	4～7
纯氧顶吹转炉炼钢	奥地利，1953 年	日本，1957 年	4

资料来源：康荣平，张毛弟，谢燮正（1984）①

第一节 "冷战"框架下的技术转移

"冷战"是以美国和苏联为代表的两大国际军事集团围绕意识形态、军事国防、地缘政治、社会经济、科学技术等的综合对抗。从 1946 年开始到 1991 年结束，在长达 45 年的时间里，"冷战"的影响波及世界各个国家。技术转移作为美国与苏联支援本集团成员的重要手段，在"冷战"框架下有独特的表现。

一、马歇尔计划与美国对欧洲的技术转移

丘吉尔发表的"铁幕演说"标志着"冷战"正式拉开序幕。1946 年 3 月 5 日，当时正在美国访问的英国首相丘吉尔在美国总统杜鲁门的陪同下，在杜鲁门的母校威斯敏斯特学院发表了题为《和平砥柱》的演说。丘吉尔在演说中称，"从波罗的海的什切青到亚得里亚海边的里雅斯特，一幅横贯欧洲大陆的铁幕已经降落"②，苏联对"铁幕"以东的中欧、东欧国家进行日益增强的高压控制；而美国正高踞于世界权力的顶峰，应担负起未来的责任，制止苏联的"侵略"。丘吉尔演说后不到 10 天，斯大林发表讲话，对丘吉尔的演讲予以严厉谴责，指责该演说是杜鲁门借他人之口发表的"冷战"宣言，是美国发动"冷战"的前奏。

政治家都是聪明人。丘吉尔指出了事实，斯大林揭露了杜鲁门邀请丘吉尔演讲的意图，杜鲁门利用丘吉尔的犀利演讲和斯大林的激烈反应帮助自己进一步争取到美国民众对其国际战略的支持，时任美国国务卿的马歇尔则开始执行具体行动。1947 年 7 月，美国开始实施欧洲复兴计划，由于

---

① 康荣平，张毛弟，谢燮正. 技术转移加速律与四个现代化建设——略论经济发展战略的一个重要问题 [J]. 世界经济，1984（8）：19-26.
② 原文："From Stettin in the Baltic to Trieste in the Adriatic an iron curtain has descended across the Continent."

这个计划由国务卿马歇尔实际负责，因此也被称为马歇尔计划。为积极响应美国的政策，16个欧洲国家成立了欧洲经济合作委员会（Committee of European Economic Cooperation，CEEC）[①]，与美国磋商援助事宜。1948年4月2日，美国国会通过了《1948年对外援助法》（Foreign Assistance Act of 1948）[②]，成为实施马歇尔计划的法律基础和政策依据，经济合作署（Economic Cooperation Administration，ECA）作为马歇尔计划的执行机构也随之成立。

马歇尔计划的正式实施时间是1948年4月至1951年12月底，持续了四个美国财年，向参与欧洲经济合作组织的西欧各国提供了包括金融、技术、设备等各种形式的援助合计131.5亿美元，在有效帮助被战争破坏的欧洲盟国重建经济的同时，有力抗衡了苏联对西欧的扩张和渗透。

从技术转移的角度看，马歇尔计划的成功实施，为其后20年西欧的繁荣奠定了广泛的经济和技术基础。在马歇尔计划期间，西欧的国民生产总值增长了32%，西欧的工业生产相比"二战"前提高了近50%，欧洲内部的贸易增加了35%，向世界其他地区出口增加了50%[③]。1951年，马歇尔计划结束时，绝大多数参与马歇尔计划的国家的国民经济都恢复到了战前水平，并进入前所未有的高速发展时期，社会经济呈现出一派向上景象。马歇尔计划还大幅度削弱了历史上长期存在于西欧各国之间的关税及贸易壁垒，加强了西欧各国的经济联系并最终走向一体化。

技术援助计划是马歇尔计划中的一项投入较少而成效卓著的举措。技术援助计划的主要内容包括资助欧洲的技术人员和企业家参观访问美国的企业，使他们能够学习到美国的先进经验和制度，并将其应用于本国。此外，还有成百上千的美国技术人员作为技术顾问前往欧洲各国，为欧洲国家的企业提供技术咨询和帮助。[④]

马歇尔计划的实施使西欧各国在经济管理上系统地学习和适应了美国的经验和模式，而美国经验和模式的核心是及时并注重实效地在经济系统中利用最先进的科学技术。从这一点看，马歇尔计划不仅给欧洲带来了技术，还为其带来了进一步利用技术和技术转移的思想。

二、朝鲜战争与美国对日本的技术转移

（一）"二战"后美国对日本的改造

日本是"二战"期间轴心国的核心成员，作为战败国在战后被美国进

[①] 该机构在之后发展为欧洲经济合作组织（Organization for European Economic Co-operation，OEEC），并最终发展为经济合作与发展组织（Organization for Economic Co-operation and Development，OECD）。

[②] 也称为《经济合作法》（Economic Cooperation Act of 1948）。

[③] 乔依德. 美国马歇尔计划研究及其对中国的启示 [J]. 财政科学，2018，29（05）：82-95.

[④] 同上。

行了彻底的改造。"二战"后，日本完全处于美国占领军的控制之下。因此对日本的改造，以美国为主导，服务于美国在远东的战略利益和战略布局。

在政治和军事方面，美国对日本的改造以非军事化和民主化为原则。改造的具体举措包括解散军队和军事机构、整肃和审判战犯、重新制定宪法、解除党禁等。通过这些举措，基本上铲除了日本政治体系中的封建主义和军国主义，摧毁了日本极端国家主义的政治与军事基础，日本被改造成为一个较为成功的现代民主国家。在占领军的直接干预下，日本废除了明治维新后封建因素依旧浓厚的《大日本帝国宪法》，制定了新的《日本国宪法》（也被称为《和平宪法》）。新宪法中最关键的内容是加入第九条，剥夺了日本拥有军队和发动战争的权力，即"不战条例"，使日本不能再次构成对世界和平与安全的威胁。在美国的压力下，昭和天皇裕仁发表了《人间宣言》，承认天皇也与平民无异，只是受国民拥戴的国家象征，新的《日本国宪法》也确立了象征天皇制，使日本的政治制度发生了根本性的转变。

在经济方面，美国对日本的改造主要包括解散财阀、改革土地和改革劳动体制等。解散财阀消除了日本带有浓厚封建因素的前资本主义关系，也瓦解了日本军国主义的一项重要经济基础，因为财阀支持是日本参与"二战"的重要条件。土地改革消除了日本军国主义存在的另一个经济基础，即封建地主制度，使日本90%以上的耕地成为农民的自耕地，极大地促进了日本农业生产的发展，为农业经济现代化奠定了基础。在劳动体制改革方面，《工会法》等战后劳动法律极大地改善了普通劳动者的工作条件和工作待遇，劳动者的合法权益得到了保障。

在文化教育方面，美国也采取措施对日本进行改造，把民主自由思想和现代知识带入日本，实质上是对日本国民的意识形态进行改造。一是美国要求日本实行教育自由化政策，废除战争时期的法西斯军国主义教育，将军国主义、极端民族主义和对天皇效忠的思想从教育领域清除。二是实行政教分离，通过大量引入外部信息，尤其是美国的价值观念和意识形态，实行宗教自由化和天皇人间化，支持和鼓励基督教在日本的传播，以消除和取代天皇的宗教影响力。三是在"冷战"背景下，培养日本国民对共产主义的敌视，也是意识形态改造的重要内容。

在科学技术方面，美国坚决禁止日本开展任何和军事有关的研究开发，包括把当时在东京大学的对撞机直接扔在东京湾里，要求日本的大学不能进行和电子有关的研究。日本后来把"电子"这个词改叫"电气"，我国很多院校开设的相关专业都叫电气自动化，很大程度上是当时受到日本的影响。但是，美国对日本的这种技术限制，在朝鲜战争爆发后发生了很大的变化。

（二）朝鲜战争和美国的政策转变

1950年6月25日爆发的朝鲜战争是"冷战"期间爆发的规模最大的

"热战"，参战各方伤亡人数超过 120 万人，美国甚至曾一度萌生过动用原子弹的念头。朝鲜战争的爆发使得美国调整了对日本的改造政策，把日本定位为朝鲜战争的军需品供给基地。美国以维护治安的名义迅速重新武装了日本，为日本突破《和平宪法》打开了缺口。

朝鲜战争爆发后，当时的朝鲜军队突破了"三八线"，直接攻打到韩国的汉城。朝鲜战争初期，朝鲜在苏联的援助下不断取得突破，而韩国长期被日本占领，基本没有军事力量。开战之后，很快联合国方面认为朝鲜违反了停战协议，需要联合国来出面处理，但是在联合国常任理事国开会时，苏联作为常任理事国成员没有参加，使得联合国常任理事国会议通过了组建联合国军的决议。最终，组建了以美国为首，共有 16 个国家参与的所谓"联合国军"，帮助韩国对战朝鲜。

在朝鲜战争爆发之后，美国非常希望找到一个能够就近为战争提供军需品的生产基地，并最终选择了日本。军需品的生产基地在战争中对于美国有重要作用，美国在作战时非常强调不能有非战争死亡，所以要求武器装备一定要保证质量。日本在提供战争军需品方面具有一定的基础条件，而且地理位置也非常便捷。据说"二战"期间，美国的巴顿将军听说很多盟军战士死于跳伞事故，便亲自去工厂视察，问到产品的合格率是多少，厂主说合格率是 99.9%，已经是最高极限，没有上升空间了。而巴顿对这个数字并不满意，要求厂主亲自试跳其生产的降落伞，以此倒逼降落伞质量的提升。

为了打赢朝鲜战争，美国停止了战后对日本实行的全面改造策略，把日本变成军需品生产基地，并将战后没收的 850 家军需企业归还给日本政府。1951 年 9 月 8 日，日本和美国签订《日本国和美利坚合众国之间的安全保障条约》（Treaty of Mutual Cooperation and Security Between the United States and Japan）①，该条约解除了当时对日本在很多方面的限制，打开了对日本进行全面技术转移的通道。美国对当时日本的情况做了研究，认为日本的工业品生产质量很难达到美军的作战要求。实际上，在"二战"结束的时候，日本的整个工业生产基础已经被打散、打碎，难以达到美国的产品质量标准。为了保证军需品的质量，美军聘请质量管理专家戴明到日本传授质量管理方法。

戴明被誉为"质量管理之父"，他 1950 年到日本后，在日本推广全面质量管理（Total Quality Control，TQC）。全面质量管理的核心在于提出了一系列要求，包括高层管理的决心及参与、群策群力的团队精神、通过教育来增强质量意识、质量改良的技术训练、制定衡量质量的尺度标准、对质量成本的分析及认识、不断改进活动、各级员工的参与等。更抽象地来看，可以总结为"戴明环"，或者叫作 PDCA：先做计划（Plan），再实

---

① 简称《日美安保条约》。

施（Do），然后检查（Check），最后处理和改进（Act），这些都是围绕目标来做。PDCA 现在不仅是在质量管理方面得到广泛的应用，在一些政策制定过程中也在使用。

戴明在日本工作时间不久，就预计在五年内日本的产品就能进入世界市场，那个时候日本民众的生活水平将与日俱进，日本将与全世界最繁荣的国家并驾齐驱。戴明告诫日本实业家，通过紧盯质量，生产出耐久可靠的产品，就能够成为世界经济的重要力量。仅仅在几个月内，日本工商界就把戴明的教诲落实到行动。自此以后，企业的能耗降低，产品质量提高，经济实力更是戏剧般提升。鉴于戴明为日本做出的巨大贡献，他在 1960 年被日本天皇授予"神圣财富"银质勋章（也称为"二等珍宝勋章"），这是外国人能够在日本拿到的最高荣誉。

丰田公司作为一家坚决贯彻戴明管理思想的日本企业受益匪浅，并形成了内部的丰田管理模式。丰田管理模式中最核心的内容就是看板管理，也被称为精益管理。而看板管理的核心就是尽量为下一步工作、下一个流程做好准备。这样的思想方法在丰田公司得到实践之后，丰田很快取得飞跃式进步。实际上，丰田的所谓看板管理，乃至现在很多地方都会看到的"5S"管理，都源于戴明的基本思想。丰田汽车公司创始人丰田喜一郎说："没有一天我不想着戴明博士对丰田的意义，戴明是我们管理的核心，日本欠他很多。"

戴明对日本质量管理的提升，其实提示了一个重要的技术转移问题，就是质量管理。技术转移中很多争议、纠纷都和技术达不到预期效果、产品不符合质量要求有关，而质量管理是技术转移的重要一环。

三、苏联援建与对我国的技术转移

中华人民共和国成立之初，苏联第一个与中国建立外交关系，并认可中华人民共和国的合法地位。由于当时我国工业基础极其薄弱，从而苏联便成为我国发展工业的主要技术来源。

1950 年 2 月 14 日，我国与苏联签订《中苏友好同盟互助条约》。1953 年 5 月 15 日，两国签订《关于苏维埃社会主义共和国联盟政府援助中华人民共和国中央人民政府发展中国国民经济的协定》，正式拉开苏联援助中国经济建设的序幕。1953～1957 年实施的第一个五年计划，是奠定我国工业化初步基础的重要时期。在遭受全球绝大多数资本主义国家封锁、禁运的环境下，我国通过等价交换的外贸方式，接受了苏联和东欧国家的资金、技术和设备援助，建设了以"156 项重点工程"[①] 为核心的近千个工业项

[①] 关于 156 个项目的说法实际上并不完全准确，因为有的项目在执行过程中被推迟、合并或者拆分，最后实际上确定了 150 个项目。但是，因为在制订第一个五年计划时采用"156 个"的提法，就一直沿用至今。

目，使我国以能源、机械、原材料为主要内容的重工业在现代化道路上迈进了一大步。以"156项重点工程"为核心[①]，以900余个大中型项目为重点的工业建设，是我国工业化的基石，使中国大地上史无前例地形成了独立自主的工业体系雏形。

苏联援建项目中包含着大量的技术转移内容。"156项重点工程"分批次、有梯度地把苏联的成套技术引入我国，是我国历史上首次比较系统完整、效果较好的技术转移，极大缩短了当时我国与世界先进国家的技术差距。苏联援建项目中的技术转移主要通过供应成套设备、转让技术资料、提供产品设计与制造技术、帮助工业建设设计四种方式得以实现。[②]在援建项目实施过程中，苏联提供了各种设计图纸、工艺技术等各类技术资料；还有大量苏联技术专家来到我国，进行考察、讲学和指导，还在高校培养学生。

除"156项重点工程"外，"122项协定"也是苏联对中国技术援助的重要内容。根据1954年第1号《中华人民共和国国务院公报》，当年在北京签订了中国和苏联间的科学技术合作协定，成为中苏两国签订的第一个科学技术合作协定。此后，苏联向中国提供了大量图纸、技术资料等。根据1958年第9号《中华人民共和国国务院公报》，1957年12月11日，《中国科学院和苏维埃社会主义共和国联盟科学院科学合作议定书》在莫斯科签订，规定两国科学院业务相接近的科学研究机构建立直接的联系，交换科学研究工作计划和科学研究工作成果的情报。在前述工作的基础上，1958年1月18日，《中华人民共和国政府和苏维埃社会主义共和国联盟政府关于共同进行和苏联帮助中国进行重大科学技术研究的协定》在莫斯科签订，因其包括122项科技合作合同项目，所以简称为"122项协定"。"122项协定"规定，1958～1962年中苏双方共同进行122项重大科学技术项目的研究工作，主要内容包括双方执行各项目的负责单位将进行直接联系，双方同意必须进一步巩固中苏两国科学机构和科学研究机构之间的直接联系。"122项协定"的122个合作项目有下设的600多个课题，这些课题基本是在我国"十二年科技规划"制定的57项任务和600多个中心问题的基础上确定的。中苏双方共有600多个单位参与"122项协定"，其中苏方400多个、中方200多个。

"122项协定"的有效期为5年，计划终止时间为1962年12月31日。但是1960年后，由于中苏关系恶化，"122项协定"的执行受到严重影响。整体上，"122项协定"的签订标志着苏联对中国的科技援助从以生产技术为主要内容的合作过渡到了生产技术和科学研究并重的合作。

---

① 徐晓天，李春隆，徐振泽. 新中国与苏联的高层往来［M］. 长春：吉林人民出版社，2001.
② 胡江东. 建国初苏联通过援建项目向中国转移技术的方式及影响［J］. 沧桑，2009（5）：154-155.

> 知识链接

"122项协定"主要领域

（1）中国自然资源的综合考察和开发（6项）；

（2）中国海洋和湖泊综合调查及研究工作的建立（3项）；

（3）重要矿物资源的分布规律及勘探、开采方法的研究（18项）；

（4）高温合金、稀有金属及我国重要金属矿物综合利用的研究（7项）；

（5）煤、天然气和石油的综合利用（3项）；

（6）电力设备及电力系统的研究（7项）；

（7）大型精密机械、仪器的设计及其工艺过程的研究（8项）；

（8）化学工业新技术的研究（21项）；

（9）水利技术及水利土壤改良的研究（3项）；

（10）运输设备技术的研究和综合发展运输问题（4项）；

（11）无线电电子学新技术研究（5项）；

（12）提高农作物单位面积产量，改进农业技术的研究（8项）；

（13）若干主要疾病的防治及新药的研究（3项）；

（14）各种计量基准的建立和研究（1项）；

（15）自然科学中若干重要理论、实验技术及空白、薄弱学科基础的建立和发展（24项）；

（16）科学技术情报的建立（1项）。

资料来源：杨新年，陈宏愚，等（2013）[①]

第二节 联合国框架下的技术转移

1945年4月25日～6月26日，来自50个国家的代表参加了在美国旧金山举行的联合国国际组织会议（United Nations Conference on International Organization），会议的目的是起草《联合国宪章》（United Nations Charter）。1945年6月26日，50个国家的代表签署了《联合国宪章》。此后，在中国、法国、苏联、英国、美国以及大多数其他签字国批准《联合国宪章》之后，1945年10月24日，联合国正式成立。联合国致力于促进各国在国际法、国际安全、经济发展、社会进步、人权及实现世界和平方面的合作，在维护世界和平，缓和国际紧张局势，解决地区冲突，促进世界各国经济、科学、文化的合作与交流方面，都发挥着相当积极的作用。

通过技术转移解决贫困问题，缩小发达国家和发展中国家之间的差距，是联合国的一项重要工作内容。

---

① 杨新年，陈宏愚，等.当代中国科技史［M］.北京：知识产权出版社，2013：67.

一、"南北问题"与技术转移

"南北问题"(North South Problem)指的是位于地球南半球的大多数发展中国家和位于地球北半球的少数发达国家之间经济发展差距日益加大的问题。1959 年,劳埃德银行(Lloyds Bank)行长法兰克斯首次提出"南北问题",立即引起广泛关注。"南北问题"的核心是发展问题,实质是在 20 世纪以来形成的不平等的国际分工体制下,为帝国主义国家提供原料、燃料等初级产品的南方国家为在国际经济秩序中取得同发达国家同等的地位而努力调整同发达国家的经济关系[①]。

1961 年,美国总统肯尼迪在联合国大会第十六届会议上做《联合国发展的十年》的演说,提出解决"南北问题"的倡议。联合国大会采纳该倡议并通过了《联合国发展十年:一项国际合作方案》(United Nations Development Decade: A Programe for International Economic Cooperation)[②],确定 1960 年后的十年为"联合国发展十年",提出发展中国家作为一个整体,在十年期间的国民生产总值年增长率至少达到 5%,发达国家向发展中国家的资金流入要达到各发达国家国民收入的 1%。此后,每十年联合国都制定相应的十年国际发展战略,为解决"南北问题"提供多方面支援,促进了南北间的技术转移。

"南北问题"催生了国际经济新秩序运动。1974 年 5 月,联合国大会第六届特别会议通过《建立新的国际经济秩序宣言》(Declaration on the Establishment of A New International Economic Order)和《建立国际经济新秩序行动纲领》(Programme of Action on the Establishment of a New International Economic Order)。同年 12 月,联合国大会第二十九届会议以压倒性多数票通过《各国经济权利和义务宪章》(Charter of Economic Rights and Duties of States),成为国际经济秩序破旧立新的重大转折。为促进南北之间的对话,1964 年,联合国成立联合国贸易与发展大会(United Nations Conference on Trade and Development,UNCTAD),成为解决南北问题的一个重要平台。

日本技术经济学家、"技术立国"观点提出者斋藤优教授,1988 年发表了《南北问题与技术合作》[③] 一文,分析了南北问题与技术转移的关系,指出:技术革新是经济发展的原始动力,要发展经济就必须依靠技术,造成南北国家之间经济发展差距的重要原因之一就是技术差距。一般来看,发展中国家缩小与发达国家技术差距的途径有两个,一是积极引进来自发达

---

① 刘力,郑京淑. 南北问题跨世纪的发展态势 [J]. 世界地理研究,1997(2):48-53.
② 该决议电子版及其他十年国际发展战略的电子版获取地址:https://www.un.org/en/sections/observances/international-decades/.
③ 斋藤优. 南北问题与技术合作 [J]. 国际经济评论,1988(5):50-54.

国家的技术，二是通过科技资源的积累进行自主研发，但是后者所需要的时间一般较长。斋藤优总结了四种南北技术转移的主要渠道：一是技术贸易；二是海外技术投资；三是商品及成套设备贸易；四是来自发达国家或国际机构的科技合作、教育合作等。其中，第一种方式是技术本身的交易，只占到技术转让整体的极少数份额；而第二种和第三种是最主要的技术转移方式。

> **知识链接**
>
> ### 联合国关于"南北问题"的重要文件
>
> 1961年12月19日，联合国大会第十六届会议第1084次全体会议，《联合国发展十年：一项国际合作方案》(United Nations Development Decade: A Programe for International Economic Cooperation)，重点关注：经济增长。
>
> 1970年11月19日，联合国大会第二十五届会议第1912次全体会议，《联合国第二个发展十年国际发展战略》(International Development Strategy for the Second United Nations Development Decade)，重点关注：经济增长，新的国际经济秩序。
>
> 1974年5月1日，联合国大会第六届特别会议第2229次全体会议第3201(S-VI)号决议，《关于建立新国际经济秩序的宣言》(Programme of Action on the Establishment of a New International Economic Order)。
>
> 1980年12月5日，联合国大会第三十五届会议第83次全体会议，《联合国第三个发展十年国际发展战略》(International Development Strategy for the Third United Nations Development Decade)，重点关注：以人为中心的发展，确认发展权为不可剥夺的人权。
>
> 1986年12月4日，联合国大会第41/128号决议，《发展权利宣言》(Declaration on the Right to Development)，明确发展权利是不可剥夺的人权。
>
> 1990年12月21日，《联合国第四个发展十年国际发展战略》(International Development Strategy for the Forth United Nations Development Decade)，重点关注：环境与可持续发展。
>
> 1997年6月20日，联合国大会第51/240号决议，《发展纲领》(Agenda for Development)。
>
> 2000年9月8日，联合国大会第55/2号决议，《联合国千年宣言》(United Nations Millennium Declaration)，全球贫困水平在2015年之前降低一半。

> **知识链接**
>
> ### TRIPS中的技术转移条款
>
> TRIPS全称是《与贸易有关的知识产权协定》(Agreement on Trade-

Related Aspects of Intellectual Property Rights），是世界贸易组织（WTO）框架下旨在保护成员知识产权的国际性条约。虽然不在联合国的框架之内，但却是世界范围内的一个重要公约。

虽然 TRIPS 旨在保护知识产权，但是在"南北问题"方面也做了促进技术转移的相关规定。

第 66 条
最不发达国家成员

1. ［省略］

2. 发达国家成员应鼓励其领土内的企业和组织，促进和鼓励向最不发达国家成员转让技术，以使这些成员创立一个良好和可行的技术基础。

第 67 条
技术合作

为促进本协定的实施，发达国家成员应发展中国家成员和最不发达国家成员的请求，并按双方同意的条款和条件，应提供有利于发展中国家成员和最不发达国家成员的技术和资金合作。此种合作应包括帮助制定有关知识产权保护和实施以及防止其被滥用的法律和法规，还应包括支持设立或加强与这些事项有关的国内机关和机构，包括人员培训。

二、南南合作与技术转移

南南合作是指发展中国家间的经济、技术合作，是促进发展的国际多边合作中不可或缺的重要组成部分。1955 年召开的万隆会议确定南南合作磋商的原则，促进了原料生产国和输出国组织①的建立，提出在发展中国家间实施资金和技术合作，因此被认为是南南合作的开端。南南合作的实质是面对不平等的南北经济关系，发展中国家实行联合自强、共同发展。

20 世纪 60 年代初形成的不结盟运动和 77 国集团是南南合作的两个最大的国际组织，它们通过的一系列纲领性文件，为南南合作规定了合作的指导原则、领域、内容、方式等。20 世纪 70 年代至 80 年代末，发展中国家团结互助、合作自强的努力取得重大进展。西非经济共同体（Economic Community of West African States，ECOWAS）、拉丁美洲经济体系（Latin American Economic System，LAES）、南部非洲发展协会（Southern African Development Community，SADC）、海湾合作委员会（Gulf Cooperation Council，GCC）、南亚区域合作联盟（South Asian Association For Re-

---

① 原料生产国和输出国组织泛指第三世界和少数第二世界初级产品生产国和出口国为反对垄断资本的掠夺和剥削、维护民族权益所建立的各种国际性组织。从 20 世纪 50 年代到 70 年代末，世界上共建立了 23 个原料生产国和输出国组织，其中包括 1960 年建立的石油输出国组织（Organization of Petroleum Exporting Countries，OPEC），1960 年成立的非洲国家咖啡组织（Inter-African Coffee Organization）等。

gional Cooperation，SAARC）等发展中国家谋求经济合作、增强集体自力更生能力的区域性经济组织相继建立。1982年，首届南南合作会议在印度新德里召开，1983年和1989年先后在北京和吉隆坡召开南南合作会议，这三次会议是南南合作升级的重要里程碑。

除南方国家自身努力外，联合国也是促进南南合作的重要力量。1974年，联合国南南合作办公室（United Nations Office for South-South Cooperation，UNOSSC）成立，主持和主办的平台和活动包括全球南南发展学院（Global South-South Development Academy）、全球南南发展博览会（Global South-South Development Expo）和全球南南资产和技术交流网络（South-South Global Assets and Technology Exchange）等。

到目前为止，南南合作的内容可以总体概括如下：

一是区域性的经济合作。成员国之间减免关税，实行商品自由流通，对外统一关税和实行共同市场。

二是贸易合作。77国集团在建立"发展中国家全球贸易优惠制度"、成立发展中国家间贸易组织、建立发展中国家多国销售企业三个方面进行了大量工作。

三是货币金融合作。如安第斯开发协会、西非国家中央银行等，他们向其成员国提供贷款和援助；阿拉伯国家和一些货币金融组织向发展中国家提供低息或优惠贷款，其特点是利息低、周期长，且不附加任何政治和经济条件。

四是技术合作。如相互转让技术、出售专利、进行技术咨询与培训、交换技术情报等，以及通过发展中国家合资经营、提供技术服务和劳务等方式，发展互利的技术合作。

五是知识合作。南南合作致力于提高发展中国家政府的政策制定和执行能力，强调各国平等自主选择和设计适合本国国情的发展道路，鼓励发展中国家间开展平等多向政策交流，成为对传统的资金和技术援助合作的有力补充。

可以发现，知识与技术的合作是南南合作的重要内容，其本质也是一种技术转移。事实上，技术转移不仅包括发达国家对发展中国的技术转移，即"南北技术转移"，也包括南方国家之间的技术转移和南方国家向北方国家的技术转移（Brewer，2008）[1]。而且，随着南方国家科学技术的不断发展进步，以及全球技术的复杂化，南方国家之间的技术转移和南方国家向北方国家的技术转移正在不断加强。

我国是南南合作的有力倡导者、坚定支持者和积极实践者。2018年设立的国家国际合作发展署是我国国家行政架构上的一个重大安排；2016年

---

[1] BREWER T L. Climate Change Technology Transfer：A New Paradigm and Policy Agenda [J]. Climate Policy，2008，8（5）：516-526.

在北京大学挂牌成立的南南合作与发展学院是我国推动南南合作、促进共同繁荣的重要举措。在技术转移方面，2019年9月12日在北京成立的技术转移南南合作中心是落实《科技部与联合国开发计划署谅解备忘录》的具体举措之一，技术转移南南合作中心旨在通过搭建技术转移平台和数据库，精准对接技术需求与供给，为南南合作伙伴提供适宜的可持续发展技术解决方案；建设技术转移领域南南合作的智库，开展战略和政策研究，探索将中国发展经验和最佳实践用于解决技术合作所面临的共性问题；建立"一带一路"沿线技术示范与推广枢纽，与沿线国家共享中国技术创新发展经验；打造技术转移能力建设基地，组织实施各国政府和UNDP等国际组织委托的技术转移和发展中国家援助项目，开展知识分享、培训交流研讨会和技术示范等能力建设活动。

📖 知识链接

万隆会议

1954年12月29日，缅甸、锡兰（今斯里兰卡）、印度、印度尼西亚和巴基斯坦五国联合发起亚非会议。1955年4月18日～24日，亚非会议在印度尼西亚的万隆举行，这次会议也被称为"万隆会议"，共有29个亚非国家参加。万隆会议一致通过了《亚非会议最后公报》，公报包含了经济合作、文化合作、人权和自决、附属国人民问题以及关于促进世界和平和合作等广泛内容。公报在《关于促进世界和平和合作宣言》中提出了著名的"万隆会议十项原则"。

万隆会议是第一次由亚非国家发起召开和自己做主的国际会议。会议本着求同存异、平等协商的原则，为国际社会确立了处理国际关系的一系列准则。

万隆会议通过了《关于经济合作的决议》，强调促进亚非区域经济发展的迫切性，提出与会国在互利和互相尊重国家主权基础上进行经济合作。决议不排除同亚非地区以外国家的合作，但它强调了亚非国家之间进行合作的重要性。决议提出以互相提供技术援助、鼓励促进亚非国家间的联合企业、扩大贸易往来、采取集体行动稳定原料商品国际价格等多项具体措施，加强亚非地区的经济合作。

三、可持续发展目标与技术转移

1972年6月5日～16日，联合国在瑞典斯德哥尔摩召开人类环境会议（United Nations Conference on the Human Environment）[1]，这是联合国讨论环境问题的第一次主要国际会议，会议通过了《联合国人类环境会议宣

---

[1] 也称为斯德哥尔摩大会（Stockholm Conference）。

言》(Declaration of the United Nations Conference on the Human Environment)①，可持续发展问题受到多方关注。1983年12月19日，联合国秘书长授命挪威环境部长布伦特兰（Gro Harlem Brundtland）领衔成立世界环境与发展委员会（World Commission on Environment and Development, WCED)②，研究全球实现可持续发展的"长期环境对策"。世界环境与发展委员会发布的《我们共同的未来》(Our Common Future）报告③对于可持续发展所做的界定为人们所熟知，认为可持续发展"是指既满足当代人的需要，又不对后代人满足其需要的能力构成危害的发展"，因此"所有国家必须根据可持续性界定其经济与社会发展目标"。

1991年，随着苏联解体冷战结束，世界两极格局局面结束。和平与发展开始成为世界的主题，世界范围发生大规模战争的危险极大降低。在冷战时期，被掩盖的环境、人口、难民、艾滋病、毒品等全球问题迅速表面化，人类对环境问题的认识发生了根本性改变，认为"经济发展必然导致环境恶化"的消极认识被"通过发展经济解决环境问题"的积极认识所取代④。

1992年6月3日～14日，在巴西里约热内卢召开联合国环境与发展会议（United Nations Conference on Environment and Development, UNCED)⑤，可持续发展目标得到了国际社会的广泛认可。此次会议上，通过了几个与可持续发展相关的重要文件。

一是《生物多样性公约》(Convention on Biological Diversity)，旨在保护濒危的动物和植物品种，以维持地球上的生物多样性。公约规定，发达国家将以赠送或转让的方式向发展中国家提供资金以补偿其为保护生物资源而日益增加的费用，应以更实惠的方式向发展中国家转让技术，从而为保护世界上的生物资源提供便利，使用另一个国家自然资源的国家要与那个国家分享研究成果、盈利和技术。该公约于1993年12月29日开始生效，截至2020年11月，该公约的缔约方有196个，其中签署方168个⑥。

二是《联合国气候变化框架公约》(United Nations Framework Convention on Climate Change, UNFCCC)，旨在降低引发全球变暖的温室气体排放，其中第4.5条明确，"发达国家成员和附件Ⅱ中包括的其他发达国家成员将采取一切可行的措施，并适当地提供经费，以促使和帮助其他成员国尤其是发展中国家成员转移或使用环境无害型技术和实际技术，以帮

---

① 也称为《斯德哥尔摩宣言》(Declaration of Stockholm)。
② 也称为布伦特兰委员会（Brundtland Commission)。
③ 也称为《布伦特兰报告》(Report of the World Commission on Environment and Development—Our Common Future)。
④ 刘力，郑京淑. 南北问题跨世纪的发展态势 [J]. 世界地理研究，1997（2）：48-53.
⑤ 也称为全球峰会（Earth Summit)。
⑥ 访问地址：https://www.cbd.int/information/parties.shtml（访问日期：2020年11月19日)。

助他们实施大会的规定。在此过程中，发达国家将支持发展中国家发展和增强内源性能力和技术。其他有能力的国家和组织也可以协助促进上述技术的转移。"

1997年12月，UNFCCC缔约方在日本京都召开会议，签订《京都议定书》（Kyoto Protocol），成为UNFCCC的补充条款。《京都议定书》建立了三种以市场为基础的机制，即排放权交易机制、共同执行机制和清洁发展机制，其中的清洁发展机制还形成了发达国家把资金和技术转移到发展中国家，以促进其减排的有效渠道。但是，《京都议定书》并没有达到有效遏制温室气体排放量增长的目的，发达国家也没有积极履行对发展中国家提供资金和技术援助的承诺。2015年12月12日，巴黎气候变化大会通过《巴黎协定》（Paris Agreement），取代了《京都议定书》，并建立全球气候变化治理的新框架。《巴黎协定》不再对发达国家和发展中国家在减排目标上进行区分，但是在发达国家对发展中国家的资金和技术援助方面依然有所要求。

三是《环境与发展宣言》（Declaration on Environment and Development）[①]，旨在为各国在环境与发展领域采取行动和开展国际合作提供指导原则，规定一般义务。《环境与发展宣言》的第九条规定："各国应进行合作，通过科技知识交流提高科学认识和加强包括新技术和革新技术在内的技术的开发、适应、推广和转让，从而加强为持续发展形成的内生能力。"[②]

四是《21世纪行动议程》（Agenda 21），该文件没有法律约束力，是一份关于政府、政府间组织和非政府组织所应采取行动的广泛计划，旨在实现朝着可持续发展的转变，提供了实现全球可持续发展的蓝图。

五是《关于森林问题的原则声明》（The Statement of Principles on Forests），旨在缓解全球范围内迅速消失的森林资源。

2015年9月，在纽约召开的联合国大会全体会议上，通过了17项可持续发展目标（Sustainable Development Goals，SDGs），并发布了报告《变革我们的世界：2030年可持续发展议程》（Transforming Our World: the 2030 Agenda for Sustainable Development）。大部分可持续发展目标的实现都对技术的应用有极高的依赖性，而技术应用的本质也是技术转移，包括技术直接应用于市场，也包括技术先在主体间转移后应用于市场；包括国家和地区内部的技术转移，也包括国家间和地区间的技术转移。

---

① 也称为《里约宣言》（Rio Declaration）。
② Principle 9 States should cooperate to strengthen endogenous capacity-building for sustainable development by improving scientific understanding through exchanges of scientific and technological knowledge, and by enhancing the development, adaptation, diffusion and transfer of technologies, including new and innovative technologies.

> 📖 知识链接
>
> **联合国的 17 项可持续发展目标**
>
> 目标 1　在全世界消除一切形式的贫困；
>
> 目标 2　消除饥饿，实现粮食安全，改善营养状况和促进可持续农业；
>
> 目标 3　确保健康的生活方式，促进各年龄段人群的福祉；
>
> 目标 4　确保包容和公平的优质教育，让全民终身享有学习机会；
>
> 目标 5　实现性别平等，增强所有妇女和女童的权能；
>
> 目标 6　为所有人提供水和环境卫生并对其进行可持续管理；
>
> 目标 7　确保人人获得负担得起的、可靠和可持续的现代能源；
>
> 目标 8　促进持久、包容和可持续的经济增长，促进充分的生产性就业和人人获得体面工作；
>
> 目标 9　建造具备抵御灾害能力的基础设施，促进具有包容性的可持续工业化，推动创新；
>
> 目标 10　减少国家内部和国家之间的不平等；
>
> 目标 11　建设包容、安全、有抵御灾害能力和可持续的城市和人类居住区；
>
> 目标 12　采用可持续的消费和生产模式；
>
> 目标 13　采取紧急行动应对气候变化及其影响；
>
> 目标 14　保护和可持续利用海洋和海洋资源以促进可持续发展；
>
> 目标 15　保护、恢复和促进可持续利用陆地生态系统，可持续管理森林，防治荒漠化，制止和扭转土地退化，遏制生物多样性的丧失；
>
> 目标 16　创建和平、包容的社会以促进可持续发展，让所有人都能诉诸司法，在各级建立有效、负责和包容的机构；
>
> 目标 17　加强执行手段，重振可持续发展全球伙伴关系。

第三节　国际投资贸易带动的技术转移

跨国公司是国际技术转移的直接行动者、有力推手和重要平台。随着企业的发展壮大，其不再满足于本国市场所带来的利润，而且本国市场也不再能够满足企业的市场扩张需求，因此企业的经营范围进入国际市场，开展国际生产和国际贸易，并形成跨国企业。前文提到的马歇尔计划的实施、朝鲜战争期间美国对日本的援助等，都有跨国公司参与其中。

"二战"以前，日本的汽车生产厂家大多与美国的汽车行业，特别是福特汽车有较深的关系，战后日本汽车批量生产体制却是以英国和法国的技术为中心建立起来的。其中的原因是，"二战"开始后美国汽车资本的撤走给日本汽车业造成严重打击。"二战"后丰田和福特谈判中的技术提携关系因朝鲜战争的爆发而中断，丰田公司在考察了福特的一个工厂之后，决定自力更生推进设备现代化和生产合理化，此事对日本汽车业在选择西方技术伙伴上的影响也不小。

从表 1-2 可以看出，除丰田外的日本主要汽车生产企业，都和外国汽车企业建立了技术提携关系。即使是没和福特达成技术提携关系的丰田，在技术上也受到福特的很大影响。也就是说，日本战后的汽车制造绝大部分依赖于技术引进。汽车产业是一种组装型工业，其发展和高质量零部件、高效率装配、高标准检查紧密联系在一起。引进的技术和生产体系，对日本现代汽车工业的形成起到了重要的奠基性作用。

表 1-2　日本汽车厂家与外国企业技术提携情况

日本企业	日产	五十铃	日野	新三菱重工
提携的外国企业	奥斯汀汽车（Austin Motor）（英国）	鲁特斯汽车（Rootes Motor）（英国）	雷诺汽车（Regie Nationale des Usine Renault）（法国）	威利斯汽车（Willys Overland）（美国）
开始时间	1952 年 12 月 4 日	1953 年 3 月 6 日	1953 年 3 月 3 日	1953 年 9 月 1 日
提携项目	客车奥斯 A40、A50	客车赫尔曼闵库斯	客车雷诺 4CV 型	四轮驱动吉普
市场限制	禁止出口	禁止出口	原则禁止，但可协商	没有实行共产主义制度的东半球国家
协议年限	7 年	7 年	7 年	5 年
完全国产化	1956 年 9 月	1957 年 10 月	1958 年 2 月	1956 年 6 月
提携台数	21261 台	18203 台	24972 台	21460 台
提携终止	1960 年 3 月末	1960 年 3 月 5 日	1960 年 3 月 2 日	1958 年 8 月末
协议后续	不延长	延长 2＋3 年	延长 2＋2 年	延长 5 年

资料来源：吉海正宪（1985）[1]

1945 年，美军占领日本之后，认定汽车是军用物资，对日本国内的汽车生产严加控制。1949 年，美国政府对日本的改造政策改变后，日本国内的汽车生产出现转机。朝鲜战争中，美国军队向日本企业订购了大批军用卡车，使日本的汽车制造业获得了一定的资本积累。然而，"二战"期间，欧美的汽车设计和生产技术有不小的发展，日本的汽车技术与之相比已有较大差距，以技术引进为基础建立新的汽车生产体系，缩小与西方国家的差距是日本汽车产业的当务之急。面对这种形势，日本政府公布了《关于轿车行业外资引进的基本方针》，依据外资法，对"（一）以改善已有国产客车为目的的技术引进；（二）以在日本国内制造外国车种为目的的技术引进"给予许可。

20 世纪后半叶以来，经济信息的全球同步传输和资本组织方式的全球

---

[1] 吉海正宪. 日本产业技术政策 [M]. 东洋经济新报社，1985：76.

性扩张加速了全球化步伐①。全球化的一个基本标志是,跨国公司兴起并在国际经济事务中发挥巨大作用。在 1976 年全球统计的 100 个最大的经济组织中,有 51 个是跨国公司,跨国公司作为一种经济组织的经济能力超过了相当多的国家的经济实力②。反过来,随着全球化步伐的加快,企业的国际化进程也不断加速,很多企业都通过海外投资在其他国家建立分支机构,以占领国际市场。

外商投资是国际投资的重要内容。从收支平衡的角度来看,国际投资是在多样化的经济活动中,造成一国与他国间资产借贷关系变化的国际经济活动③。以资产的贷方为基准,可以把国际投资分为公共投资和民间投资;以投资期限的长短为基准,可以把国际投资分为短期投资和长期投资。民间投资又进一步分为直接投资和间接投资,间接投资(比如证券投资)一般不具有参与企业经营的意图,而直接投资则是以参与企业经营为目的的投资。邓宁和伦丹④指出,外商直接投资由所投资产和一系列中间产品共同组成,如资本、技术、管理技能等。原正行⑤从企业资源基础理论出发,认为外商直接投资就是企业将其经营资源进行转移的过程,而企业的专利、诀窍等技术性、专门性知识是企业的重要经营资源,小岛清⑥也认为经营管理中需要的知识和技术是外商直接投资的核心要素。

世界贸易组织(WTO)作为一个旨在完善多边贸易体制的国际化组织,对技术转移也提起了充分的重视。在 2001 年的多哈会议宣言中,第 37 段要求成立贸易与技术转让工作组(Working Group on Trade and Transfer of Technology,WGTTT),以研究分析贸易与技术转让的关系,并在 WTO 强制规则范围内提出推动技术向发展中国家流动的可行措施。其目的在于审视贸易和从发达国家向发展中国家进行的技术转让间的关系,考察增加向发展中国家技术流动的途径。WGTTT 于 2002 年初成立,向总理事会汇报工作,主要解决"WTO 一些协议提到在发达国家和发展中国家间进行技术转让的需要,但对在实践中如何进行这样的技术转让及在 WTO 框架内是否可以采取具体的措施来促进这样的技术流动规定得十分模糊"这一问题。WGTTT 成立后开展了一系列促进发达国家和发展中国家的技术转让交流工作,不过可惜的是,其在实质性工作方面并无较大建树。

我国 2019 年 3 月 15 日通过的《中华人民共和国外商投资法》把外商投资界定为"外国的自然人、企业或者其他组织(以下简称'外国投资

---

① 欧阳康. 全球化与马克思主义哲学的当代发展——前提,问题域及研究思路 [J]. 哲学研究,2005(9):3-10.
② 同上.
③ 原正行. 海外直接投资论 [M]. 封小云,译. 广州:暨南大学出版社,1995.
④ 约翰·H. 邓宁,萨琳安娜·M. 伦丹. 跨国公司与全球经济:第二版 [M]. 马述忠,等译. 北京:中国人民大学出版社,2016.
⑤ 原正行. 海外直接投资论 [M]. 封小云,译. 广州:暨南大学出版社,1995.
⑥ 小岛清. 对外贸易论 [M]. 周宝廉,译. 天津:南开大学出版社,1987.

者')直接或者间接在中国境内进行的投资活动",具体包括四种情形:"(一)外国投资者单独或者与其他投资者共同在中国境内设立外商投资企业;(二)外国投资者取得中国境内企业的股份、股权、财产份额或者其他类似权益;(三)外国投资者单独或者与其他投资者共同在中国境内投资新建项目;(四)法律、行政法规或者国务院规定的其他方式的投资。"简单来看,外商投资是指一家企业在其母国外的其他国家拥有或者部分拥有其他企业。实现外商投资的形式包括直接的资本投资、设备投资、技术投资或者人力投资,实现外商投资后,母公司还会参与到其投资公司的日常运营之中,这也意味着母公司必须将其知识、技能和技术带到其投资的东道国公司。

值得注意的是,发达国家对于技术输出始终保持谨慎的态度。从发达国家和发展中国家的立场来看,发达国家海外投资的动机主要是在全球范围内配置资源以降低成本,并占领国际市场,在此过程中一般会牢牢把控其重要技术。虽然企业是非政府性、非意识形态性的,但是企业的经营又离不开国家提供的制度和政策,在政府的干预下,企业也可能会做出妥协。2019年5月15日,时任美国总统特朗普签署《保障信息与通信技术及服务供应链安全》的行政令,该行政令宣布,为应对在信息和通信技术及服务上面临的"重大国家安全威胁",美国进入国家紧急状态。2019年5月16日,美国商务部产业与安全局将华为及其非美国附属68家公司纳入"实体清单"。作为回应,业内巨头跨国公司谷歌暂停了与华为的合作,其中包括停止安卓系统的许可;紧随其后,"脸书"也宣布禁止华为在设备中预装公司软件。

第二章 技术转移基础架构的形成

20世纪80年代世界上发生了很多大事，我国改革开放后开始实现快速发展，欧洲共同体在经历了20世纪70年代的发展危机后通过《欧洲单一法案》，民主德国与联邦德国实现统一，资本主义国家逐渐走出20世纪70年代的滞胀危机，美日关系从20世纪70年代的"伙伴关系"演变为20世纪80年代的"同盟关系"，但是两国间的经济摩擦却不断深化。这些事件本身都涉及发展的问题，同时又与科学技术的进步相关，其中不乏技术转移的影子。

20世纪80年代技术转移领域发生的三个重要事件，历史性地建构了当代技术转移的基础架构：美国《拜杜法》创建了法律制度基础，英国技术集团验证了市场经济机制，德国史太白技术转移中心开辟了专业能力空间。

第一节 美国《拜杜法》

《拜杜法》是最为技术转移相关人员所津津乐道的法律制度创新。《拜杜法》的英文名称为"Bayh-Dole Act"，其正式名称为《1980年大学与小企业专利程序法案》（University and Small Business Patent Procedures Act of 1980），于1980年12月12日在美国第96届国会闭会前最后一刻获得通过。美国《拜杜法》将大量政府资助发明的权利授予了大学、非营利组织和小企业，其制定目的是为了提高政府资助科技成果的转化效益；鼓励小企业更大程度参与到政府资助项目的研究当中；鼓励营利企业与非营利机构、大学的合作，后被编入《美国法典》。

需要明确的是，《拜杜法》并不是一项单独的法律，而是美国《专利法》的一个组成部分，1980年通过的《拜杜法》是作为美国《专利法》第38章新增的，经过1982年9月修改后调整为美国《专利法》第18章。

一、《拜杜法》的出台

"二战"以后，美国联邦政府对于大学科研的资助力度大幅提高，尤其是对于基础研究的资助。随着联邦政府资助力度的加大，政府资助项目科研成果的专利权权属成为讨论的热点，其着眼点主要围绕保护公众利益。一种观点认为"谁出资、谁拥有、谁收益"，即为了保护出资人的利益，政府税收来源于纳税人，纳税人理应从政府资助的科研成果中受益，故而科研成果专利权属归政府所有，政府以非独占实施许可的方式使专利技术进入公众领域。另一种观点则反对政府保留专利权，认为政府机构不具备管理专利的条件和内部激励机制，应将专利权让与政府资助科研项目的承担方，即实施研究项目和课题的大学、企业及其他科研机构，可出于公众利益考虑授予政府非独占实施许可[1]。因为缺乏统一立法规定，从"二战"结束到20世纪50年代后期，不同的政府部门、机构纷纷制订了各自的专利管理办法。大多数政府部门和机构的专利管理办法采用第一种方案，即由政府机构拥有专利权；还有一部分政府部门和机构的专利管理办法采取了折中方案，允许大学保留专利权，但不允许大学进行独占实施许可[2]。

由于政府部门、机构不是营利性市场主体，缺乏市场激励，难以合理有效地运营专利。根据美国政府部门的报告数据，截至1978年，美国联邦政府持有约2.8万项专利，却仅有不足5%的专利得到商业化运用[3]。此外，政府部门单方面考虑公众利益，却忽略了发明人的利益，挫伤了科研人员披露其发明创造的积极性。自20世纪50年代后期，部分政府部门、机构开始尝试与大学签订"机构专利协议"（Institutional Patent Agreements，IPA），使有能力自主进行技术转移的大学自动享有科研成果的专利权，并允许大学许可第三方独占实施，从而免去许多周折。截至1958年，共有18份IPA签署；其后，由于政策的变化而停滞。直到1968年，美国卫生教育福利部（Department of Health, Education and Welfare, DHEW）开始重新签署IPA。1967~1974年，共有167份专利申请通过与DHEW签订IPA的大学提交，而同一时期有162份来自未签署IPA大学的申请被驳回。可见IPA有效简化了行政审批程序，增加了高校专利申请的数量，被视为《拜杜法》的原型[4]。

《拜杜法》正是在这样的背景下诞生，美国政府试图依托市场重新配置科技资源，激活沉睡在实验室中的先进技术，促进大学科研成果向产业界转移。《拜杜法》的实质就是将IPA中的条款法律化，对政府资助的科研成果专利归属作出统一、明确的规定，允许大学享有科研成果的专利权并允许大学许可第三方独占实施，政府仅保留"介入权"[5]。自此确立了美国大学拥有对于政府资助的科研成果的广泛权利，完成了权利由政府发包人向

---

[1] WALTERSCHEID E C. The Need for a Uniform Government Patent Policy: The DOE Example [J]. Harvard Journal of Law & Technology, 1990, 3: 103-166.
[2] METLAY G. Reconsidering Renormalization: Stability and Change in 20th-Century Views on University Patents [J]. Social Studies of Science, 2006, 36 (4): 565-597.
[3] DUMONT E L P. Remodelling Technology Transfer [J]. Nature Nanotechnology, 2015, 10: 184.
[4] POPP BERMAN E. Why Did Universities Start Patenting? Institution-Building and the Road to the Bayh-Dole Act [J]. Social Studies of Science, 2008, 38 (6): 835-871.
[5] BREMER H, ALLEN J, LATKER N J. The US Bayh-Dole Act and Revisionism Redux. [J]. Industry & Higher Education, 2009, 23 (5): 351-366.

承包人的下放。同时该法案明确规定了发明人有权分享科研成果专利产生的经济利益，为科研的直接参与者提供了激励。

二、《拜杜法》的影响

经济合作与发展组织（OECD）将美国《拜杜法》视为全球范围内促进公共研发资助的科研成果商业化的标志性法律实践[1]。

依据《拜杜法》，大学、非营利机构和小企业在完成政府资助项目后应向政府报告，在报告后的合理期间内可以选择保留发明的权利，政府只保留一定的介入权。对于大学没有选择保留的发明，《美国联邦法典》第35卷第18章的第202（d）款规定，"如果缔约一方（大学）选择不保留政府资助项目中完成的发明，则联邦相关机构在符合本法案规定的前提下，经过咨询缔约方，可以考虑同意发明人提出的保留该发明权利的请求"。该款随后的第202（e）款规定，"任何情况下，当联邦雇员与非营利组织、小企业或非联邦雇员共同完成发明时，该联邦雇员所在机构出于固定专利权利和促进专利实施的目的，可以在符合本章规定的前提下，许可或转让其拥有的关于该发明的任何权利给非营利组织、小企业或非联邦雇员"。可见，以上两款规定在设置发明人申请、政府机构与大学协商等条件与程序的基础上，将大学和政府拥有的专利权利再次分配给发明人个人，其初衷并不是为了对大学科技创新成果的权属加以定性，而是为了更好地促进已完成成果的转化实施，获取科技创新成果的实质收益。

总体来看，《拜杜法》旨在通过放权来推动联邦政府资助的研发成果产业化，在世界范围内产生了广泛而深远的影响。鉴于《拜杜法》是有效解决财政性科技投入的研发成果形成的知识产权归属与管理问题的法律规则体系，在2002年被英国《经济学家》（The Economist）杂志评价为"美国国会在过去半个世纪中通过的最具鼓舞力的法案"。

统计数据显示，《拜杜法》获得了巨大成功，公共财政资助研究项目产生的专利数量和经济收益均大幅提升。1979年美国大学获得的专利总量仅为264件，1997年达到了2436件，在不到20年的时间内增长了近10倍。1991～2000年，校企间的专利实施许可协议数量增长了161%，而实施许可收入更是大幅增加了520%[2]。

在充分肯定《拜杜法》作用的同时，一些学者的研究也提醒我们不要过分"神化"《拜杜法》。第一，关于《拜杜法》对于大学专利申请的激励

---

[1] Organisation for Economic Cooperation and Development. Turning Science into Business: Patenting and Licensing at Public Research Organisations [R]. OECD Publishing，2003.

[2] SCHACHT W H. The Bayh-Dole Act: Selected Issues in Patent Policy and the Commercialization of Technology [R]. Congressional Research Service Reports，2009.

影响。创新经济学家 Mowery（2001）[1] 合作的文章以加州大学、斯坦福大学和哥伦比亚大学为例，研究了《拜杜法》的实施对专利申请的影响。研究发现，《拜杜法》与其他诸多因素共同促进了大学专利申请的增加，但是《拜杜法》自身所发挥的作用并不大。而"其他因素"包括政府对大学研究的资助、可专利性范围的扩张（比如 Diamond vs Chakrabarty 案件确认了基因技术的可专利性）、知识产权保护程度的加强等方面。第二，关于《拜杜法》对于大学专利技术许可的影响。Mowery 等（2001）[2] 的研究还认为，虽然《拜杜法》在促进技术转移方面起到了重要作用，但是这一作用并不是决定性的，即使没有《拜杜法》的出台，大学的技术许可也会不断增加。第三，关于《拜杜法》对于专利质量的影响。Henderson 等（1998）[3] 的研究发现，《拜杜法》实施后，虽然大学申请专利和专利许可的数量增加，但是专利的质量若以重要性和通用性衡量却降低了。

《拜杜法》的调整对象虽然主要限于大学科技创新成果中受政府资助完成的部分，但其制度及体现的立法思想值得我国借鉴。2002年我国科技部和财政部联合下发的《关于国家科研计划项目研究成果知识产权管理的若干规定》以及《中华人民共和国科学技术进步法（2007修订）》第20条都吸收了《拜杜法》的基本思路。

第二节 英国技术集团

英国技术集团（British Technology Group，BTG）是英国最大的私有化技术运营机构。BTG总部设在伦敦，在美国费城、日本东京设有分支机构，业务领域涵盖欧洲、北美和日本，75%以上的收入来自英国以外的业务。BTG于1995年在伦敦股票交易所上市，雇员都是具有技术和商业知识的人才，其中半数以上是科学家、工程师、专利代理人、律师和会计师等。

BTG目前已经转型为一家聚焦介入医学的全球化医疗企业，产品主要涉及癌症、血管疾病和肺气肿等疾病的治疗，不过其在现代技术转移进程中扮演重要的角色依然有借鉴意义。

一、发展历程

1948年，基于《1948年发明开发法》（Development of Inventions Act

---

[1] MOWERY D C, NELSON R R, SAMPAT B N, et al. The Growth of Patenting and Licensing by US Universities: An Assessment of the Effects of the Bayh-Dole Act of 1980 [J]. Research Policy, 2001, 30 (1): 99-119.

[2] 同上。

[3] HENDERSON R, JAFFE A B, TRAJTENBERG M. Universities as a Source of Commercial Technology: A Detailed Analysis of University Patenting, 1965-1988 [J]. Review of Economics and Statistics, 1998, 80 (1): 119-127.

1948），英国政府组建国家研究开发公司（National Research & Development Company，NRDC），负责对政府公共资助形成的研究成果的商品化。NRDC 有权取得、占有、出让为公共利益而进行研究所取得的发明成果，所有大学和公立研究机构，无论是实验室还是研究所，也无论是团体还是个人，只要所进行的研究是由政府资助的，成果一律归国家所有，并由 NRDC 负责管理。1975 年，英国工党政府又成立了国家企业联盟（National Enterprise Board，NEB），主要职责是进行地区的工业投资，为中小企业提供贷款，研究并解决高技术领域发展的投资问题。1981 年，英国政府决定 NRDC 与 NEB 合并，改名为英国技术集团，仍拥有 NRDC 对公共研究成果管理的权利。

1984 年 11 月，英国保守党政府认为《发明开发法》的垄断规定不利于科技成果充分发挥作用，抑制了科研人员的积极性，宣布废除这一规定，使发明者有了自主权，可以自由支配自己的发明创造，有利于发挥科研人员的积极性和创造力。这样 BTG 再也不能无偿占有公共资助的科研成果，但由于多数大学和公立研究机构对知识产权保护与商品化缺乏足够的资金和专长，仍愿意与 BTG 合作。

为了推动 BTG 的市场化运作，1991 年 12 月，英国政府把 BTG 转让给由英国风险投资公司、英格兰银行、大学副校长委员会和 BTG 组成的联合财团，售价 2800 万英镑，使 BTG 实现私有化。此后，BTG 采取了一系列措施拓宽技术来源，从最初着眼于国内市场，主要依靠研究院所和大学，不断发展成长为国际性公司。1995 年，BTG 在伦敦证券交易所上市。

进入 21 世纪以来，BTG 在开展技术转移服务之外，加强运用风险投资手段，逐步扩展业务领域并实现由技术转移中介机构向实体化经营公司的转变，并把自身定位于一个国际化的专业医疗保健公司，致力于医疗保健、癌症以及其他精神疾病产品的开发和商业化。2005 年开始，BTG 从战略层面开始关注生命科学。2010 年 10 月，BTG 在美国设立公司来推广和销售自己的产品。为拓展在医药领域的专业化优势，BTG 通过一系列收购来加强自身的研究开发能力，2008 年收购了生物医药企业 Protherics，PLC.，2011 年收购 Biocompatibles International，PLC.，2013 年收购 EKOS Corporation 和 TheraSphere，2015 年收购 PneumRx，Inc.，2016 年收购 Galil Medical Inc.，2017 年收购了 Roxwood Medical，Inc.。

二、运行机制

BTG 的运行机制是通过自身卓有成效的工作，充分利用国家赋予的职权，同国内各大学、研究院所、企业集团及众多发明人等广泛、紧密联合，形成"技术开发—推广转移（销售）—再开发及投产"等一条龙的有机整体，利润共享，真正起到将开发成果转化为现实生产力的桥梁和纽带作用。

BTG具有捕捉未来市场技术并从中获得回报的独特能力，通过投资于技术的进一步开发和扩大知识产权的范围，创造新的价值。

BTG致力于从市场的实际需要出发挑选技术项目，并通过最有效的手段将技术推向市场，主要目标是实现技术的商品化，包括寻找、筛选和获得技术、评估技术成果、进行专利保护、协助进行技术的商业化开发、市场包装、转让技术、监控转让技术进展等。其基本任务是推动新技术的转移和开发工作，尤其是促进大学、工业界、研究理事会以及政府部门研究机构的科技成果的产业化和商品化，包括提供商业支持，鼓励私营部门的技术创新投资和扶持中小企业。

BTG介入新技术商业化已经有50多年，是英国最大风险投资机构，风险投资遍布于整个欧洲和北美洲，并集中在英国和北美的中大西洋区域。BTG的风险投资集中在有创新技术和市场前景的企业，不仅关注技术开发的结果和早期阶段的投资，而且也考虑具有吸引力的后期阶段的投资。BTG关注技术的开发，其技术大多数都是来源于大学和公司里的顶尖技术。BTG通过直接介入这些投资，以提供管理和经营专家的方式来帮助处于早期阶段的公司尽快成长起来。BTG的专利律师与其投资的公司的发展小组以及专利法律顾问一起，共同制定战略性的专利投资组合，不仅保护投资公司的产品，而且保护知识产权。

BTG的业务范围主要涉及医学、自然科学、生物科学、电子和通信等技术领域，涵盖不同发展阶段的新技术。BTG通过积极寻找新的具有商业前途的技术来不断扩充自有专利技术，技术搜寻对象包括世界范围内的企业、大学和研究机构，服务内容包括对正在开发的技术进行投资，帮助申请专利以及促进授权专利的实施等。BTG获取专利的主要途径包括：帮助公立机构申请专利；资助大学教师对有前景的但尚未证实的高技术设想进行早期开发，并与一些大学共同安排高技术实验项目，并提供"种子资金"；在大学中设高技术奖励基金，一个奖励项目大约5000英镑奖金；不定期举办高技术发明创造竞赛；帮助有技术专长的集体或个人开办新企业，协助办理开办手续，提供资金方面的帮助。

BTG每年技术转移和支持开发、创办新企业等的营业额高达6亿英镑，其中技术转移上千项次，支持开发项目四五百项，气垫船、抗生素、先锋霉素、干扰素、核磁共振成像（MRI）、除虫菊酯、安全针等都是BTG成功的技术转让项目。BTG的技术转移一般经过技术评估、专利保护、技术开发、市场化、专利转让、协议后的专利保护与监督等阶段。

BTG按照严格的标准来评价每项技术是否真正具有创新性，判断这项技术能否完全获得专利保护，是否有足够的市场潜力，并确定一个明确的商业化进程；评估方法没有系统的文字规定，主要依靠承办人的经验，同时考虑技术商业化过程中的问题。在决定接受一项技术后，BTG会与发明人签订发明转让协议，由发明人把专利申请权转让给BTG，BTG专利部门的律师将代发明人填写专利申请表，负责专利并承担专利申请费、保护费以及侵权纠纷的诉讼费等全部费用。对于有潜力但尚未完全成熟的专利技术，BTG会制订开发和营销计划，资助发明人进一步开发，加速其商业化进程，提高技术转移的成功率。将专利技术市场化是BTG的主要目标，BTG与北美、西欧和日本等国家的企业有广泛的联系，并形成了国际性网络，使其能够从世界各地寻找到最合适的买主，以完成专利技术的市场化。在确定买主后，BTG会与其谈判签订转让协议。在技术被转让之后，BTG负责对专利进行保护，监测可能发生的侵权行为，同时密切关注被许可人的经营和财务以确保其按照许可协议支付专利费。

三、主要经验

英国技术集团发展的主要经验包括以下几个方面[①]。

第一，政府的支持。NRDC是BTG的前身，其创办初期是在政府直接支持下发展起来的，最初具有对政府资助形成的科技成果的垄断经营权。BTG作为专门以风险投资支持技术创新和技术转移的机构，具有由国家授权的保护专利和颁发技术许可证的职能权利。另外，BTG还有根据社会需要保证对国家的研究成果或有应用前景的技术进行再开发的权责，有权对相关项目给予资金支持，这些都给BTG发展提供了很多便利，更容易得到英国公立研究机构和大学的信任。正是由于政府几十年的扶持，BTG才逐步实现自负盈亏，成为实力雄厚的技术集团。

第二，多元化战略。BTG的经营集中在有潜力的高附加值的技术、产业和市场方面，在选择新的技术发明时，注意少而精，更多地吸收成熟的技术，用更少的时间来完成技术的商业化。按技术类型、发展阶段和布局等拓展多元化的业务，有利于化解技术商业化带来的风险。挖掘和评估真正有开发价值的专利技术是BTG的强项，BTG到大型公司中去寻找与这些公司主要业务方向不紧密相关的专利技术，从对这些非核心专利的评估中筛选出具有潜在市场前景的专利，然后采取专利授权的办法帮助实现这些非核心专利的市场价值。

BTG着眼于长期的技术转移，而不是急于把现有技术推向市场，通常要对专利进行一定的包装之后才会进行运营。由于专利保护有时间限制，从而专利许可的收益期限也是有限的，为了维持核心专利的盈利能力，BTG通过衍生性专利来对其进行扩展和补充，同时实现与发明人的利益共享。由于BTG是独立的第三方，能够把多种来源的技术联系在一起，通过打包相关的技术和专利能够为客户提供更全面的覆盖面，为自身带来更好的技术转让回报。

---

① 陈宝明. 英国技术集团发展经验[J]. 高科技与产业化. 2012（2）：100-102.

第三，利益共享。BTG利用国家赋予的职权同国内各大学、研究院所、企业集团及众多发明人建立广泛的联系，形成"技术开发—推广转移—再开发—投产"的技术价值链，并实现利益共享，起到联结开发成果转化为现实生产力的桥梁和纽带作用。BTG通过对技术进行投资不断扩大自有的知识产权范围，并通过转让技术使用权获取价值，还通过建立风险投资企业把获得的巨大报酬返还给技术提供者、商业合伙人和股东。

众多国内外发明人或企业都纷纷把自己的发明成果委托给BTG，BTG经审议后替发明人支付专利申请费用和代办申报，颁发许可证，真正使发明者得到知识产权的法律保护。然后，对专利等开发成果进行转让和利润分成。这种运作模式使BTG在技术供方和技术发展方中都拥有能够共同获得利润的合作伙伴，同世界许多技术创新研究中心以及全球主要的技术公司都有密切联系。在BTG的盈利模式中，一般不采取卖专利的方式来赚钱，BTG与专利所有者一般是平分从生产厂家那里得来的利益份额。

第四，高效、精简的组织结构。BTG员工具有丰富的工作经验和多学科的专业背景，都有在科研机构或企业工作的经历，有很强的技术、市场（商业）、法律知识背景和丰富的实践经验，在评估产品或技术的潜力等方面，独具慧眼，成功率较高，在申请专利、处理专利侵权等方面得心应手。特别是，BTG注重给员工创造一种令人激动和精力充沛的工作氛围，能够激励员工的领导才能、负责任和敢于冒险的精神。就酬金以及相关的报酬而言，包括股份分享计划，BTG都具有很高的吸引力。

第三节　德国史太白技术转移中心

起源于德国的史太白技术转移中心（Steinbeis Transfer Centers，STC）在技术转移方面取得了不凡的成就。事实上，当前的史太白技术转移中心并不是一家机构或者企业，而是指分散于世界各地的众多史太白技术转移中心。而且，以史太白技术转移中心为重要基础，还诞生了很多其他类型的机构，比如咨询中心、研究中心、大学等，这些机构共同构成史太白网络体系。后文对史太白网络体系及相关机构进行了具体介绍。这里需要澄清，本书在阐述中也概括性的使用了"史太白"这一表达，一种情况是指史太白其人，另外一种情况是用来指代史太白网络体系，在史太白网络体系正式形成之前则用于指代所有史太白相关机构组成的整体。

一、发展历程

史太白技术转移中心最早由史太白基金会建立，是专门从事技术转移的纯私营机构。史太白基金会以费迪南德·冯·史太白的名字命名，该人是德国双轨制教育制度的创始人和巴登—符腾堡州（以下简称"巴符州"）工业发展的奠基人。1848 年，史太白被任命为巴符州贸易和产业中央局（Central Office for Trade and Industry）的局长，该局之后成为州贸易局（State Trade Office），并由史太白在 1855～1880 年担任主席。任职期间，史太白引入、实践了其"基于专家对技术转移"的思想，积极促进大不列颠、爱尔兰与巴符州的专家、工程师的交流，推动技术和方法在本地产业的成功应用。1873 年，史太白建立了史太白基金会（Steinbeis Foundation），目标是发展针对年轻人的职业教育，按照双轨制理念加强对青少年的理论知识和实践技能的培训。1923 年，由于德国爆发通货膨胀，基金会的业务基本陷入停滞并最终解体。

1969 年，来自 5 所巴符州应用技术大学的教授成立了第一个高校技术咨询服务处（Technical Consulting Services，TCS），用于联系中小企业。

1971 年，根据德国民法的规定，史太白经济促进基金会（Steinbeis Foundation for Economic Development，StW）[1] 重建为一家非营利性机构，目的是为客户提供针对某个特定项目的技术建议与援助。基金会下设理事会和执行委员会，其中理事会由 1 名主席和 6 名代表组成。在巴符州经济部倡议下，该州工商会、行业协会、研究机构等共同出资 6.8 万马克成立非营利性公益组织 StW。到 1982 年时，已经有 16 个技术咨询服务处在巴符州的应用技术类大学内设立，为德国巴符州的中小企业提供技术咨询服务，帮助其提高收益。这一举措使得这些大学成为中小企业遇到问题时的主要联系对象。

1983 年，当时的德国巴符州州长洛塔尔·斯帕特任命约翰·勒恩为第一任州政府技术转移专员，并同时兼任史太白基金会执行委员会主席。勒恩对基金会进行了一系列改革，并开始发展史太白网络体系（Steinbeis Network），以州内的各个应用技术大学为基础，将高校技术咨询服务处调整为技术转移中心，并不断建立新的技术转移中心，到 1989 年时已经成立了 100 家史太白技术转移中心。1991 年，第一家德国之外的史太白技术转移中心在澳大利亚建立。

1998 年，建立了独立运营的史太白技术转移有限公司（Steinbeis GmbH & Co. KG für Technologietransfer，StC）[2]，以应对快速的商业扩张，负责技术转移中心的管理和市场化运作。至此，StC 和 StW 这两个机构共同构成了史太白网络体系（Steinbeis Network）的两个核心部分，总部均位于德国西南部的斯图加特市。

为培养更多技术转移专业人才，1998 年史太白大学（Steinbeis University Berlin，SHB）在柏林创办，具有博士学位授予资格，学历得到国家承

---

[1] 其简称来自德文"Steinbeis-Stiftung für Wirtschaftsförderung"，也简称为史太白基金会（Steinbeis Foundation）。
[2] 史太白技术转移中心的英文缩写为"STC"。

认。在史太白大学下,还专门设有史太白技术转移研究所(Steinbeis Transfer Institutes,STI)。

2000年,史太白控股公司(Steinbeis Beteiligungs Holding,SBT)建立,旨在支持创业、管理股份等。2003年,史太白还建立了自己的出版社,即史太白出版社(Steinbeis Edition)。

2005年,史太白的业务由单纯的技术转移延伸至咨询、研发等领域,开始建立史太白咨询中心(Steinbeis Consulting Centers,SCC)和史太白研究与创新中心(Steinbeis Research and Innovation Centers,SRC/SIC),加强了在市场研发和针对技术转移的咨询和培训服务方面的能力。

2008年,费迪南德史太白研究所(Ferdinand Steinbeis Institute,FSTI)成立,旨在协调、管理相关研究工作。

经过40余年的发展,史太白技术转移中心已由一个州立的技术转移机构发展成为国际化、全方位、综合性的技术转移网络,吸引了大批各个领域的专家学者参与,面向全球提供技术与知识转移服务。以强大的技术团队为支持,在国内和国际建立庞大的分支系统。史太白技术转移有限公司负责管理众多史太白技术转移中心,该公司实行完全市场化方式,以"应用研究成果、扩大交流网络、提供可靠的专家意见、给出解决问题的方案、严守客户机密、放宽各分支机构的管理权限、为公共服务事业寻找商业化出路"的原则运作,担当政府、学术界与工业界的联系平台。

各地的史太白技术转移中心由大学研究中心、独立研究机构和科技型企业自愿申请加入而形成。每个史太白技术转移中心都是独立对外的,均可直接与委托其工作的企业进行联系,为客户提供服务,有很大的灵活性。

史太白自成立、特别是勒恩改革以来实现了飞速发展,其地域覆盖范围由巴符州扩大至德国各地和巴西、美国等,业务遍及研发、咨询、培训、转移等各环节,形成了在全球范围内具有重要影响的技术和知识转移网络。2018年,史太白共有1075家企业,包括史太白技术转移中心、史太白研究和创新中心、史太白咨询中心、史太白技术转移研究所和其他独立企业等,这些企业都被称为史太白企业(Steinbeis Enterprises),雇用了2001名正式员工、3468名合同工和709名教授,所有史太白企业在2018年的营业额达到1.726亿欧元(表2-1)。

表2-1 史太白网络体系发展情况

史太白网络体系内容	2008年	2013年	2017年	2018年
史太白企业数/个	765	978	1072	1075
史太白营业额/亿欧元	1.238	1.452	1.620	1.726
史太白企业员工/个	1392	1708	1899	2001
史太白企业合同工/个	3338	3544	3606	3468
史太白雇用教授数/个	801	730	704	709

二、运行机制

史太白网络体系由史太白经济促进基金会、史太白技术转移有限公司、众多史太白技术转移中心、史太白咨询中心、史太白研究和创新中心、史太白大学及其他企业组成（见图2-1）。史太白网络体系实行去中心化的组织结构。各个技术转移中心、研究和创新中心、咨询中心等史太白企业都独自运营，每一个机构都深耕于其所在区域或领域。

理事会	史太白经济促进基金会（StW）	执行委员会
	史太白技术转移有限公司（StC）管理委员会	
	超过1000家史太白企业	
史太白技术转移中心（STC）	史太白研究和创新中心（SRC）	史太白咨询中心（SCC）	柏林史太白大学（SHB）和史太白技术转移研究所（STI）	史太白控股公司（SBT）
	其他支持机构：费迪南德史太白研究所、史太白出版社等	

图 2-1　史太白网络体系

史太白的技术转移网络体系由史太白执行委员会进行管理，即史太白执行委员会同时负责史太白基金会和史太白技术转移有限公司。

史太白经济促进基金会是整个史太白网络体系的联盟组织（或叫"伞状组织"）。史太白经济促进基金会和史太白技术转移有限公司共同负责所有涉及知识和技术转移的商业活动。基金会设有理事会和执行委员会。理事会相当于股份公司的股东大会，负责为基金会制定基本的工作标准。理事会成员由来自组成贸易、产业、科学、学术、政治等领域的人员组成，具体有巴符州州长府、经济部、科技部、州议会各议会党团代表、巴符州工业联合会、高校、科研机构、工商会等，政府代表占半数以上，包括23名理事和23名候补理事。理事会每年召开两次会议，讨论通过重要决议，并为基金会的整体发展建言献策。5名来自执行委员会、史太白大学、巴符州政府和巴符州工业联合会的代表为常务理事，负责与执行委员会沟通。执行委员会主席兼任基金会主席，同时担任史太白技术转移有限公司总经理，负责日常经营。史太白技术转移有限公司是基金会的全资子公司，位于德国斯图加特，负责管理史太白技术转移中心、史太白咨询中心、史太白研究和创新中心及其他史太白公司。

史太白技术转移中心是史太白体系的基础和主要收入来源，每个中心相对独立、实行市场化运作，最大的埃斯林根汽车电子技术转移中心有超过300名员工，但是绝大多数则不超过5人，有的甚至只有1个人。

史太白咨询中心在商业咨询、评价和培训方面发挥作用。咨询中心向企业、公共部门提供中短期咨询服务，覆盖技术领域选择、企业设立、市场开拓、运营管理、企业发展战略等环节，同时为企业、信贷机构及投资者提供项目及企业分析和评估，帮助客户抓住机遇，规避风险。通过咨询服务，史太白赢得了大量技术转移客户。

史太白研究和创新中心专门进行市场与转移相关研究、委托研究、开发和转移网络研究以及一些公益项目。研究和创新中心利用大批优秀的技术专家和人才，深度开发已有技术，使其更好地与客户需求吻合，主要研发领域为信息通讯、生命科学、光电、工程技术、新材料、节能环保、工业传感器等。

史太白大学和史太白技术转移研究所专门进行针对技术转移的研究，并提供工作能力方面的培训和雇员发展服务。史太白大学贯彻学以致用理念，致力于培养精通技术与经济的实用型人才和技术转移的使者。

此外，史太白还通过举办研讨会、培训班等为企业或员工提供在职培训。史太白有专门的出版部门史太白出版社，刊登史太白网络体系的专家撰写的专业论文。费迪南德史太白研究所协调并进行研究来促进技术转移。史太白控股公司负责监管大部分控股企业和部分合资控股企业。

拥有技术或专利的高校教授或科研院所专家向史太白执行委员会提出申请，如执行委员会确认该技术有较大市场价值，双方签约成立转移中心；不愿成立转移中心的，可申请由现有的转移中心进行技术转移。该教授/专家担任新成立的转移中心的负责人，承担相应的启动资金，中心实行自主核算、自负盈亏。技术转移中心需将年度营业额的10%上交史太白技术转移有限公司（史太白大学下的史太白技术转移研究所缴纳15%）。史太白技术转移有限公司为史太白技术转移中心创造稳定、宽松的法律保障和发展环境，通过工商会等机构寻找企业作为技术的投资者和受让方，同时为史太白技术转移中心争取其他研究项目。为克服启动资金不足的难题，史太白技术转移公司还协助史太白技术转移中心申请商业贷款以及德国政府或欧盟的项目资助。技术转移公司提供财务、人事、保险、行政等服务，并承担技术转移给客户造成的实际损失。为加强风险控制，史太白技术转移中心需按月向史太白技术转移有限公司提交财务报告，没有盈利能力或市场的技术转移中心会被立即关闭。

三、主要经验

史太白经济促进基金会的宗旨是促进知识和技术的转移、科学与经济的结合、创新潜力向实践的转化，主要集中在汽车、机械制造、航空航天、能源和环境等德国优势产业。

史太白技术转移网络的成功经验包括以下几个方面①。

第一,创立产学研结合的技术转移模式,为高校和科研机构的技术拥有者提供合作平台。该模式充分利用高校和科研机构中未转化为经济价值的知识和技术潜力,可有效降低企业特别是中小企业的研发成本,有利于提高社会的创新能力和经济的整体竞争力。技术拥有者利用业余时间,兼职管理按市场规则和企业模式运作的技术转移中心,并与企业合作将技术转化为现实生产力。

第二,通过政府支持与市场化运作完美结合,实现公共资源和市场资源的优化配置。德国政府从税收优惠、拨款资助、采购服务等方面向非营利组织提供支持,史太白经济促进基金会建立之初不仅享受税收优惠,而且直到1999年每年都从巴符州政府得到50万~200万马克资助,目前仍能从州政府得到大量项目。1983~2006年,勒恩担任技术转移专员与基金会主席双重职务,使州政府与基金会的资源相互利用,实现了双赢的局面。1999年以后,史太白开始完全市场化运作,自主性增强,竞争力不断提高,实现了快速发展。

第三,推行扁平化管理,执行委员会与技术转移中心之间建立灵活高效的运作机制。基金会制定服务准则,指导和督促下属技术转移中心按基金会章程提供服务。各技术转移中心按照市场化原则自主运营,在涉及经营、管理的具体事务中有独立决策权,无需请示执行委员会同意。这种外松内紧的管理模式既能充分发挥各技术转移中心的积极性,又能实现基金会的宗旨和目标,最大程度上实现了技术拥有者、史太白以及企业之间的共赢合作。

第四,依靠巴符州得天独厚的产业及研发优势,全力打造技术转移平台。一方面,巴符州科研力量雄厚,汇集了多所高校以及弗劳恩霍夫研究所(欧洲最大的应用科研机构)、亥姆霍兹联合会(德国最大科研团体)、马克斯—普朗克研究所等德国重量级科研机构,知识和技术来源充足。另一方面,该州汽车、机械制造等行业发展水平高,大中小型企业同步发展,存在不同层次的市场需求。史太白为上述供需之间搭建了桥梁,很多转移中心每年营业额仅数千欧元,当地中小企业买断其技术后,生产适销对路产品。

---

① 王春莉,于升峰,王静等. 德国史太白技术转移模式对青岛市的启示 [J]. 科技成果管理与研究,2015 (7):14-18.

第三章　技术转移的四大本质特征

现代技术转移的兴起和发展具有一定的历史必然性，也呈现出一定的历史特征。本书在上述对美国《拜杜法》、英国技术集团和德国史太白技术转移中心进行分析的基础上，从时代使命、法制基础、市场经济和专业能力这四个方面分析现代技术转移的特征。

第一节　时代使命

现代技术转移引起广泛重视有其深刻的社会历史原因。"二战"后，发达国家的国家垄断资本主义进一步强化，垄断集团之间的竞争也不断加剧，对技术转移有了更高的要求。20世纪60年代后，发展中国家为争取经济独立，开始对来自发达国家的跨国公司进行限制和监督，从而跨国公司调整对发展中国家的投资政策，转向技术输出[1]。Bosworth（1980）[2]把国外专利申请作为技术转移的测量指标，对美国和日本在1965~1974年国外专利申请的研究发现，企业在东道国申请专利通常伴随着货物或者服务贸易，其目的在于保护产品或者与当地企业达成协议。

美国经济从20世纪60年代末开始，直至整个70年代，都处于长期停滞的阶段。科技革命推动力减弱和贸易逆差状况恶化导致美国实体经济停滞不前、生产力水平下降，这期间还爆发了越南战争和两次石油危机，最终引发了严重的通货膨胀，形成历史上前所未有的经济滞胀。从1969年12月爆发经济危机开始，到1982年12月经济复苏为止，美国在长达13年的时间内停留在滞胀的阴影下。滞胀给美国经济造成了致命打击，美国工业经历了长时间的生产下降，企业倒闭数、银行破产数和失业率都创出战后最高纪录。

在这样的背景下，美国政府强烈担忧其国内产业能否保持竞争优势以及如何增强全球经济竞争力。美国开始关心国家资助的研发是否能够创造新知识和技术，并且得到有效的利用从而服务于国家经济；关心私营市场是否存在不恰当的壁垒阻碍创新、新技术的商业化以及企业创造力提升，是否存在更好的公私研发伙伴关系，来有效帮助企业创新以应对国家经济

---

[1]　戴庚先.技术创新与技术转移［M］.北京：科学技术文献出版社，1994.
[2]　BOSWORTH D L. The Transfer of US Technology Abroad［J］. Research Policy，1980，9（4）：378-388.

所面临的挑战。进而，美国政府开始通过技术转移来寻求经济的发展，并出台《拜杜法》，取得了良好效果。

第二节 法制基础

一、技术转移的法制需求和基础

技术转移对法律制度的需求主要来自两个方面。第一，政府资助的研究开发是新技术的重要来源，而技术转移的实现依赖于清晰界定不同利益相关主体对技术成果进行控制和运用的权限。第二，技术本身的无形性、前景未知性、公共产品属性等特征决定了技术转移的复杂性，在市场化的技术转移活动中，需要一定的法律制度进行保障。

技术具有公共产品属性，即非竞争性和非排他性，一部分人对于技术的使用不能影响和排除其他人对于技术的使用。与此同时，技术本身对于经济社会的发展具有巨大的推动作用。1945年，时任美国科研开发局（Office of Scientific Research and Development）局长万尼瓦尔·布什向总统提交了《科学——永无止境的前沿》（Science—The Endless Frontier）这一对美国科技发展意义深远的报告，其中附有万尼瓦尔·布什对总统的回信，信中写到"科学的进步是国家的安全、身体更加健康、更多就业机会、更高生活水准以及文化进步的一个必要关键"。基于此，政府拨款成为科学技术创新的研究开发的重要资助来源，1980年美国联邦政府支出的研究开发经费总额达到555亿美元[1]，从1935年到1980年，联邦政府对于学术研究的资助增加了250%，达到了1980年美国研究型大学预算的70%[2]。政府通过研究开发计划、科学技术基金等各类项目把资金拨给大学、国家实验室、研究机构、企业等研究主体。政府通过研发资助与各类研究主体形成了一定的契约关系，政府提供资金，研究主体提供智力资源和相关基础设施。

这也带来了一个问题，研发成果归谁所有、收益归谁？在战争时期，这一问题并不突出，因为很多政府研发资助都是直接为战争服务。但是在战争结束后，科学技术的研究开发导向转向了促进经济社会发展，这一问题的解决成为能否实现技术转移、能否实现技术对经济社会促进作用的关键。根据美国审计总署的报告，1978年美国政府拥有2.8万件专利，但是只有不足5%的专利得到商业化[3]。美国的《拜杜法》就是在这样的背景下

---

[1] SCHACHT W H. The Bayh-Dole Act: Selected Issues in Patent Policy and the Commercialization of Technology [C]. Congressional Research Service 7-5700 RL32076, Washington DC, 2009.
[2] DUMONT E L P. Remodelling Technology Transfer [J]. Nature Nanotechnology, 2015, 10: 184.
[3] 同上。

诞生的，《拜杜法》明确了联邦资助所产生的发明的专利权的可专利性及专利授权条件，适用对象是大学、小企业等项目承担方，核心是松绑了项目承担方必须向联邦资助机构转让发明权利的合同义务。此外，《史蒂文森—怀德勒技术创新法》于1980年10月21日由美国国会通过，希望通过在联邦科研机构建立专门的技术转移机构促进联邦系统内部研发成果的技术转移。

技术转移的复杂性对专利保护、商业秘密保护、反不正当竞争等方面的法律制度提出要求。技术的无形性和收益未知性导致了技术转移过程中技术供应方和技术需求方之间的信息不对称，在谈判过程中也经常有所保留，不利于技术转移的实现。技术的公共品属性则带来技术使用过程中的"搭便车"行为，降低了创新主体进行研发投入的积极性。包括专利保护、商业秘密保护、反不正当竞争等在内的知识产权保护制度的建立为技术转移的市场化提供了良好的法制基础，通过界定产权降低了技术转移的交易成本，同时有效保护了创新主体的垄断性收益。1994年TRIPS协议的签订标志着知识产权与货物贸易、服务贸易一起被列为世界贸易组织的管理对象，也标志着世界贸易组织的所有成员都必须遵守相应的知识产权规则，极大促进了全球范围内知识产权制度的普及，也为技术转移奠定了新的全球法制基础。

二、发达国家健全技术转移法制基础的举措

《拜杜法》的出台是美国乃至世界建立促进技术转移法律基础的典范和里程碑，其他发达国家或是借鉴美国经验，或是出于国家自身情况的考虑，在促进技术转移方面采取了一系列建设法律制度方面的举措。

丹麦在1999年通过的《公共研究机构发明法》中把"教授特权"废除，将原本由受雇人可以取得的权益转为给予从事研发的机构。德国从20世纪90年代后期开始，在科技创新战略中强化公立科研机构专利技术成果的商业化应用。2002年，德国修改《雇员发明法》，废除了"教授特权"，将大学教师的发明划分为职务发明和非职务发明两种，让发明人所隶属的机构能够取得相关专利权。

日本由于受到泡沫经济的影响，在20世纪末陷入"失去的十年"，由企业所投入的研发资金从1990年占其全国整体研发费用比例的83.5%降到了1999年的78.8%[①]。为充分发挥技术在激活经济中的作用，1998年日本国会出台《促进大学向产业界转让技术法》，并于1999年出台《产业活力再生特别措施法》，这两部法律被认为是日本的《拜杜法》，其中《促进大学向产业界转让技术法》第2条要求大学的技术成果以专利权或其他权利

---

① 孙远钊. 论科技成果转化与产学研合作——美国《拜杜法》35周年的回顾与展望 [J]. 科技与法律, 2015, 7 (5): 1008-1037.

形式向适合并且能够利用该技术成果的民间事业者[①]转移。

📖 **知识链接**

美国促进技术转移的法律制度

美国历来重视技术的转移和商业化应用。法律和制度建设是美国促进技术转移的重要基础和举措，表 3-1 列出了自《拜杜法》以来，美国制定出台的技术转移相关法律和制度文件。

表 3-1 美国主要的技术转移法律制度

年份	法律/政策	主要内容
1980	拜杜法 Bayh-Dole Act	允许小企业、大学或者非营利机构获得发明（政府出资资助）的所有权，同时规定商业性组织可以获得政府所有、政府运营的实验室授予的独占性授权
1980	史蒂文森—怀德勒技术创新法 Stevenson-Wydler Act	将"技术转移"确定为联邦政府的一项职责，要求联邦实验室积极促进联邦所有的技术发明向非政府机构转移
1982	小企业创新发展法 Small Business Innovation Development Act	创设小企业创新发展研究（SBIR）计划，该计划要求联邦机构要为与其任务相关的小企业科研提供资金支持
1984	国家合作研究法 National Cooperative Research Act	建立一个合理的机制来评估合作研究的反垄断影响，鼓励企业在通用领域共同合作研发
1984	专利和商标说明法 Patent and Trademark Clarification Act	是对《杜拜法》和《史蒂文森—怀德勒技术创新法》的进一步修订，推动专利和许可对技术转移的支持
1986	联邦技术转移法 Federal Technology Transfer Act	允许联邦实验室通过合作开发协议（CRADA）与外界合作，合作双方就实验室内产生的专利和发明进行谈判
1987	12591 号行政命令 Executive Order 12591	由里根总统颁布，该行政命令试图确保联邦实验室能够实施技术转移
1988	综合贸易竞争法案 Omnibus Trade and Competitiveness Act	进一步采取措施保护贸易和知识产权，联邦政府与其他机构的研发合作，实施技术转让与商业化
1989	国家技术转让竞争法 National Competitiveness Technology Transfer	是对《联邦技术转移法》的修订，扩展了 CRADA 模式的应用，将政府所有、委托经营的国家实验室纳入到 CRADA 中来，并增加了保密规定

---

① 民间事业者是指与中央和地方政府相对的股份公司、有限公司、农业合作组织、生活协同组织以及民间非营利组织等。

续表

年份	法律/政策	主要内容
1992	小企业创新发展法 Small Business Innovation Development Act	扩展现有的 SBIR 计划,增加了各个机构对 SBIR 投入的预算比例,并提高了该计划的奖励金额;还建立了小企业技术转移计划(STTR),加强政府所有、委托经营的联邦实验室与大学、企业和非营利性组织等的研发合作
1993	国家合作研究与生产法 National Cooperative Research and Production Act	放宽对企业合作研发与生产的反垄断限制,使合作研究者使用共同获得的技术进行生产经营
1995	国家技术转移和促进法 National Technology Transfer and Advancement Act	修改《史蒂文森—怀德勒技术创新法》,使CRADA项目对联邦实验室、科学家和私人产业更有吸引力
2000	技术转移商业化法 Technology Transfer Commercialization Act	扩大了CRADA许可的权力,使这类协议对私有企业更有吸引力,并提高联邦技术的转化。建立联邦机构在技术转移活动中的报告和监督的执行程序
2007	美国竞争法 America Competes Act	加大研发投入;加强科学、技术、工程、基础数学的教育;进一步完善联邦政府的创新机制
2010	美国竞争再授权法案 America Competes Reauthorization Act	是对《美国竞争法》的进一步修订,在接下来的3年里为科学、技术、工程、基础数学等的教育增加额外投资
2011	美国发明法案 America Invents Act	将美国以往坚持的"先发明制"改为"先申请制";对宽限期等制度进行了调整

资料来源:吴卫红,董诚,彭洁,等(2015)

三、我国技术转移法制基础的构建

改革开放前,我国长期实行计划经济体制,知识和技术在我国被当作国家或社会共有资源,因此市场渠道的技术转移并不活跃。改革开放后,我国采取了一系列举措,构建技术转移的法制基础,以充分激发科学技术促进经济发展的作用。1978年12月,十一届三中全会的召开拉开了我国改革开放的帷幕,商品经济的发展迫使企业开始关注新产品开发和新技术应用,我国技术转移的法制基础得到不断完善。

1980年1月,国务院批准当时的国家科学技术委员会(以下简称"国家科委")关于建立专利制度的请示报告。1985年1月,《国务院关于技术转让的暂行规定》发布,第一次从国家最高层面肯定了技术商品化和技术转移,实行有偿转让和市场调节。1985年3月,《中共中央关于科学技术体制改革的决定》发布,指出"促进技术成果商品化,开拓技术市场,以适应社会主义商品经济的发展"。1985年4月,我国专利制度和专利法开始运行。1987年6月,第六届全国人大常委会第二十一次会议审议通过了《中华人民共和国技术合同法》(以下简称《技术合同法》),从立法角度规定了我国技术市场的基本规则,使我国技术市场的发展进入法制化轨道。《技术合同法》及其实施条例发布实施后,原国家科委又相继出台了一系列配套政策,包括《技术合同认定登记管理办法》《技术合同认定规则》《技术市场统计工作规定》《技术交易会管理暂行办法》《技术合同仲裁机构管理暂行规定》等,同时各省、自治区和直辖市也在管理机关建立、相关政策制定等方面采取措施以促进技术市场的发展。

1993年7月,全国人大常委会通过《中华人民共和国科学技术进步法》(以下简称《科学技术进步法》),以立法形式强调了科学技术优先发展的战略地位,并对技术市场的服务机构、服务体系等内容进行规定。1996年5月,我国颁布实施《促进科技成果转化法》,为技术市场的运行和科技成果转化提供了进一步的法律依据。2007年,我国修订《科学技术进步法》,新增第20条和第21条,规定财政资助项目所产出成果的知识产权归属及其运用。2015年,我国修改《促进科技成果转化法》,新增第18条,规定国家设立的科研机构、大学有科技成果转化自主权。这些被认为是中国版本的《拜杜法》。

在我国的其他相关法律中,也体现了较多对于技术转移的规定,尤其是国际技术转移。1979年颁布的《中华人民共和国中外合资经营企业法》对外国投资者以技术进行投资作出规定。1994年5月通过的《中华人民共和国对外贸易法》把技术进出口纳入其中,并对特定情况下技术进出口的限制和禁止进行规定。2001年颁布《中华人民共和国技术进出口管理条例》(以下简称《技术进出口管理条例》)对技术进出口中的"限制性条款"进行明确规定。

第三节　市场经济

一、技术转移的市场机制需求和建设

为了更好地促进技术转移,不仅要有恰当的法律制度基础,还需要相应的市场机制。这是由技术自身的特征和技术转移的特征决定的。

尽管诸如《拜杜法》之类的法律赋予公共研发资助项目的承担者在处理技术成果方面更多的自主权,但是由于事实上很多承担公共研发项目的主体都是公益类的大学或者研究机构,技术转移依然面临问题。在相关法律制度的基础上,大学和研究机构可以通过成立技术授权办公室或者创办新企业等来促进技术的转移。但是,由于技术转移的业务偏离了大学和研

究机构的主业，在技术转移方面缺乏相应的人力和能力，并不能很好地实现促进技术转移的目的。

因此，需要由市场化机制来打通技术转移的各个环节。市场机制解决的技术转移问题主要包括以下几个方面。第一，也是最重要的一个方面，促进技术需求方与技术供给方之间的信息匹配，包括已有技术成果与实际市场需求的匹配、已有技术成果在潜在市场需求中的应用、实际市场需求与技术研发团队的匹配等。第二，建立符合技术供给和技术需求双方利益需求的交易机制，从市场交易的角度来看，技术是一种无形商品，本身具有定价困难的特点，而技术的收益未知性更增加了技术定价的困难，因此技术转移也不同于传统商品的交易机制。

技术转移市场机制的主要内容包括以下几个方面：一是促进技术转移的各类机构、平台，比如网上技术交易市场、各类技术聚合体等。网上技术交易市场提供了技术供给和技术需求信息匹配的平台；技术聚合体通过聚集整合大量的专利、技术，由单独的企业对其进行积极主动的转移、运营。二是各种旨在促进技术转移的市场机制，比如技术创新基金、技术拍卖等，技术创新基金为有技术没资源、有想法没技术的企业提供支持，而技术拍卖建立了技术转移的新兴交易模式。

美国诸多著名大学都是私立学校，来自校友等各方的捐赠基金在大学运营资金中占有重要比例，甚至很多美国顶级名校都是靠捐赠创建的。以"常春藤联盟"为代表的顶尖高校，将捐赠变成了一个历史传统。与之相对应的是，西方国家有完善的有关捐赠的法律体系。在这种社会文化中，大学具有明显的社会公益属性，大学创办企业从社会谋取经济利益与其社会文化、大学的社会公益属性相冲突，将会极大地影响人们对于捐赠该校的积极性。所以，美国的高校没有设立"校办企业"的历史和文化，而是通过专利授权、转让等方式，将科技成果转让给市场上的企业（一般情况下，这些企业和大学并没有股权关系），由企业完成科技成果的产业化生产、销售等产业化运营，从而实现科技成果促进社会和经济发展的过程。

二、发达国家完善技术转移市场机制的举措

前文所述的英国技术集团、史太白技术转移中心分别是英国与德国在建立技术转移市场机制方面的举措。此外，很多其他国家也采取了相关举措，旨在从市场端充分拉动技术转移。

2009年7月27日，日本产业创新机构（Innovation Network Corporation of Japan，INCJ）正式开始运营。产业创新机构的投资目标领域是环境、能源、生命科学等社会需求高、成长空间大的领域。投资策略是通过新专利技术等集成技术、构造产品，通过投资初创企业等集成有潜力、需培育的中小企业，通过接手大企业分离出来的新项目、集成各环节完善产

业链。2010年8月6日,日本产业创新机构和日本知识产权战略网络株式会社(Intellectual Property Strategy Network,IPSN)合作,发起成立日本第一个知识产权基金LSIP(Life-Science Intellectual Property Platform Fund),主要对生命科学领域的相关知识产权进行投资。IPSN的主要目标是进一步推进日本生命科学领域的产学联合和技术转移。LSIP从以大学、科学技术振兴机构为主的官方研究机构、企业等汇集知识产权后,对所欠缺的资料进行补充研究,并获取相关技术专利。由此形成富有吸引力的知识产权权利群,以期能向制药企业等提供技术或专利权转让与许可,并创建风险投资企业。

2006年5月24日,韩国知识产权局与韩国Woori银行、工业银行和Shinhan银行等银行以及KIBO、KIST、KISTI、KTTC、KIPA、KDB和ETRI等技术支持集团签订协议,向持有优秀专利但无融资能力的中小型企业提供资金支持,鼓励其实施专利,企业可通过专利质押或自身信用担保获得所需资金。韩国知识产权局的这一举措极大地引导并促进了中小企业进行技术融资。

为促进知识产权的运用,新加坡知识产权局促成了知识产权信息平台SurfIP的建立。SurfIP提供了技术寻求方和技术许可方建立联系的平台,并为知识产权所有人提供了一种专门设计的表单,使其能够以清晰和结构化的方式说明知识产权的功能和特点,从而潜在的买方能够迅速、容易地选定和评估知识产权的内容。

三、我国技术转移市场机制的探索

改革开放后,我国科学技术成果的推广实现了从无偿到有偿的突破,技术的商品属性初步确立,并出现了第一批科技中介服务机构,还举办了最早的技术交易会。

在1978年3月的全国科学大会上,邓小平发表重要讲话,强调科学技术是第一生产力。1981年,沈阳、武汉和北京等地先后出现少量以科技人员为主体,以经营技术转让和提供技术服务为主要业务的公司。1982年10月,党中央、国务院提出"经济建设必须依靠科学技术,科学技术工作必须面向经济建设"的战略方针,全国各地开始出现大量技术贸易组织,跨地区、跨行业的技术交易网络初步形成。1983年7月,当时的国家科委发布了关于加强技术转移和技术服务工作的通知。1984年,我国开始推行技术合同制,各级科技管理机构开始进行技术合同认证和登记工作。1985年1月,国务院发布了《国务院关于技术转让的暂行规定》。1985年4月,国务院成立了全国技术市场协调指导小组。1986年8月,全国技术市场协调领导小组发布技术市场管理暂行办法,提出了"放开、搞活、扶植、引导"的八字方针。1994年,原国家科学技术委员会和原国家经济体制改革委员会联合发布《关于进一步培育和发展技术市场的若干意见》。1996年10月，原国家科学技术委员会发布《"九五"全国技术市场发展纲要》。1999年，在全国技术创新大会上发布《中共中央 国务院关于加强技术创新，发展高科技，实现产业化的决定》。

2012年5月3日，我国首家由政府倡导并出资的知识产权商用化公司"北京知识产权运营管理有限公司"挂牌成立。公司的主要业务是知识产权服务，包括知识产权股权投资、知识产权交易经纪、知识产权信息分析和价值评估、知识产权咨询等内容，服务对象包括政府、高校、科研机构和企业。北京知识产权运营管理有限公司一方面依托自身良好的政府关系实现与大学、科研院所、中介机构和企业的有效对接，推动知识产权运营链条的形成；另一方面可以发挥自身的资金和市场优势，弥补政府部门在知识产权运营方面的不足。

2014年4月25日，中国第一支专注于专利运营和技术转移的基金"睿创专利运营基金"在中关村正式成立，北京智谷睿拓技术服务有限公司作为普通合伙人管理基金投资策略与日常运营。该基金旨在以市场为导向，以企业为主体，在政府引导和多方参与下，开展专利运营。

第四节 专业能力

一、技术转移的专业能力需求和建设

技术转移在本质上是一种市场交易行为，涉及复杂的主体、要素和环节，既需要专业化的人才和能力，也需要综合型的人才和能力。能力是技术转移能够成功的一个重要保障条件，包括商务、法律、政策、管理、投资以及技术等方面，业务范围包括商务谈判、活动组织、技术分析、财务分析等方面。

而且，随着技术的发展，技术本身变得越来越复杂，新技术中的知识含量不断增加，吸收、掌握技术的周期也有所增加，技术转移的难度也有了整体上的增加，也对技术转移所需要的能力提出了进一步的要求。

二、发达国家和地区提高技术转移专业能力的举措

培养技术转移专门人才的做法在许多国家均有实践。美国大学技术经理人协会（AUTM）在技术转化人才培养方面发挥了重要作用。通过开设专业课程、提供专业培训、组织资格认证、制作和发放技术转移实践手册促进技术转移人员的职业发展。2003年4月29日，欧盟研究理事会启动实施了一个行动计划中提议每个大学生必须修完知识产权和技术转移原理

这两门课程，欧盟技术转移经理人协会（ASTP）也在技术转移人才培训方面发挥重要作用。日本历来重视技术经营人才的培养，从 2000 年开始就在东京大学、早稻田大学、东北大学等大学开设技术经营专业，日本 2015 年知识产权推进计划提出支持中介性人才发展，2017 年知识产权推进计划在大学知识产权战略部分专门提出加强技术转移人才培养。

三、我国技术转移专业能力的培养

我国对于技术转移专业能力的培养主要包括两个层次：一是官方层面的人才培养，二是市场层面的人才培育。

在官方层面，主要有大学和政府部门开设、举办的各类技术转移相关课程、培训等。大学技术转移教育主要是通过开设相应的课程，并通过实践教学培养学生对技术转移知识的了解和从事技术转移业务的能力。政府举办的技术转移课程主要以各类培训班的形式体现，如北京市技术市场管理办公室主导的技术经纪人培训、上海技术转移协会组织的上海市技术经纪人培训等。

2018 年，在上海市科学技术委员会的指导与支持下，上海技术转移学院成立，旨在培养技术转移领域高层次、国际化、专业化人才，通过搭建高校院所、国际知名机构和各类企业间人员交流和资源聚合的桥梁，解决技术转移各个环节的现实瓶颈问题，从而打造和形成促进科技成果转移转化的核心人才队伍。上海技术转移学院成立后，开设了国际认证技术许可专家（Certified Licensing Professionals，CLP）培训课程。

第二部分

解析技术转移

深刻的问题总是长期存在的,尽管其答案可能随时间和场景的调整而变化。

第四章　技术转移的概念辨析

新增长理论将技术内生化，充分强调了技术在经济增长中的作用，而技术转移是技术发挥经济作用的关键环节。技术转移最初是国际上作为解决"南北问题"的一个重要战略，于1964年在第一届联合国贸易与发展会议（United Nations Conference for Trade and Development，UNCTAD）上提出，会上把国家之间的技术输入和技术输出统称为"技术转移"，提出发展中国家的自立发展无疑要依赖来自发达国家的知识和技术转移，但机械式的技术转移做法是不可取的。从世界范围来看，技术转移是发达国家占领国际市场和发展国际贸易的重要内容，也是发展中国家吸收国外先进技术和发展本国经济以实现赶超的重要路径。从国家范围来看，技术转移是充分利用国内的技术成果，实现本国技术资源的优化配置，进而实现国内区域协调发展和整体发展的重要任务。

如今，技术转移的概念在联合国贸易与发展会议的基础上，已有极大扩展和延伸，本章旨在探析和理清技术转移的概念。

第一节　概念的提出

技术转移（Technology Transfer/Transfer of Technology）是指技术在国家、地区、行业内部或行业之间以及技术自身系统内输出与输入的活动过程。技术转移包括技术成果、信息、能力的转让、移植、引进、交流和推广普及。技术转移源自技术传播和技术扩散，可以认为技术转移是技术传播或者扩散的一种方式，也可以说技术转移是一种定向的技术扩散。

在经济理论和技术理论中，技术转移作为一个独立的、特殊的学术概念，第一次被提到是在20世纪60年代。1964年，在第一届UNCTAD上，技术转移作为解决"南北问题"的重要战略被提出，会上认为发展中国家的自立发展必然要依赖于来自发达国家的知识和技术转移，并把国家之间的技术输入与输出统称为"技术转移"。1964年的第一届UNCTAD还提出要进行关于改造有关向发展中国家转让工业技术的法律的可行性研究，此后这一提议在其他国际组织、国际会议得到积极响应。1974年5月1日，联合国大会第六届特别会议正式作出决议，准备起草一个关于国际技术转移的行动守则。此后不久，联合国大会于1975年9月通过决议指定UNCTAD起草一个指导国际技术转移的文件。UNCTAD组织了专家起草小组，分别由发展中国家 77 国集团、西方发达国家，以及苏联、东欧和蒙古集团 3 个小组各自起草草案。在 1978 年 10 月召开的会议上，UNCTAD 综合各方面的意见提出初步的文本。后经过多次修订后，1985 年 6 月 5 日，UNCTAD 制定《国际技术转移行动守则草案》（The Draft International Code of Conduct on the Transfer of Technology），把技术转移定义为关于制造一项产品、应用一项工艺或提供一项服务的系统性知识的转移，但不包括只涉及货物出售或只涉及出租的交易。该定义常被作为讨论技术转移概念的起点。

《国际技术转移行动守则（草案）》特别指出了技术转移的以下情况：

（a）各种形式工业产权的转让、出售和授予许可，但不包括在技术转让交易中的商标，服务标志和商品名称除外；

（b）以可行性研究、计划、图表、模型、说明、手册、公式、基础或详细工程设计、培训方案和设备、技术咨询服务和管理人员服务以及人员训练等方式，提供的诀窍和技术知识；

（c）提供关于工厂和设备的安装、操作和运用以及交钥匙项目所需的技术知识；

（d）提供关于取得、安装和使用以购买、租借或其他方法得到的机器、设备、中间货物和（或）原料所需的技术知识；

（e）提供工业和技术合作安排的技术内容。

第一届 UNCTAD 之后，技术转移成为国际上比较通用的一个词语。随着技术转移研究和实践工作的不断发展，技术转移的概念和内涵不断发展演变。

第二节 概念的发展

一、技术转移的界定

从不同角度对技术转移进行理解，其关注的焦点也存在差异。从技术转移的过程形式来看，有技术的传播；从技术转移的过程实质来看，有技术的消化吸收；从技术转移的最终结果来看，有技术的应用。

技术的传播。日本学者小林达认为，技术转移在广义上是人类知识资源的再分配。美国学者布鲁克斯提出技术转移是科学技术通过人类活动被传播的过程。Frederick Williams 和 David V. Gibson、Phillips[1] 将技术转移定义为创意或想法从研究实验室到市场的流动。Everett M. Rogers[2] 认为技

---

[1] PHILLIPS R G. Technology Business Incubators: How Effective as Technology Transfer Mechanisms? [J]. Technology in Society, 2002, 24 (3): 299-316.

[2] ROGERS E M. The Nature of Technology Transfer [J]. Science Communication, 2002, 23 (3): 323-341.

术转移是在创新者和最终用户之间进行的技术信息交换。

国际学术界对技术转移问题的关注是从技术传播理论研究开始的,尽管从人类发明创造出新技术起,就产生了技术如何传播的问题,但关于传播的理论研究直到 20 世纪初才逐渐系统化。法国社会学家塔尔德（Gabriel Tarde, 1904）[①] 在对技术知识的传播作了较为系统的研究后,率先提出了"S 型传播理论",认为模仿是重要的传播手段,而且在传播过程中模仿者比率呈"S 型"曲线。这一研究成果在学术界引起很大反响,被公认为是技术传播理论的先驱。

技术的消化吸收。技术转移不仅是指技术和随同技术一起转移的机器设备的移动,也是指技术在新的环境中被获得、开发和利用的有机统一的完整过程。完整的技术转移应包括技术的传递、吸收和消化。

技术的应用。美国总统科学技术顾问普雷斯认为,技术转移就是研究成果的社会化,包括其在国内和向国外的推广。Bozeman（1988）[②] 认为,当某一领域产生的或使用的科学技术信息,在其他不同的领域中被重新改进或被应用时,这一过程就叫技术转移。

我国学者对技术转移的研究主要集中在政策与实践中,对理论概念的研究并不多。比较早的与技术转移相关的定义起源于"技术引进"的概念,1986 年原国家科学技术委员会组织的"关于我国技术引进战略与政策建议"项目中,将国家间技术转移定义为了技术引进[③]。高峰（2005）[④] 通过对现有技术转移定义的总结,将技术转移定义总括为:技术转移是围绕某种技术类型产生的某种技术水平的知识群的扩散过程,即各种形态的技术从供方向受方的运动。这种运动可以在地理空间上进行,也可以在不同领域、不同部门之间进行,是一个动态过程,其实质是技术能力的转移。当技术转移活动跨越国界时,就称为国际技术转移,是国与国之间技术传播与交流的一种双向运动。张玉臣（2009）[⑤] 认为技术转移是指知识以某种形式由技术所有者向使用者转移的过程。

本书倾向于对技术转移进行广义上的理解。技术转移不仅包括国家之间的技术转移,还包括部门之间的技术转移;不仅包括领域之间的转移和地域之间的转移,也包括使用主体之间的转移;不仅包括对原有技术的直接应用,也包括对原有技术的消化吸收;不仅包括技术作为商品的转移,还包括伴随着技术转移的产品交易。从这个意义上来看,技术转移是一个上位的概念,其应当包括技术转让、技术扩散和技术引进等内容。

---

① 周星. 国内外技术转移理论研究述评 [J]. 国际商务:对外经济贸易大学学报,1999 (3):11-15.
② BOZEMAN B. Evaluating Technology Transfer and Diffusion Introduction [J]. Evaluation and Program Planning, 1988, 11 (1):63-75.
③ 国家科委"技术引进战略与政策研究"课题组. 关于我国技术引进战略与政策建议 [J]. 中国科技论坛,1987 (5):18-21.
④ 高峰. 论技术转移理论与我国科技成果的转化 [J]. 技术经济与管理研究,2005 (3):20-22.
⑤ 张玉臣. 技术转移机理研究:困惑中的寻解之路 [M]. 北京:中国经济出版社,2009:82.

📖 知识链接

政策界定中的技术转移

在我国的政策文件中，技术转移一词的具体含义存在一个发展演化的过程。

2007年9月10日，科技部印发《国家技术转移示范机构管理办法》（国科发火字〔2007〕565号），其中对技术转移的概念定义为：本办法所指的技术转移是指制造某种产品、应用某种工艺或提供某种服务的系统知识，通过各种途径从技术供给方向技术需求方转移的过程。

2017年9月，原国家质量监督检验检疫总局、国家标准化管理委员会批准发布了我国首个技术转移服务推荐性国家标准《技术转移服务规范》（GB/T34670—2017），采用了《国家技术转移示范机构管理办法》对技术转移的定义，并加以扩充，同时给出了"技术开发""技术转让"的术语和定义，主要有：

（1）技术转移（Technology Transfer），是指制造某种产品、应用某种工艺或提供某种服务的系统知识，通过各种途径从技术供给方向技术需求方转移的过程。技术转移的内容包括科学知识、技术成果、科技信息和科技能力等。

（2）技术开发（Technology Development），是指针对新技术、新产品、新工艺、新材料、新品种及其系统进行研究开发的行为。

（3）技术转让（Technology Assignment），是指将技术成果的相关权利让与他人或许可他人实施使用的行为。

从上述内容来看，《技术转移服务规范》对技术转移概念的界定与联合国《国际技术转移行动守则（草案）》对技术转移的概念界定基本一致。

二、技术转移的分类

技术转移最初是作为解决"南北问题"的一个重要战略，在第一届UNCTAD上提出，当时只关注发达国家向发展中国家的技术转移，即国际技术转移。事实上，在发达国家之间、发达国家国内、发展中国家之间、发展中国家国内以及发展中国家向发达国家，都存在技术转移。因此，技术转移可以分为跨国技术转移和国内技术转移。跨国技术转移的相关理论包括开发援助理论、跨国投资理论等。国内技术转移的相关理论包括技术应用理论、三螺旋理论等。

从技术转移的实现过程来看，技术转移可以借助实物（比如机器设备、工具等）实现，可以借助显性知识（比如专利、设计图纸等）实现，也可以借助保存于人的大脑中的隐性知识实现。

从技术转移的市场表现来看，有市场渠道的技术转移和非市场渠道的技术转移。市场渠道的技术转移是指按照市场规则支付一定成本的技术转移。主要体现包括：直接购买技术的所有权或者使用权；海外直接投资，通过在东道国设立企业进行技术转移；创办新企业或者技术入股，进而实现新技术的商业化；通过成套设备的引进实现技术转移。非市场渠道的技术转移则无需支付专门的技术转移成本。主要体现包括：通过派出人员出国访问、留学或者工作来获取技术；通过公开信息获取技术，比如科技出版物、专利等；出于政治或者军事目的的技术援助。本书对技术转移的分析侧重于市场渠道的技术转移。

从被转移技术的应用情况来看，技术转移包括新技术的应用和成熟技术的转移两类。新技术的应用指的是，研发出来的新技术被应用于改进生产工艺或者用来生产新产品，也称为技术商业化、垂直（纵向）的技术转移。成熟技术的转移是指，已经被应用于生产生活的技术在主体、地域之间的转移，也称为水平（横向）的技术转移。世界卫生组织对技术转移的界定认为，技术转移发生在"研发与生产"或者"生产与生产之间"[1]，即对应新技术的应用和成熟技术的转移两种类型。

第三节 与相关概念的关系

一、技术转移与技术扩散

从英文表述来看，技术转移是"Technology Transfer"，技术扩散是"Technology Diffusion"。对于技术扩散，实际上并没有统一的认知。曼斯菲尔德（Mansfield）把扩散看作是一个学习过程[2]。Stoneman 把一项新技术的广泛应用和推广称为技术扩散，认为技术扩散不只是一种模仿过程，还包括模仿基础上的自主创新活动[3]。Rogers 认为扩散是创新在这一时间内，通过各种渠道，在社会系统成员中进行传播的过程[4]。

从两个概念的缘起来看，技术转移是一个更具实践性的概念，来源于联合国的政策导向。而技术扩散是一个更加学术性的概念，由"知识扩散"的概念扩展得到，更为广泛地出现于经济学家的研究中。但是，发展至今，两者的实践性或学术性的边界都已变得极不清晰。

---

[1] World Health Organization. WHO Guidelines on Transfer of Technology in Pharmaceutical Manufacturing [R]. WHO Technical Report Series, No. 961, 2011.
[2] MANSFIELD E, ROMEO A. Technology Transfer to Overseas Subsidiaries by US-Based Firms [J]. The Quarterly Journal of Economics, 1980, 95 (4): 737-750.
[3] STONEMAN P. Intra-Firm Diffusion, Bayesian Learning and Profitability [J]. The Economic Journal, 1981, 91 (362): 375-388.
[4] ROGERS E M, VALENTE T W. Technology Transfer in High-Technology Industries [M]. New York: Oxford University Press, 1991.

本书认为，从概念上可以总结出技术转移与技术扩散在以下几个方面的差异。

第一，技术转移具有更强的主动性；而技术扩散具有更强的自发性，强调技术的传播过程。

第二，技术转移的对象在数量方面相对明确，而技术扩散的对象在数量方面相对模糊。

第三，技术转移更强调技术的移动，而技术扩散强调了技术扩散带来的外部性。

但是同时，本书认为没有必要纠结于两者的差异，在关于技术转移、技术扩散的大量学术研究中，很多文献都是交叉引用；而在指导实践的过程中，只需要抓住主要矛盾即可。

二、技术转移与科技成果转化

"科技成果转化"是一个具有我国特色的表述，多出现于我国的科技政策、法律法规中。1996年，我国制定颁布的《促进科技成果转化法》采用了这一说法，第二条明确提出"本法所称科技成果转化，是指为提高生产力水平而对科学研究与技术开发所产生的具有实用价值的科技成果所进行的后续试验、开发、应用、推广直至形成新产品、新工艺、新材料，发展新产业等活动"。2015年，修订后的《促进科技成果转化法》发布，其中第二条进一步明确了科技成果和职务科技成果的概念，指出"本法所称科技成果，是指通过科学研究与技术开发所产生的具有实用价值的成果。职务科技成果，是指执行研究开发机构、高等院校和企业等单位的工作任务，或者主要是利用上述单位的物质技术条件所完成的科技成果"，并把科技成果转化的概念调整为"本法所称科技成果转化，是指为提高生产力水平而对科技成果所进行的后续试验、开发、应用、推广直至形成新技术、新工艺、新材料、新产品，发展新产业等活动"。

科技成果转化的基本要素是科技成果，而技术转移的基本要素是技术。技术可以物化在科技成果之中，也可以物化在机器设备之中，还可以物化在人的大脑之中，从而技术转移包含的内容要大于科技成果转化，形式也更加丰富。

科技成果转化的范围比技术转移要窄一些，前者更贴近纵向的技术转移，即技术从实验室走向市场。本质是科技成果由知识性商品、成果转化为供市场销售的物质性商品、服务的全过程，是一种带有科技性质的经济行为，其过程一般包括小试、中试、产业化生产和销售几个阶段。

尽管科技成果转化与技术转移存在一定的差别，但是随着政策界和学术界对两个概念的共同使用，逐渐形成"转移转化"的新表述，具体包括"科技成果转移转化"和"技术转移转化"。2014年10月，国务院印发《国务院关于加快科技服务业发展的若干意见》(国发〔2014〕49 号),其中提出"促进技术转移转化"。2016 年 4 月,国务院办公厅印发《促进科技成果转移转化行动方案》(国办发〔2016〕28 号),专门促进科技成果转移转化。这样的现状也表明,技术转移与科技成果转化之间的概念边界更加模糊。

三、技术转移与技术进出口

技术进出口是一个与技术贸易非常接近的概念,主要针对国家之间的市场化技术转移。我国《技术进出口管理条例》(2019 年修正)第二条对技术进出口的界定是:

> 第二条 本条例所称技术进出口,是指从中华人民共和国境外向中华人民共和国境内,或者从中华人民共和国境内向中华人民共和国境外,通过贸易、投资或者经济技术合作的方式转移技术的行为。
>
> 前款规定的行为包括专利权转让、专利申请权转让、专利实施许可、技术秘密转让、技术服务和其他方式的技术转移。

可以看出,在国家制度文件中,也承认技术进出口就是技术转移。两者之间的区别和联系可以理解为,技术转移是一个更宽泛的概念,包括技术进出口。技术进出口是技术转移的体现形式,具体来看,是国际技术转移的体现形式,主要是商业性行为。

第五章 技术转移的发生形态

从不同视角出发,技术转移可以体现为多种不同的形态。我国《促进科技成果转化法》第十六条列出了六种科技成果转化的方式:"(一)自行投资实施转化;(二)向他人转让该科技成果;(三)许可他人使用该科技成果;(四)以该科技成果作为合作条件,与他人共同实施转化;(五)以该科技成果作价投资,折算股份或者出资比例;(六)其他协商确定的方式。"

实践之中,技术转移转化的形态往往更加丰富多样。本书从观察者视角和行动者视角总结了十三种技术转移的发生形态。对于技术转移不同形态的认识有助于在开展技术转移的具体工作中更好地把握重点。当然,不同的形态之间并非完全割裂,也需要统筹考虑。

第一节 观察者的视角

一、位移论

Mansfield(1975)[1] 在研究国际技术转移时,把技术转移区分为垂直的技术转移(Vertical Technology Transfer)和水平的技术转移(Horizontal Technology Transfer)两种类型。

垂直的技术转移是指技术从研发到应用的转移,具体体现为实验室成果在生产、经营中的实际应用。目前,大学和科研机构的技术成果转化是我国技术转移领域最关心的一个问题。实际上,发达国家大学的很多经费来源于校友或者企业的捐助,使得大学更多地去研究技术和把技术转移到社会上去,而较少直接去办企业,所以在西方社会很少有校办企业、所办企业和院办企业。我国高校、科研机构的研发成果与企业对接比较困难,在一定程度上不得不让大学、院所去开办企业,就有了所谓的校办企业、所办企业和院办企业。所以,我国一些比较大型的企业背后实际都有高校及院所的影子。

---

[1] MANSFIELD E. International Technology Transfer: Forms, Resource Requirements, and Policies [J]. The American Economic Review, 1975, 65(2): 372-376.

水平的技术转移是指一项技术从一个区域被应用到另一个区域，从一个组织被应用到另一个组织，或者从一个场景向另一个场景的转移。水平技术转移所转移的技术，一般是已经得到商业化应用的、相对成熟的技术。水平技术转移涉及的技术，通常表现为成套生产设备、全套生产线。改革开放初期，我国在技术引进方面开展了大量工作，主要体现就是整体引进国外生产线，在当时起到了很大的作用。需要注意的是，在技术引进过程中，能不能把引进的技术进行充分的消化吸收是技术转移能否成功的关键，即技术适用的问题。我国在引进生产线过程中，曾经有一段时间引进了113条彩电生产线，最后导致竞相压价，而1982~1987年彩电产业中核心技术环节彩色显像管的生产国内只有陕西彩色显像管厂一家[1]，可见盲目地引进技术和生产线，并不一定真的有利于技术的实际消化吸收。

垂直技术转移与水平技术转移并不是完全孤立的，而是通常处于交互并行的状态。从国家层面考虑，除水平技术转移与垂直技术转移外，还包括斜面技术转移与螺旋技术转移两种类型。斜面技术转移指一个国家的实验室研发成果，在另一个国家的生产、经营中得到实际应用。当前的经济全球化背景下，这类技术转移已经是一种常态。螺旋技术转移是指一个国家的实验室成果，经另一国家产业孵化、市场熟化后，再回到原来国家的生产线。在经济全球化的背景下，这类技术转移也不断出现。

二、知识论

知识论认为技术转移实际上是知识的转移和流动，技术的差距事实上就是知识水平的差异。知识管理专家麦耶斯（1998）[2]认为虽然知识流动、技术流动、智力流动看起来有不同内涵，但事实上都有着不可分割的紧密联系。何保山等（1996）[3]在其著作中把技术直接界定为"为制造特定工业产品所需要的管理、组织以及技能方面的知识"。Schnepp等（1990）[4]把技术转移定义为"未来经济利益目的从一个使用者向另一个使用者转让相关技术的专项技能或知识的过程"。与技术转移的知识论极其类似的还有两种认识：信息论和人才论。信息是知识的本质体现，而人才是知识的重要载体，因此技术转移也被理解成信息的转移或者人才的流动。

UNCTAD也把技术转移界定为系统性知识的转移。这种系统性知识不仅包括呈现于图纸、书面的显性知识，也包括蕴含于技术人员大脑之中的

---

[1] 吴照云，余焕新. 中国新兴产业市场结构演变规律探究——以有机硅产业为例[J]. 中国工业经济，2008（12）：134-143.
[2] 保罗·S. 麦耶斯. 知识管理与组织设计[M]. 珠海：珠海出版社，1998.
[3] 何保山，顾纪瑞，严英龙. 中国技术转移和技术进步[M]. 北京：经济管理出版社，1996.
[4] SCHNEPP O, BHAMBRI A, VON GLINOW M A Y. United States-China Technology Transfer[M]. Englewood Cliffs，1990.

隐性知识。不仅包括技术类的知识，还包括非技术的辅助补充性的知识，而后者有时也发挥非常重要的作用。

日本知识管理专家 Nonaka I 等（1998）[①]（2000）[②] 从认识论的角度，将知识划分为显性知识和隐性知识两类。显性知识可以用规范化和系统化的语言进行传播，又称为可文本化的知识；隐性知识包括信仰、隐喻、直觉、思维模式和诀窍。在企业创新活动的过程中，隐性知识和显性知识两者之间互相作用、互相转化，知识转化的过程实际上就是知识转移和知识创造的过程。野中郁次郎认为知识转化包括四种基本模式，具体是潜移默化（Socialization，从隐性知识到隐性知识）、外部明示（Externalization，从隐性知识到显性知识）、汇总组合（Combination，从显性知识到显性知识）和内部升华（Internalization，从显性知识到隐性知识），即著名的SECI模型。

技术转移的知识论强调技术的知识本质，强调技术转移是知识转移的一种。技术转移的知识论和联合国最初界定的技术转移概念有相通之处，不过在今天看来，它的最大贡献在于提醒人们，技术转移涉及的不只是技术类的知识，还有其他类型的知识。如果把技术类知识看作是技术转移的核心知识，那么辅助性知识、补充性知识也是极其必要的。比如，一项技术要在某一地方落地，能够帮助其实现本地化的知识就是不可或缺的辅助性知识，使之更好适应本地需求的知识就是补充性知识。

技术转移的知识论还提醒人们，在一个技术转移项目中，应该注意到并非所需要的全部知识都能通过编码的形式予以显性化，在有些时候，不能通过编码形式予以显性化的知识（即隐性知识）更关键、更重要。

三、成果就绪论

技术转移的成果就绪论来源于2009年我国发布的国家标准《科学技术研究项目评价通则》（GB/T22900-2009）。该标准借鉴美国国防部的技术就绪水平理论（Technology Readiness Level，TRL），根据技术的成熟度把技术区分为九个级别，因此也被称为技术成熟度理论。

技术是否成熟直接关系到技术转移能否成功。承担研发角色的大学和科研院所的研究人员主要考虑自己的研究方法和过程是否符合科学上的规律。仅就专利技术而言，即使法律规定专利技术应当具有"实用性"，但这种实用与市场所要求的实用还有很大的距离，而作为技术使用方的企业希望资金的投入所获得的技术能生产打开市场的产品，并以此获得更高的回

[①] NONAKA I., TOYAMA R., KONNO N. SECI, Ba and Leadership: A Unified Model of Dynamic Knowledge Creation [J]. Long Range Planning, 2000, 33 (1): 5-34.
[②] NONAKA I., KONNO N. The Concept of "Ba": Building a Foundation for Knowledge Creation [J]. California Management Review, 1998, 40 (3): 40-54.

报,因此技术是否成熟是影响技术转移的一个重要因素。

随着技术就绪水平的提高,相应的技术转移风险会降低,但是技术转移所需要投入的成本也会有相应的增加。通过把风险和投入相乘固定为一个常数,在一定程度上可以为在哪一级介入技术转移提供参考。台湾工业技术研究院的专家们比较关心第四级到第六级的技术,认为风险相对在减少,成本又不是特别高,所以说风险和投入的乘积是比较好控制的。

技术就绪水平分类的好处是让人能够比较清晰地辨识一项技术所处的发展阶段,缺点是无法让人判断处在某一阶段的技术是否值得投入资源,推动其进入下一阶段。技术就绪的标准看起来很完美,但是在实际应用中面临着一些问题。一项技术从形成报告和开发方案开始,就面临着较强的不确定性,即使到了系统样机阶段,也不确定是否能够最终走向市场,比较难把一项成果放到系列里考虑。美国国防部之所以运用该方法,在一定程度上是因为国防系统的研制通常是有大的概念在顶层上面,在技术考核验收时不会跳出原有设定的圈子,提前有一个判断标尺。而通常来看,虽然技术成熟评价的标尺看起来是有的,但是实际上是虚无缥缈的。

表 5-1、表 5-2、表 5-3 列出了《科学技术研究项目评价通则》中三种技术类型(基础研究、应用研究、开发研究)的技术就绪水平区分情况。从技术转移活动相对频繁的开发研究来看,技术就绪水平的九级划分大体上体现了从形成项目建议书、可行性研究到技术研发,再到技术可行性验证、生产可行性验证和技术商业化的过程。

表 5-1 基础研究项目技术就绪水平量表

等级	特征描述	主要成果形式
第一级	产生新想法并表述成概念性报告	报告
第二级	被同行确定为一个值得自由探索的方向	论文
第三级	被组织确定为一个值得探索的具体目标	方案
第四级	实验室环境中仿真结论成立	仿真结论
第五级	实验室环境中半实物仿真结论成立	半实物仿真结论
第六级	实验室环境中实物功能性指标可测试	测试报告
第七级	试验结果与理论相匹配	鉴定结论
第八级	论文发表,报告立卷,著作出版	论文、报告、著作
第九级	论文、著作被引用,研究报告被采纳	引用、采纳凭证

表 5-2 应用研究项目技术就绪水平量表

等级	特征描述	主要成果形式
第一级	发现新用途并形成思路性报告	报告
第二级	形成了特定目标的应用方案	方案
第三级	关键功能分析和实验结论成立	功能结论
第四级	在实验室环境中关键功能仿真结论成立	仿真结论

续表

等级	特征描述	主要成果形式
第五级	相关环境中关键功能得到验证	性能结论
第六级	中试环境中初样性能指标满足要求	初样
第七级	中试环境中正样性能指标满足要求	正样
第八级	正样得到用户认可	用户鉴定结论
第九级	正样品、专有技术、专科技术被转让	专利、样品

表 5-3　开发研究项目技术就绪水平量表

等级	特征描述	主要成果形式
第一级	观察到基本原理并形成正式报告	报告
第二级	形成了技术概念或开发方案	方案
第三级	关键功能分析或实验结论成立	验证结论
第四级	研究室环境中的部件仿真验证	仿真结论
第五级	相关环境中的部件仿真验证	部件
第六级	相关环境中的系统样机演示	模型样机
第七级	在实际环境中的系统样机试验结论成立	样机
第八级	实际系统完成并通过实际验证	中试产品
第九级	实际通过任务运行的成功考验，可销售	产品、标准、专利

四、价值发现论

技术转移的价值发现论是指，判断一项技术的商业价值，一个大概的标准就是前期的投入和前期的科学成果。

本书作者曾经研究过北大方正集团的技术创始人王选，实际上也是北大方正集团的企业创始人。研究的过程中发现：新技术的价值包括两个递进的环节，第一个是科学价值，第二个是商业价值。而科学价值是商业价值的基础，商业价值是科学价值的市场体现。

以王选的激光照排技术为例，前期得到多项国家级项目的支撑，一步步投入并实现技术进步，最终形成绝对的科学贡献。所以，如果技术转移是为了实现经济价值的话，那么科学价值可以作为观测一项技术经济价值的一个重要参数。

> 知识链接
>
> ### 汉字激光照排系统技术的商业化之路
>
> 北大方正创始人王选的汉字激光照排系统技术的商业化转移过程很好地诠释了技术转移在特定情境下的应有形态和技术转移所应当遵循的基本规律。
>
> 汉字激光照排系统技术的商业化过程实际上是一条产学研合作路径，主要经历了四个阶段。第一阶段是1988~1995年的校企合作，追求技术顶天、市场立地。第二阶段是1995~1999年的校企一体化，成立方正技术研究院，实现了组织和管理体制的一体化。第三阶段是1999~2004年的方正技术研究院和方正集团一体化，研究院的很多研发部门分到公司的事业部，一些技术骨干转变为方正集团的技术总监甚至事业部的领导。第四阶段是2004年后的校企分离，北大计算技术所和方正集团之间的技术转移。随着社会主义市场经济体制改革和社会主义政治文明建设的推进，王选对产学研结合的认识也在不断加深，但是，其核心思想并没有发生改变，那就是实现技术和市场相结合，不断用新技术带领市场进入前沿，用市场前沿需求刺激技术更进一步发展。
>
> 资料来源：刘海波，李黎明（2012）[①]

五、集成创新论

技术转移的集成创新论强调技术转移是一种复杂的、多元的、同质要素参与的过程性集成创新。技术转移涉及很多种要素，是一种集成性的创新，最开始在研究阶段主要是与科学相关的问题；后期要做进一步资助的时候就需要资金，资金可能来自于民间，也可能来自于政府；再往下做样品出来时，就涉及加工。

2006年我国国务院发布《国家中长期科学和技术发展规划纲要（2006~2020年）》，提出要加强自主创新，实际上是把自主创新分为了三种类型：原始创新、集成创新、引进消化吸收再创新。

集成创新实际上体现了亚当·斯密的分工思想。市场最基本的一个职能就是分工，只有分工才能产生效率，有效率才有竞争力。所以要鼓励大学和科研机构更好地生产知识，鼓励企业把知识更好地转化到市场之中，鼓励投资者能够看到知识和技术的前景，鼓励推广者能够更好地把产品推向用户。

[①] 刘海波，李黎明. 方正大师：王选 [M]. 北京：中国科学技术出版社，2012.

六、社会实验论

技术转移的社会实验论，是指新技术或技术系统的社会引入不是一次性决策，对于具有重大不确定性后果的大型复杂技术系统的首次社会引入，应当在规模上坚持最小必要原则。

技术的开发应用可能会受到民族因素、传统观念、路径依赖、道德伦理等方面的影响，而技术转移也需要考虑到这些因素。我国在封建社会时期，技术研发被认为是"奇技淫巧"，排斥先进技术，是我国技术落后的一个重要原因。传统观念可能会造成人们对于新技术的排斥，比如试管婴儿技术在很多地方都不被接受。路径依赖是指人们在长期使用过程中对原有技术形成依赖，加之新技术在引进初期存在不完善、不适应的问题，从而对新技术有所排斥。路径依赖的一个实例是，第二次技术革命的标志性技术——电机产生于英国，但是却最先在德国、美国等国家得到大规模使用，一个主要原因是，不少英国企业家不愿意放弃原有的蒸汽动力技术生产体系。道德伦理问题是技术在人类生活中不断渗透必然引发的问题，比如转基因食品、基因编辑、试管婴儿、人工智能、大数据等都引起了广泛讨论。

在新技术引入社会之前，应当充分考虑技术的社会伦理可接受性，技术监管决策的过程应当去中心化。比如人工智能的应用就是一个大的社会实验，能不能在社会上被接受是一个社会价值观的问题。人工智能的广泛应用会对整个社会产生非常大的冲击，企业家马斯克谈及人工智能时提到："我越来越倾向于认为，应该在国家和国际层面上进行监管，以确保我们不会做出非常愚蠢的事情"，而马云则倡议中国应该制定一部《数字经济法》。

七、权利实施论

技术转移的权利实施论，是指技术通常被理解成一种无形财产，而财产一定是有归属的，所以权利实施是技术转移的一个本质。

技术通常都是基于研发投入形成的，而研发投入包括资金、人力、设备等多个方面，投入研发后通常要主张对产出成果的权利。所以，在现代市场经济的条件下，权利实施是技术转移的一个重要方面。技术转移的权利实施可以分成多种类型，比如自行实施、许可他人实施等，技术许可是最典型的权利实施。技术的许可类似实体物品的租赁，许可人向被许可人收取许可费用，但是许可不会对技术自身造成损耗。需要明确的是，技术的许可和技术的转移是不同的，许可虽然可以达到转移的目的，但转移绝对不是简简单单的许可。许可很多时候是一个法律文件、法律活动或法律手续，而转移在法律之外还有很多其他要做的事情。

就一件专利来讲，获得一件专利的许可仅仅是代表对专利权利要求书中权利要求的使用。专利制度是利用垄断性权利换取技术公开的制度，但是聪明的专利申请人通常会在制度框架内部选择既能够获得授权又能够对技术有所保留，即有一部分技术成果被作为技术秘密（know-how）。所以说，比较理想的技术转移不仅包括专利许可本身，可能还会涉及相关的技术秘密的许可。

第二节　行动者的视角

一、跨界论

技术转移还表现为一种从科学技术界域到市场界域的跨界行为，即技术转移的跨界论。技术转移的跨界论的具体形式包括技术跨界和人员跨界。跨界的模式包括接力式、桥梁式等类型。接力式技术转移，是指技术的供给方和需求方通过高效对接、协调合作，实现技术的转移。桥梁式技术转移，是指技术的供给方与需求方需要借助一定的"中间人"实现对接，承担"中间人"角色的主要有各类市场化技术转移服务机构。

在各种各样的技术转移跨界模式中，接力式模式最受关注，也最值得开发。接力式跨界的一个特点是不同环节的紧密衔接，通过各个环节相关主体的齐心协力，最终实现技术转移。当前，一种受到颇多关注的技术转移模式被称为"带土移植"，表现为高校或者科研机构的整个研究团队被吸收到企业之中。事实上，由于工作环境、价值观念、行为习惯等的差异，科研人员能否适应企业的工作是个很大的问题。

如果采用接力式模式，而不是"带土移植"模式的话，接力过程中的信任就变得非常重要。实际上，信任是所有人类行为中非常重要的内容，在商业活动中尤其突出。因此，如何建立信任是一个要解决的重要问题，技术通常被理解成是一种无形资产，这种无形性决定了技术的转移对能力有很强的依赖性，赢得信任是这种能力的重要体现。在商业活动中，信任的一个重要来源就是血缘关系，所以市场上有很多家族企业，但是随着人们生育观念的转变，基于血缘关系的信任正在变弱。根据资本关系来产生信任是最直接的一个方法，但是通常并不容易，需要借助一系列合同和法律的支撑。此外，还有一种信任的来源，称为"学缘"，是指基于共同的学习经历或学习经历交叉而建立起来的联系，比如大学同学、实验室毕业生与实验室的联系等，这种连接在创业和技术转移中也发挥着一定作用。

二、翻译论

翻译论是关于技术转移的一种最新认识，核心观点是技术转移就是要在各种知识之间、各种"语言"之间不断地切换、翻译。在技术转移翻译论的视角下，实验室里产生的知识和技术被应用到实验室之外，不是通过对普遍规律的概括来实现的，而是通过地方性情境的实践适用到新的地方性情境来实现的，实际上体现为一个通过翻译以适应新的地方性情境的过程[1]。翻译论认为技术转移的目的是让科学家能够听懂投资者的语言，让投资者能够听懂科学家的语言，让生产者能够听懂投资者的语言，让投资者能够听懂生产者的语言。

从理论层面来看，早在1984年，为了解决知识在不同范式之间的对抗性问题，行动者网络理论（Actor-Network Theory）的主要代表人、法国社会学家 Michel Callon 就引入了翻译（Translation）的概念[2]。Michel Callon认为翻译主要体现为两种形式：通过设置一系列（新的）问题来解决（旧的）问题，或者一系列相关问题的存在意义在不同领域的表达。翻译承认不同问题领域的差异是不能彻底消除的，但是不同要素之间是可以联合的，翻译强调问题之间的相互依赖，并且推动不同问题之间的沟通。Michel Callon 还提出了翻译的四个步骤：问题化（Problematisation），利益锁定（Interessement），招募（Enrollment），动员（Mobilization）。问题化就是告诉相关行动者，目标的实现是与给定的问题相联系的，问题化的过程包括行动者的相互定义和构建必经之路两个方面。利益锁定是通过利益的吸引来锁定行动者的行为，核心行动者据此加强和稳定网络内的其他行动者的身份，打破他们的竞争关系。招募过程是伴随着利益锁定过程中使行动者走向成功的多边协商、力量试探、充满计谋的一个组织，招募的方式包括诱惑、交易、不经讨论的同意等。动员是指通过指定代言人和一系列等价的协调，所有的行动者被取代，并在特定的时间和地点被整合。

技术翻译是将科学或工业要求与其他方面的能力相匹配。技术翻译人员是有高素质要求的工作人员，他们致力于发现市场创新的机会，并将其与学术研究和实验室的新兴技术联系起来。技术翻译人员促进了对于这些市场创新机会的利用，主要是通过建立学术组织和商业组织之间的合作伙伴关系，并帮助管理、维系这种伙伴关系。

美国德州农工大学的健康科学中心（Health Science Center）专门设有技术翻译办公室（Office of Technology Translation）。具体来看，其技术翻译的任务包括：

• 访问工业和科学的最终用户，以确定市场机会，并就潜在的、有趣的研究和开发领域向他们提供建议；

• 为合作研究和开发项目建立行业和学术团队（协助撰写提案并在早期阶段促进潜在合作伙伴之间的讨论）；

---

[1] 约瑟夫·劳斯. 知识与权力：走向科学的政治哲学 [M]. 盛晓明，邱慧，孟强，译. 北京：北京大学出版社，2004.

[2] CALLON M. Some Elements of a Sociology of Translation：Domestication of the Scallops and the Fishermen of St. Brieuc Bay [J]. The Sociological Review，1984，32：196-233.

- 帮助这些团队访问现有的公共和私营部门融资机制；
- 就前沿技术的项目管理和商业化向学术和工业组织提供建议；
- 为会员和政府制作技术报告，根据要求整理特定领域的信息。

美国加州大学欧文分校下属的技术转移机构命名为研究翻译集团（Research Translation Group，RTG）。RTG的主要定位在于促进大学的基础研究发展为有现实影响的产品。RTG在促进技术转移方面具有完整的功能体系，包括发明披露、专利创新、产业合作伙伴与潜在机会的连接等。RTG下设有一个发明转让集团（Invention Transfer Group，ITG），主要帮助大学职员、研究者理解并有效实施其研究的"翻译"。ITG聘请加州大学欧文分校的研究生、博士后和专业领域学生为研究员，并为其提供有关大学技术转移和知识产权管理的实操培训，而这些研究员将在技术评估、已有技术检索、撰写发明简介等方面为RTG提供帮助。

知识链接

技术翻译案例：宁波石墨烯技术的产业化

宁波是国内较早开展石墨烯研发和产业化的地区之一，在石墨烯制备技术、技术支撑、产业化等方面均走在全国前列。宁波石墨烯协同创新异质性社群的成功，关键在于核心行动者能有效引起不同行动者的兴趣和利益，在翻译的过程中，将他们纳入到创新社群中来。

1. 问题化：推动石墨烯研发用的一体化

石墨烯产业的发展，面临技术门槛高、投入资金大、应用企业合作少等问题，大多数研发工作还处于实验室阶段。不同的行动者对此持不同的态度：基础研究人员认为，石墨烯是新一代的材料，具有广阔的应用前景，如果下游的应用厂商能加快应用速度，就能快速占领市场，进而可以推动上游的原材料降低生产成本；下游的应用企业，则希望上游的原材料生产企业能提高石墨烯的制备工艺，提高规模化生产能力，现阶段石墨烯不仅价格高，而且质量不稳定，应用上也未有革命性的突破。

因此，在翻译的问题化阶段，需要明确问题，找到基础研究者与应用企业之间的共同点。一方是要求石墨烯低成本、高质量、规模化的制备，另一方是要求石墨烯的大规模应用开发。这两个问题同时也是相互关联的，降低石墨烯的生产成本，容易推动应用开发；一旦石墨烯应用市场被开发了，又会反过来推动石墨烯的生产。因此，必经之点就是推动石墨烯研究、开发、应用的一体化。

2. 利益锁定：成立宁波墨西科技有限公司

推动石墨烯研究、开发、应用的一体化，需要通过利益的吸引来锁定行动者的行为。中科院宁波材料所发挥了核心行动者的作用。该所从2008年就开始了石墨烯制备技术攻关，目前已在石墨烯规模化制备和改性方面取得突破性进展，初步实现了石墨烯低成本规模化制备。与上海南江集团联合成立的宁波墨西科技有限公司,设立了石墨烯制备与应用研发中心,已开发出多款针对不同应用领域的石墨烯系列产品及相应的应用技术,产品性能获得了下游应用企业的正面评价。

为加快应用开发,宁波市将石墨烯产业作为六条产业链之一,大力发展。在全国率先启动了石墨烯产业化应用研发的重大科技专项,设立"石墨烯产业化应用开发"专项资金,每年投入3000万元,3年共9000万元,用于支持"石墨烯产业化应用开发"实施单位的技术创新、产品研发和试制推广。政府的积极介入为企业在石墨烯研发投入上吃下"定心丸"。例如,宁波维科电池股份有限公司总经理王传宝指出,政府的规划和支持让他们在研发投入上更加坚定。

3. 招募:成立创新联盟

推进石墨烯产业化进程,需要群策群力。通过协商的方式,以共同利益为纽带,吸引各类行动者加入产学研创新社群。2014年5月,在宁波市科技局的支持下,宁波墨西科技有限公司、中科院宁波材料所等18家宁波市及周边区域从事石墨烯研发和应用的企业、科研机构共同发起成立了宁波市石墨烯产业产学研技术创新联盟。该联盟旨在通过成员间的协作与互动,实现联盟内部资源共享,推动宁波市石墨烯产业的发展。

联盟的核心任务是推动上下游力量的整合,推进技术创新。与下游应用企业合作,开展石墨烯在锂电池、超级电容器、导热材料、功能涂料等领域的应用开发,形成有效的技术解决方案,带动宁波市及周边产业集群的转型升级。

4. 动员:明确代言人

成立创新联盟之后,需要明确联盟的代言人,对内要对行动者施加影响,使他们的行为变得可控;对外要统一不同行动者的声音,争取外部的支持。核心行动者是其他跟随者的代言人,而就宁波市石墨烯产业产学研技术创新联盟而言,中科院宁波材料所在整个联盟的运行中充当了代言人的角色,在联盟的发展中发挥了关键性的作用,表现在以下两个方面:

第一,为行业的发展提供前瞻性的思考。例如,中科院宁波材料所为主完成的《2015年石墨烯技术专利分析报告》,为石墨烯及其应用技术研发和专利申请与保护工作提供专业化的依据,对宁波市乃至全国从事石墨烯相关研究及产业化实践的高校、科研院所、企业具有全局性的指导意义。

第二,为行业的发展营造良好的外部环境。游说政府设立专项资金,为石墨烯产业的初期发展提供有力的扶持与激励;帮助政府制定出台《宁波市石墨烯技术创新与产业发展中长期规划》,营造良好的产业发展环境,推动石墨烯产业的健康发展。

资料来源:张国昌(2016)[①]

[①] 张国昌. 从转移到转译:产学研社群联结机制的转变[J]. 自然辩证法研究,2016(4):43-47.

三、创业论

创业本身也是一种技术转移，技术转移的创业论强调基于新技术或者技术新用途的创业。通过技术来进行创业，就把这种技术应用到了实际生产中，实现了技术转移，即技术型的创业。

用于创业的新技术很多来自大学和科研院所。大多技术创业者都需要具备较好的技术背景，而且至少掌握一项可以创业的技术，这些人通常是在大学院所工作或者学习。从大学或科研院所刚获得学位的博士毕业生是这类创业者的典型代表。

2014年9月夏季达沃斯论坛上，李克强总理提出"大众创业、万众创新"。此后，全国掀起创新创业的浪潮。2015年，国务院密集出台了包括《国务院办公厅关于发展众创空间推进大众创新创业的指导意见》《国务院关于大力推进大众创业万众创新若干政策措施的意见》等在内的一系列旨在促进创新创业的政策性文件。2017年7月，《国务院关于强化实施创新驱动发展战略进一步推进大众创业万众创新深入发展的意见》出台。2018年9月，《国务院关于推动创新创业高质量发展打造"双创"升级版的意见》印发，把科技型创业作为其主要目标的重要内容，并提出"鼓励和支持科研人员积极投身科技创业"。在这样的背景下，我国的创业型技术转移活动明显增加。

四、投资论

技术转移和投资有密切的关系，很多投资行为的发生都伴随着技术转移。技术领域风险投资大量存在和高度活跃的现实，就是一个有力证明。投资者基于高度专业的操作，在促进技术融入现实经济过程的同时，获得高额回报。在私募股权投资（Private Equity，PE）、风险投资（Venture Capital，VC）和首次公开上市（Initial Public Offering，IPO）等投融资过程中，技术往往是一个重点关注内容。企业利用其技术优势可以更好地吸引投资，进而更好地促进技术的应用。在一些投资活动中，比如由大企业发起的投资，投资方可能也会提供一些技术的、管理的经验，从而实现技术转移。

2017年9月15日，我国国务院印发《国家技术转移体系建设方案》，提出要推动技术市场与资本市场联动融合，拓宽各类资本参与技术转移投资、流转和退出的渠道，完善多元化投融资服务。其中，明确提出"国家和地方科技成果转化引导基金通过设立创业投资子基金、贷款风险补偿等方式，引导社会资本加大对技术转移早期项目和科技型中小微企业的投融资支持。开展知识产权证券化融资试点，鼓励商业银行开展知识产权质押贷款业务。按照国务院统一部署，鼓励银行业金融机构积极稳妥开展内部投贷联动试点和外部投贷联动。落实创业投资企业和天使投资个人投向种子期、初创期科技型企业按投资额70%抵扣应纳税所得额的试点优惠政策"。

2018年11月5日，在首届中国国际进口博览会开幕式上，国家主席习近平宣布设立科创板（Science and Technology Innovation Board），成为独立于原有主板市场的新设板块，并在该板块内进行注册制试点。2019年1月28日，中国证券监督管理委员会（以下简称"证监会"）发布《关于在上海证券交易所设立科创板并试点注册制的实施意见》。2019年3月1日，证监会发布《科创板首次公开发行股票注册管理办法（试行）》和《科创板上市公司持续监管办法（试行）》。2019年6月13日，科创板正式开板，7月22日科创板首批公司上市。设立科创板并试点注册制是提升服务科技创新企业能力、增强市场包容性、强化市场功能的一项资本市场重大改革举措，也对激活我国存量技术、促进技术转移有重要作用。

五、经营论

技术转移本身是一个经营技术的过程。技术经营是以商业价值为目标、以市场机会为导向、以知识资源为基础、以研发力和营销力结合为手段的、在发达企业、发达国家日见成效的一种创新模式。技术经营的最终效果是，通过融合技术与经营，帮助企业增加利润、提升价值。

技术经营是我国企业在技术创新时代，突破成长瓶颈的一个基本选择。在技术转移的过程中，解决一个难题或者跨越一个难点就是一个增值，同时从一个增值点向另一个增值点的过渡是有限开放的、是一个权益关系改变的过程。而技术在不断增值的过程中，最终走向市场，实现技术转移。Mansfield（1975）[①] 在分析国际技术转移时，指出垂直技术转移发生在从基础研究到应用研究、从应用研究到开发研究、从开发研究到生产过程之中，实际上与技术转移的经营论思想一致。

这里需要强调一下经营与管理的区别。经营不同于管理，经营的内涵范围更加发散，相对外向，鼓励尝试，并且具有更强的商业倾向；而管理则比较收敛，相对内向，倾向遵守规则，并且具有一定的行政导向。因此，在一定程度上，好的技术管理是实现技术经营的基础，技术经营以最终的技术商业化为导向。

技术经营的英文是 Management of Technology（MOT），有两个方面的含义。一方面致力于解决企业实际问题的研究，另一方面开展企业在职

---

① MANSFIELD E. International Technology Transfer: Forms, Resource Requirements, and Policies [J]. The American Economic Review, 1975, 65 (2): 372-376.

人员的教育（大多数接受这个教育的在职人员都有 5 年以上的实际工作经验），培养技术管理者和技术经营者。这两个方面总体来说，就是通过融合技术与经营，帮助企业增加利润、提升价值。由于技术经营力图融合技术和经营这两个单独说来都极其复杂的领域，所以很难给它下一个各方面都容易接受的定义。在诸多定义和界定中，比较全面、有代表性和概括性的是美国国家研究理事会（National Research Council，NCR）给出的。NCR 在 1991 年发表的一个研究报告中把"技术经营"定义为联系"工程、科学和经营管理学科以解决计划、发展和应用技术能力涉及的问题，从而形成并实现公司的战略与操作目标"。NRC 的报告把技术经营的目标分为八个：

- 把技术融入企业整个战略计划中
- 更有效地监测和评估技术
- 实现技术转移
- 缩短新产品开发时间
- 管理庞大、复杂的跨部门或跨公司的项目
- 管理公司内部技术的使用
- 改善专业技术人员的工作效率
- 使技术人员的进出流动变得快速而高效

技术经营受到重视，和信息技术的发展、应用有直接的关系。20 世纪 90 年代中期以后，随着信息技术发展的速度、深度和应用范围的迅猛增加，技术受到媒体和金融界的追捧。在这样的舆论和资本环境下，企业中的技术以及和技术有关的职位也开始受到重视。另一方面，20 世纪 90 年代以来，由于信息技术对于企业意义的凸显和研究开发型企业的出现，进入公司决策层的工程技术人员逐渐增多。这些决策者认为技术是解决公司经营问题的必经之路，但是他们常常无法按照标准的商业指标来控制对技术的支出，技术的特点不能用一般的财务指标来衡量。而技术经营提倡的是从经营的角度去看待技术，它带给我们的不只是梳理事实的工具，还有观察事物的方法。技术是企业非常关键的战略资源，是一种不易被利用但极易被浪费的资源，是一种能够为企业带来巨大利润或者造成重大损失的资源。技术有其独特之处，政府和企业的决策者必须对此头脑清醒。一个企业的制度安排只能解决一个企业内部的问题，当然一个企业的成功的制度安排可以产生一定的外部作用，比如对其他企业的影响，对政府政策的影响等。但是要用一种新的经营理念来改造既成的经营习惯，政府政策的作用力度和空间要大得多，所以在日本已经开始了对国家技术经营的研究。

技术经营理论在组织、思维方式和工具上为技术经营提供了完整的设计：在组织上以首席技术官（Chief Technology Officer，CTO）为技术经营的第一责任者，CTO 按照购买与研发（Acquisition & Development，A&D）的方式思考，用技术路线图（Technology Roadmap，TRM）为向

技术投资的判据。

首席技术官。就像企业经营理论把 CEO 看作企业经营的人格化一样，技术经营理论把 CTO 看作技术经营的人格化。没有人格化的企业是不可能在竞争中取胜的，没有人格化的技术经营，就不可能谋取对技术投资的最大化回报。20 世纪 80 年代开始，基于技术已经成为企业战略决策和前景规划的有机部分，高级管理者们需要来自懂技术的人对企业发展的建议，开始把 CTO 引入高层管理团队。CTO 积极观察、跟踪技术动态，从技术事实中分离出市场的语言，确认和竞争对手相比有盈利能力的技术应用；CTO 能够通过政府、学术界、行业组织的活动为企业创造价值；还可以以同行的身份对技术专家表达意见和向媒体有说服力地传达企业的政策，增强企业利益相关者的信心。重要的是，CTO 不能变成一个高级技术人员，而是集中于技术问题的高级管理者。决策层希望从 CTO 得到包括技术在内的商业决策忠告，而不是科研专家关于研究的热情呼吁。CTO 是企业技术战略的决策者，也是企业战略性技术投资的决策者，负责的是技术经营。对于 CTO 来说，必须了解、理解和掌握和本企业所在领域的技术动态、新技术在本领域的应用情况、新技术的应用可能对本企业所在的行业经营带来的影响。

购买与研发。CTO 为了更好地担负起建议和执行企业技术战略的职责，必须在思维方式和价值判断工具上有所创新。技术经营理论认为，A&D 和 TRM 应该成为 CTO 的思维方式和价值判断工具。在传统的经营观念中，研究开发的全部过程都要在本企业中完成，对来自外部的发明和其他研究成果存有排拒心理，这种现象被称为非本处发明（Not Invented Here，NIH）综合症。20 世纪 90 年代以前，世界上好的企业独自完成开发、制造、销售等全部价值链条，但是随着竞争的激化，事业和研究开发的规模增大，价值链的全部内容都在一个企业内完成逐渐变得困难。从技术经营的观点看来，获取战略性技术的手段不必从研究开发起步，可以从购买与研发开始。从风险企业购买新技术，已经成为美国知识资本积累的主流方式之一。思科公司于 1984 年成立，1993 年起每年都有并购行为，到 2017 年 10 月，思科并购的企业数量达到 200 家[1]。事实上，A&D 概念就是来自对思科公司通过收购开展研发的模式的概括。A&D 战略使企业的事业战略和技术战略发生大幅转变。R&D 费用一般是由研究设备成本和研究人员成本决定，而 A&D 费用通常是由市场价格决定的。成本是影响市场价格的因素，但对一项技术的商业前景的判断才是影响该技术市场价格的关键因素。因此，技术经营者必须掌握技术评价的标准和方法，并能根据具体环境、具体情况灵活运用。美国的强项是 20 世纪 90 年代以来，在信息技术和生物技术的热潮中，造就了具备知识资产评价能力的人才。这正

---

[1] ROMANSKI H. Cisco's 200th Acquisition-A Tradition of Advancement, Disruption and Growth. (2017-10-19) [2020-01-27]. https://blogs.cisco.com/news/ciscos-200th-acquisition-a-tradition-of-advancement-disruption-and-growth.

是技术经营的关键所在，技术经营能力是建立在战略性新技术的事业性评价能力的基础之上的。

技术路线图。技术路线图（Technology Roadmap，TRM）作为一种技术价值的判断工具，在A&D中发挥着重要的作用。前美国总统科学技术顾问、哈佛大学教授Branscomb把技术路线图定义为"以科学知识和洞见为基础的、关于技术前景的共识"。这里的重点有两个，一个是"以科学知识和洞见为基础"，另一个是"共识"。这就要求在绘制技术路线图时，要聚集关联领域的科学技术专家，有时还需要政府决策者和技术成果使用者参加。也就是说，和技术有关的各个方面代表都应该参加技术路线图的绘制过程。另外，所谓"共识"，也不是简单的算术计算，而是活跃的意见交流和交换基础上取得的结果。技术路线图的作用在于为技术开发战略研讨和政策优先顺序研讨提供知识、信息基础和对话框架，提供决策依据和决策效率。现在专业领域最知名的技术路线图是由美国、欧洲主要国家、日本、韩国等的半导体厂商参加的International SEMATECH（ISMT）绘制的世界半导体技术路线图。可以认为有三类技术路线图。第一类是政府技术路线图，包括中央政府和地方政府；第二类是行业技术路线图；第三类是企业技术路线图。这三类技术路线图从绘制方式、表达形式到功能作用都各有侧重。

六、用途开发论

技术转移的用途开发论，是指发现已有技术或新技术中内含的能够满足人们既有或潜在需求的功能，包括纵向和横向的用途开发。同一种技术的用途可能是随着人类的认识发展变化的，通过一系列努力和操作，使技术的不同功能发挥作用，达成满足或激发人们需求的目标，在这样的目标达成过程中或者目标达成后，参与其中的人或组织获取相应的回报，技术的功能也得到实现。

实际上，很多企业如果打破行业限制，放开手眼，就会为自己的技术找到更多的商用机会，获得更好的收益。一家消费品企业把自己的食品添加剂许可给一家从事有毒废弃物处理的企业作为清洁剂，一家汽车制造商在重型机械和保健行业中为其专有技术找到了使用者。这两家企业发掘技术新用途的方式为自己的技术找到了新的用武之地。在技术进步速度越来越快、产品周期不断缩短的今天，不管是私募资金还是股票市场，都希望尽快地看到回报。因此，近年来，越来越多的企业面临着一种新的挑战，就是对本来可以产生收益但尚未充分利用的资产加以开发、利用和经营，这种资产最主要的部分就是专利。

在专利研究领域，有一种理论被称为"前景理论"（Kitch，1977）[1]，强调专利制度具有这样的一种作用：即刺激人们进一步开发商业价值尚不明确的新技术的功能。专利前景理论的背景是很多专利在申请专利之初，其商业价值和市场前景尚不明确，专利权人通过申请专利获得独占权，在其获得授权后就有了更多的动力去开发、探索专利技术的市场价值。

基于技术用途开发的技术转移案例有很多。手机短信是人们互相交流的必备工具，然而鲜为人知的是，手机短信本来是欧洲的电信工程师们在测试系统时为了方便互相交流而发明出来的，电信运营商在一开始根本没意识到其巨大的商用意义。欧洲的电信运营商最开始以为在消费者眼中手机最重要的功能就是打电话，直到手机用户们发现了"手机短消息服务"功能，并疯狂地爱上了它后，欧洲电信运营商们才如梦初醒，意识到这一发明将带来永不干涸的滚滚财源。从那以后，几乎每个手机用户都曾发送过手机短信。

阿司匹林作为一种常用药，被认为是医药史上三大经典药物之一，其作用从最开始的解热镇痛、抗炎抗风湿，到抗凝血、抗血栓，不断得到开发，而且其作用直到当前还处于进一步地不断开发过程之中。"伟哥"本来是针对治疗心肌供血不足开发的药物，却在治疗男性性功能障碍方面得到了广泛的应用。人们常喝的可口可乐实际上也有多种用途，比如在药用方面可以止痛、缓解反胃等。

在新技术的用途开发过程中，一个需要特别注意的方面是伦理问题。尤其是在医学和药物领域，涉及人体实验时，需要特别谨慎。日本第一个本土的生理学诺贝尔获奖者山中伸弥曾提到，现代的科学技术如果是能够有效地造福人类的话，有两件事情逃不掉，必须要做好，一个是知识产权，另外一个就是伦理。所以在技术转移过程中，很多人认为生物医药是一个很有趣的领域，而且有很多特点，做起来可能会更快或者是收益更好，很多人愿意去做，但是伦理的事情一定要考虑在里面。

---

[1] KITCH E. W. The Nature and Function of the Patent System [J]. The Journal of Law and Economics, 1977, 20 (2): 265-290.

第六章 技术转移的理论探索

技术转移是历史性、国际性和当代性难题，有效推进这类难题解决的一个看似简单、实则基础的方法是重新认知这个问题。正如前面讨论的那样，对技术转移的认识和研究，已经从国际经贸的视角，更多地转换为国内创新的视角。

第一节 技术转移的机制

随着技术转移理论的发展，很多学者开始探究技术转移发生的潜在原因与机制。"机制"原指机器的构造或工作原理，在社会系统中，指社会系统形成、运行中各要素的功能及其相互作用。

国内外学者对于技术转移机制的研究主要集中在讨论国家之间技术转移发生的机制，对组织之间、机构之间技术转移机制进行的讨论相对较少。其原因在于：第一，技术转移的概念本来就起源于国家之间的技术流动；第二，国家事实上也是组织的一种类型，所以国家之间的技术转移机制也可以类推到组织、个人之间。目前，国内外学术界比较主流的观点主要有以下几个。

一、技术差距论

技术差距论认为两国之间存在技术发展水平和先进程度上的差距，是发生技术转移的必备条件，如果不存在技术差距，就不需要技术转移。

技术差距论形成于 20 世纪 60 年代，主要代表人物是 Posner[①]，最初被用来探讨国际分工和国际技术贸易的原因，对技术转移并没有深入地进行探讨。技术差距论认为形成技术转移的原因在于国家间存在着技术差距，并且认为世界经济存在着二元结构，技术也存在着二元结构。已经完成技术创新的国家，不仅取得了技术上的优势，而且凭借其技术上的优势，在一定时期内利用与其他国家间的技术差距，实现技术产品的国际贸易，并且在一定期间内可以通过垄断获得比较利益。其他国家也会因技术在经济增长中的示范效应，研究与开发同样或类似的产品，并通过模仿降低技术

---

① POSNER M V. International Trade and Technical Change [J]. Oxford Economic Papers, 1961, 13 (3): 323-341.

差距,使技术产品的国际贸易终止,技术差距最终消失。

技术差距论由 Krugman (1991) 延伸到技术转移领域,在对不同发展情况国家的技术差距和技术转移问题进行总结的基础上,克鲁格曼归纳出了两种主要的技术差距模式[①]。一是"纯技术差距模式",该模式单纯利用两国之间的工资水平差异来反映技术差距,工资水平的差异是能否发生技术转移的最重要因素。二是"商品模式",该模式来源于经济学家李嘉图的经典理论,认为产生技术差距的原因是由于生产效率不同,而生产效率又取决于技术的优劣与熟练度,所以生产效率是决定技术转移的重要因素。无论是哪种技术差距模式,通常都可以分为两类,一类是发达国家之间的技术差距,另一类是发达国家与发展中国家之间的技术差距。由于发达国家之间的技术差异相对较小,所以学界通常所说的技术差距往往是指发达国家和发展中国家之间的差距,发达国家技术先进、资本密集,在国际分工中处于有利地位。发展中国家技术落后,劳动、资源密集,在国际分工中处于不利地位,这就使得这二者之间由于技术差距发生了必然的技术转移活动。

Krugman (1979)[②][③] 在综合考察了资源配置、收入分配和技术的基础上,还提出技术转移均衡论(或"技术差距均衡论")。该理论认为技术是由不断创新的"中心"向"边缘"转移。发达国家首先进行技术创新,但是由于发达国家的人工成本较高,生产创新产品的成本较高,所以发达国家可以通过技术转移的模式将产品的生产转移到发展中国家,发展中国家获取技术,发达国家依靠发展中国家的低价劳动力获取高额的创新产品收益。然后以此循环往复,利用获取的利润再进行创新研发,当创新产品变为成熟产品时,该技术由发达国家转移到发展中国家进行生产,从而导致发达国家和发展中国家的福利水平都有所提高。这样,技术转移就处于一种均衡结构,在均衡状态时,两类国家的相对工资保持不变,贸易形式不变,即发达国家总是生产和出口创新产品,发展中国家总是生产和出口成熟产品。双方都获取一定的收益,从而维持技术转移活动持续进行。但是发达国家为了维持其福利水平不下降,保持同发展中国家的相对优势地位,必须与发展中国家之间保持一定的技术差距,因此发达国家会持续不断地进行创新,努力提高创新速度以推动技术转移。但是如果发达国家创新速度下降或技术转移的进程加快,发达国家与发展中国家的工资差距就会缩小,并导致福利水平下降,从而对发达国家不利。童书兴(1993)[④] 认为,

---

[①] KRUGMAN P A. Technology Gap Model of International Trade [M]. Structural Adjustment in Developed Open Economies. Palgrave Macmillan UK,1985.

[②] KRUGMAN P A. Model of Innovation, Technology Transfer, and the World Distribution of Income [J]. Journal of Political Economy,1979,87 (2): 253-266.

[③] KRUGMAN P A. Model of Balance-of-Payments Crises [J]. Journal of Money Credit & Banking,1979,11 (3): 311-325.

[④] 童书兴. 最新国际贸易"技术差距论"及其对发展中国家的意义 [J]. 世界经济,1993 (1): 8-12.

技术差距所产生的技术转移活动对发展中国家利大于弊，发展中国家之所以会产生从"技术跟跑"到"技术并跑"，实际上就是由于存在技术差距且一定程度上保持技术差距导致的。

在研究技术差距导致的技术转移时，有学者提出"技术势差"的概念[1][2]。势差的概念原本来自物理学领域，认为所有物质或非物质的传导、扩散总是由势差引起的。而技术势差即指人类在发展科学技术并将其应用于实践过程中在同一时点、不同领域、不同行业、不同地域、不同单位之间存在的技术水平上的差异[3]。在技术势差存在的情况下，处于低技术位势的国家或组织希望通过技术引进来弥补差距，从而形成技术转移。

二、需求资源论

日本经济学家斋藤优在1979年出版的《技术转移论》中首次提出技术转移的需求资源关系理论，并在另一部著作《技术转移的国际政治经济学》（1986）中对技术转移的需求资源关系论进一步加以运用。需求资源关系理论认为需求（Needs，N）与满足需求所必需的资源（Resources，R）之间的相互作用促进了技术转移，其中资源包括人才、资本、设备、信息等。

斋藤优认为国家的进步与发展必须把本国内部的需求（N）和资源（R）相结合、相适应，两者形成相辅相成的制约关系，如果资源和需求不能形成对等的关系，那么国家的发展就会受到制约，阐明了技术转移的潜在动因。由于需求和资源关系的不适应，因此促使技术转移产生了动力，这种关系的不适应正是技术转移的潜在动因。该理论认为这种动因是具有可持续性的，因为随着技术转移活动的不断发展，旧的需求与资源可能会相适应，但是新的需求与新的资源又会产生新的矛盾，从而形成技术转移的良性循环。

不同类型、不同发展阶段的国家都会有不同的需求和资源关系，国家间技术转移本身作为两国之间的活动也不能孤立地只看一国的需求和资源关系，只有将各种复杂的关系都综合考虑，才能完整系统地解释国际技术转移活动。一国经济活动的发展不但受到本国国民需求和资源的制约，也受到与该国存在经济、技术交往的国家的需求与资源关系的制约，本国的需求和资源关系与另一国的需求和资源关系的互动促成了技术转移的实现，这种互动也规定了一国的产业发展及其对外经济互动的方向。如果一国的资源不足，则形成瓶颈并促进技术创新；如果一国在技术创新上认为与其进行自主技术开发相比，不如从外部引进技术，那么本国的需求和资源关系就成为技术引进的需求和资源关系，而对方的需求和资源关系则成为关于技术转移的需求和资源关系。

---

① 陈国宏，王吓忠. 技术创新、技术扩散与技术进步关系新论[J]. 科学学研究，1995，13（4）：68-73.
② 魏江. 技术转移动因研究[J]. 自然辩证法通讯，1997（3）：40-46，80.
③ 陈国宏，王吓忠. 技术创新、技术扩散与技术进步关系新论[J]. 科学学研究，1995，13（4）：68-73.

三、技术选择论

英国经济学家邓宁、美国学者曼斯菲尔德等提出技术转移选择论，认为技术转移的发生是因为企业在某个周期对内外条件进行权衡的结果。

技术选择理论侧重分析跨国公司的技术转移，从跨国公司在直接投资和技术转移之间的选择解释国际技术转移形成机制。Mansfield（1961）[1]认为，技术转移其实是国家间技术交流的可选项之一，国家间技术交流的最好方式并非技术转移，而是直接投资。直接投资可以有效地保护自己的技术成果，并且一样能获取发展中国家在廉价劳动力等方面的优势。技术转移其实是在直接投资受到阻碍时，退而求其次的一种选择。Dunning（1981）[2]在技术转移选择论的基础上提出了"条件选择论"，认为货物贸易、对外投资、技术转移三种方式共同构成了国际经济活动，不同于曼斯菲尔德的是，他认为企业如何选择他们所进行经济活动的方式取决于企业自身优势的权衡，直接投资并非必然是最优选择。例如，企业在国外拥有区位优势、又能控制技术专有权在国外进行生产的条件下，一般选择对外进行直接投资；企业在区位优势吸引力不大的情况下，倾向于选择出口贸易；企业在内部交易市场不具备一定规模、区位优势又不明显时，才选择技术转移。他的这种理论的升级来源于产品周期论，他将技术转移活动作为企业在整个生命周期中的某个特殊阶段对该阶段内外部状况权衡后所做出的选择。简言之，条件选择论将货物贸易、对外投资、技术转移看作一种三选一的过程。

Caves（1971）[3]总结了决定跨国公司在外商直接投资（FDI）和技术转移之间进行选择的多种因素。选择技术转移的因素包括：缺乏FDI的基本条件，如知识存量不足、对国外市场不了解、投资成本高等；FDI存在障碍，如市场容量小、缺乏规模经济等；技术创新的周期太短；出于风险考虑，技术转移不用在国外放置大量固定资产，从而避免政治风险。但是，当技术转移可能使技术泄露给竞争对手时，又会妨碍技术转移；在互惠回授条件下，即供方把技术转移给受方后，双方将改进技术回授给对方。不选择技术转移的因素包括：技术转移交易成本过高，如谈判时讨价还价、因商品质量影响声誉、可能泄密等；跨国公司内部的技术转移成本大大低于企业之间的转移，一般不鼓励技术转移。

---

[1] MANSFIELD E. Technical Change and the Rate of Imitation [J]. Econometrica: Journal of the Econometric Society, 1961: 741-766.
[2] DUNNING J H. International Production and the Multi-National Enterprise [M]. London: Allen&Unwind, 1981.
[3] CAVES R E. International Corporations: The Industrial Economics of Foreign Investment [J]. Economica, 1971, 38 (149): 1-27.

以斋藤优为代表的技术转移"周期选择论"也是由技术选择论优化而来。该理论同样认为货物贸易、对外投资、技术转移三种方式共同构成了国际经济活动。不同的是，该理论认为三种方式实际是按照周期进行循环的，技术转移是三者中的必然环节，企业要先进行商品贸易，再进行对外投资，最后根本目的是实现技术转移，技术转移是获取高额利润的最有效手段。简言之，周期选择论将货物贸易、对外投资、技术转移看作"一、二、三"的顺序周期，技术转移是最终的结果。

四、技术从属论

Bion（1990）[1] 等提出了"技术从属论"，认为技术转移实际是发达国家有目的地掠夺控制发展中国家的一种手段，技术的接收方存在被支配的可能性。该理论的核心是要改变发展中国家在技术上依附发达国家的从属关系。提出发展中国家应当建立科学共同体，利用这种类似联盟的共同体关系共同进行技术开发和创新，不应当接受因技术差距所产生的技术转移活动。即使必须进行技术转移，也应当废除国内的专利制度，让科学成为本国的公共财产，不应当让发达国家或者企业拥有垄断地位。该理论虽然看似对发展中国家自行发展与进步有一定的帮助，但是过于激进，并没有得到多数学者的支持。

贝托索斯（1995）[2] 在技术从属论的基础上提出了"技术适用论"，这种理论比技术从属论本身要温和很多。该理论认为技术从属性是技术转移的必然特性之一。发展中国家确实应当利用联盟等方式，发展适用于自己国情的技术，但是不能一味否定技术转移和专利制度。另外，该理论提出，技术转移要有目的性和适用性，不能一味地追求先进的技术，必须选取适合自己国情或用途的技术进行技术转移。作为技术先进的国家，应当充分给予发展中国家信任，尽可能地提供技术以进行技术转移；对于发展中国家，也应当选取真正有价值的技术进行技术转移，而不是单纯追求高科技。对此理论，我国学者也提出了自己的看法。陈向东（2008）[3] 在其著作中提到，国际技术转移要注重我国的国情和实际条件，不能一味追求国外的优秀技术及理念，只有因地制宜才能发展有中国特色的技术转移。

五、界面移动论

界面移动模式是由章琰（2003）[4] 从组织间界面移动理论中演变而来

---

[1] BION C. Technology Subordination and International Technology Development [M]. London：Harper Collins Publishers，1990.
[2] 范保群，张钢，许庆瑞. 国内外技术转移研究的现状与前瞻 [J]. 科学管理研究，1996（1）：1-6.
[3] 陈向东. 国际技术转移的理论与实践 [M]. 北京：北京航空航天大学出版社，2008.
[4] 章琰. 大学技术转移中的界面及其移动分析 [J]. 科学学研究，2003，21（增刊）：25-29.

的。原始界面移动理论认为，组织间的信息不对称，不同质的主体间的差异性，是引起组织间界面障碍的主要原因。通过改变界面特性或者通过界面移动的途径，可以降低甚至消除转移障碍。新的界面移动模式认为，技术转移的界面通常由大学与企业两个系统之间的活动过程和相互作用所决定。从界面的视角来观察，大学的技术转移既非单纯发生于大学系统内部，亦非单纯发生于企业系统内部，而是大学与企业两个系统之间的界面发生交互作用的一个双向互动的演化过程。大学技术转移界面具有模糊性、多样性和演化性的特征。在大学技术转移过程中，界面位置的移动实际上就是发生技术转移活动的过程。牛枫（2006）[①]认为，技术转移是科学技术实现其社会经济价值的必需步骤，我国的技术转移确实适用于界面移动的模式，但是由于技术转移体系的不完善、企业创新能力不强，使得我国技术转移中存在严重的界面下移效应。

界面移动论是为数不多的针对技术转移中主体的关系进行探讨的理论模式，但是其仍存在局限性，该理论虽然提出了界面会影响技术转移活动，但是并没有分析这种界面是如何产生的，也没有具体分析这种界面对技术转移活动产生不利影响的机理。

第二节 技术转移的模式

"模式"指的是事物的标准样式，技术转移虽然没有固定的标准样式，但是通过对技术转移实践的归纳总结，可以提炼出几个主要的技术转移模式。

相对于技术转移机制而言，国内外学者对于技术转移模式的研究相对丰富。技术转移模式通常分为狭义和广义两个层次，狭义的技术转移模式主要指的是技术转移的具体方法，例如伴随技术转移的商品贸易、FDI、技术许可、合资企业等；广义的技术转移模式主要是综合的能够提升技术转移效率的方式或类别。Climent（1993）[②]界定了从线性（Linear）到多重线性（Multilinear）的八种不同的技术转移模式。Baglieri 等（2018）[③]研究界定了大学技术转移的四种模式：催化剂（Catalyst）、小集市（Smart Bazaar）、传统商店（Traditional Shop）和协调器（Orchestrator of Local Buzz）。Cunningham 和 Reilly（2018）[④]从宏观（Macro）、中观（Meso）和微观（Micro）三个层次对技术转移进行了分析。

[①] 牛枫. 我国技术转移的界面下移效应原因探析及对策[J]. 经济论坛, 2006 (1): 43-44, 48.
[②] CLIMENT J B. From Linearity to Holism in Technology-Transfer Models [J]. The Journal of Technology Transfer, 1993, 18 (3-4): 75-87.
[③] BAGLIERI D, BALDI F, TUCCI C L. University Technology Transfer Office Business Models: One Size Does Not Fit All [J]. Technovation, 2018, 76: 51-63.
[④] CUNNINGHAM J A, O'REILLY P. Macro, Meso and Micro Perspectives of Technology Transfer [J]. The Journal of Technology Transfer, 2018, 43 (3): 545-557.

然而，技术转移的机制与模式之间的区别并不总是能够清晰界定的，这也体现在技术转移的机制、模式与下文将要介绍的技术转移的发生形态。

本书分别从形态、机制、模式和规律等角度对技术转移进行分析，试图以更有条理的方式把技术转移的问题讲明白。但是，也有可能带来一个潜在问题，即人为割裂了技术转移过程中的主题、要素之间的复杂联系，这个问题是需要注意的，这也是本书后文对技术转移体系的介绍所回应的问题。

一、单一主导主体模式

（一）企业主导模式

在这种模式下，产业界中的企业是技术转移的主体，主导技术研究开发、成果试验、工业化生产和产品销售的整个过程。企业作为自负盈亏、追求经济利益的组织，综合考虑市场需要、自身发展战略和条件等情况，组织科研人员开发研究适合本企业的新技术、新工艺和新产品，并组织科研、生产的综合技术力量实施试验、生产、销售，完成技术成果产业化的整个链条。

以企业为主体的技术转移模式充分运用了企业参与市场经济的优点。科研项目在选题阶段就以企业自身需求为前提，充分考虑了市场及自身技术水平的适应性，同时企业具有试验、生产、销售的条件和渠道。企业在研发过程中，技术成果的产出与需求方融为一体，在企业内部完成技术转移、市场交易的过程，消除了中间环节，大大减少了信息不对称、交易成本高等问题，效率较高。

企业主导的技术转移模式的缺点是对企业的科研能力、资金等各方面要求比较高，比较适用于大型企业。一些科技型初创企业也采用了这种模式。但是，这种模式可能导致企业难以吸收外部其他创新机构的新思想。随着技术的不断发展和市场竞争的日趋激烈，单个企业往往难以完成一项复杂技术的整个研发过程。在这种情况下，企业和高校、科研院所的合作成为必然的选择。

（二）高校院所主导模式

高校院所主导的技术转移是指高校或科研院所在实现技术转移的过程中，作为技术转移的主体，发挥决定性作用。高校院所主导技术转移的一种体现是高校和科研院所通过成立公司，参与市场经济，完成技术从高校、科研院所向企业转移。这种技术转移模式的优点是科技成果转化速度较快。一方面，高校和科研院所本身就是科技成果的创造者，掌握更多科技成果的相关信息，大大减少了技术转移过程中的信息不对称问题。另一方面，高校和科研院所聚集了雄厚的科研力量，能为科技成果转化提供足够的技术支持，参与科技成果创造的科研人员也参与技术转移的过程，可以为科技成果的转化提供更多的信息和资料，加大科技成果产业化成功的可能性。

这种模式的缺点是对高校和科研院所在资金、风险承担和产业基础这些方面要求较高。由于企业经营管理的复杂性，这种模式下的产业化规模一般都较小。科研人员同时在科研机构和企业任职，难以兼顾两项工作，在一定程度上挤占其从事科研工作的时间与精力。在未经科研机构同意的情况下，一些科研人员成立公司对其所参与研究的科技成果私下进行产业化，还存在着侵犯科研机构合法权益的法律风险。由于科学研究和公司经营管理的巨大差异，很多科研人员很难较好地胜任企业经营管理工作，而且其所从事的业务和方式更像是高校和科研院所中做横向课题的方式。因种种原因，难以吸引到高水平的经营管理人才，或者因为科研人员经营企业的能力的局限性，这些企业往往面临着经营战略不当、经营管理人才匮乏的难题。

高校院所主导技术转移的另外一种模式是设置技术转移办公室（Technology Transfer Office，TTO），这是很多大学和科研机构促进技术转移的制度和机构安排。技术转移办公室是依附于高校院所的专业化技术转移服务机构，充当了大学/科研机构和企业之间的连接角色，通过有效整合资源并管理技术成果，积极主动地寻找技术接受方，最终实现技术转移。

（三）中介机构主导模式

中介机构主要指技术转移的市场化专业服务机构。中介机构是技术转移体系的重要环节，有效地建立起了技术供应方和技术需求方之间的联系，在技术转移的过程中发挥主导作用。

中介机构有效解决了技术市场中的"信息不对称"问题。技术本身具有无形性、复杂性、外部性等特征，而且市场参与主体不可能掌握完整的信息，极大地增加了技术转移的交易成本，不利于技术转移活动的开展。中介机构一般具有技术"集成"、技术"匹配"的职能，一方面广泛地收集技术供应方的供给信息，另一方面收集技术需求方的需求信息，进而通过技术供给和技术需求的信息匹配，或者提供促进信息匹配的机制来实现技术转移。

技术转移服务机构的服务对象具有一定的范围。技术供给方多为研发活动密集、但是与市场接触相对较少的组织，比如高等院校、国有科研机构、国家实验室等；而技术需求方多为市场化运作的企业。

（四）政府主导模式

政府主导的技术转移模式主要是政府根据宏观经济结构调整需要，通过技术扶持、资金支持、创造有利环境等方式，鼓励、引导企业对某些研究成果实施产业化。在这种模式下，政府对技术转移的过程起到主要的推动作用。

这种方式常见于农业、渔业等公益类的科技成果的技术转移过程，以及重大工程类项目，能够有效解决市场失灵的问题。这种模式的缺点是政府的财政负担比较重，对政府的治理能力要求比较高。同时，资金利用效率较低、权力寻租也是这种模式中常见的问题。

二、多主体合作模式

多主体合作的技术转移模式是指产、学、研、政、金等主体协同合作下的技术转移。在多主体合作模式中，产业界主要承担技术成果转化的角色，是技术成果的需求方。大学负责教育和科研工作，研究机构负责完成更加专业化和有针对性的研究工作，大学和研究机构是主要的技术供给方。政府提供了技术转移的法律制度基础和相关的政策环境。投资机构、银行和各类基金提供了技术转移过程中所需要的资金。多主体合作有多种体现形式，包括产学合作、产研合作、产学研合作、政产学合作、产学金合作等。

（一）产学合作

产学合作的最初思想来源于美国大学理念的变革，1904年威斯康星大学提出要帮助州政府在全州各个领域开展科技推广和函授教育，以帮助本州公民发展经济。这被称为"威斯康星计划"，是产学合作史上的一个重要里程碑，推动了大学和学院向社会敞开合作联系的大门。世界范围内，各国产学合作经历了比较漫长的发展过程，从19世纪末部分发达国家萌发产学合作的苗头，到20世纪初美国等国家开始创立产学合作的一些联合体，到20世纪的后半叶，加拿大、美国、英国、苏联、日本等国家产学合作发展迅速。初期是由产学合作教育开始，发展到一定阶段后产学合作有了雏形，由小型、简单型到大型、综合型，由一般的合作到相互依赖、紧密合作（易玉，刘祎楠，2009）[①]。

在理论层面，产学合作模式的技术转移理论起源于斯坦福大学，最早用于描述协同创新，后来被拓展到技术转移领域。Bonaccorsi（1994）[②] 和 Lee（1996）[③] 提出了比较基础的产学合作理论，描述了企业和高等学校之间的合作关系，通常指以企业为技术需求方，与以高等学校为技术供给方之间的合作，其实质是促进技术创新所需的各种生产要素的有效组合。

根据经济合作与发展组织（OECD，1999）的报告，各国产学合作技术

---

① 易玉，刘祎楠. 产学研合作中的知识产权问题研究 [J]. 工业技术经济，2009，07：7-10.
② BONACCORSI A, Piccaluga A. A Theoretical Framework for the Evaluation of University-Industry Relationships [J]. R&D Management，1994，24（3）：229-247.
③ LEE Y S. "Technology Transfer" and the Research University: A Search for the Boundaries of University-Industry Collaboration [J]. Research Policy，1996，25（6）：843-863.

转移的方式可分为下列七类：一般性研究支持（General Research Support）、非正式合作研究（Informal Research Collaboration）、契约型研究（Contract Research）、知识转移与培训计划（Knowledge Transfer and Training Schemes）、参与政府资助的共同研究计划（Cooperative Research Plans）、研发联盟（Research Consortia）、共同研究中心（Cooperative Research Center）[①]。D'Este 和 Patel（2007）[②] 研究了产学合作的影响因素，发现来自大学的研究人员通过多种渠道与企业发生交互作用，包括提供咨询、联合研发、提供培训等，而且研究人员的个人特质比起所在机构的特征有更强的影响。

（二）多主体合作

关于多主体合作技术转移的研究有很多，但是真正成为体系化理论并被广泛认知的是三螺旋理论。

著名的三螺旋模型（埃兹科威茨，2005）[③] 是多主体合作技术转移的重要理论基础。1996 年 1 月，在荷兰阿姆斯特丹召开的由美国国家科学基金会、欧盟和荷兰教育文化与科学部等发起的专题研讨会上，以美国的埃兹科威茨和荷兰的雷德斯道夫为代表的研究人员认为，为实现国家创新战略，应采用三螺旋（Triple Helix）模型来加强大学—产业—政府之间的合作，促进国家科技创新体系的形成和发展。三螺旋理论认为，在新的技术经济范式下，要推动知识的生产、转化、应用、产业化以及升级，必须促进三方的适当互动自反[④]。该理论在本质上是研究技术转移的理论，阐述了政府、大学、产业三者相互作用关系的变化。

Etzkowitz（2000）[⑤] 和 Leydesdorff（2000）[⑥] 指出，现代大学的地位与作用已经发生了根本性的变化，培养人才、科学研究和社会服务构成了大学的三大使命，大学已经由社会次要机构上升为社会主要机构，成为与产业、政府同样重要的组成部分。大学应当与产业建立良好的合作伙伴关系，而政府应当支持这种关系的形成，但大学要保持相对独立性，在与产业互动的同时，仍要保持自己的独特身份和特征。在三螺旋模型中，整个系统形成一个立体的空间结构，政府及其机构形成行政链；以集团的形式

[①] 吴元欣，王存文．依托专业校企合作联盟创新应用型人才培养模式[J]．中国大学教学，2012（9）：75-77．

[②] D'ESTE P, PATEL P. University-Industry Linkages in the UK：What Are the Factors Underlying the Variety of Interactions with Industry? [J]. Research Policy，2007，36（9）：1295-1313．

[③] 埃兹科威茨．三螺旋[M]．周春彦，译．北京：东方出版社，2005．

[④] 李小丽．三螺旋模型下美国大学专利技术转移机构的动态演进及其启示[J]．图书情报工作，2011，55（14）：36-41．

[⑤] ETZKOWITZ HENRY. The Dynamics of Innovation from National System and "Model 2" to a Triple Helix of University-Industry-Government Relations [J]. Research Policy，2000（29）：109-123．

[⑥] LEYDESDORFF L. The Triple Helix：An Evolutionary Model of Innovations [J]. Research Policy，2000，29（2）：243-255．

组织企业形成生产链；所有的高校形成科技链，这三链之间互相影响，共同进化形成了创新网络系统。三螺旋模型强调三者之间的合作互动关系，在公立和私立、科学和技术、大学与产业之间的边界不再是确定的，而是流动的，三者相互重叠并承担过去属于其他两方领域的任务，而且在自身领域中每一个又都有内部转变，他们的共同利益则是为其所在的社会创造价值。

在我国的技术转移实践发展过程中，产学研合作成为一个广泛使用的概念。产学研合作实际上是一种具有中国特色的提法，具有很强的政策性。

1992年，我国原国家经济贸易委员会、教育部和中国科学院联合组织实施了"产学研联合开发工程"，旨在密切科研院所、高校与企业之间的关系，调动三者的积极性，发挥各自的优势，加快我国高新技术成果的产业化。"产学研联合开发工程"的第一期工程的目标包括：到1995年在全国范围内合作开发和转移5万项新技术、新产品，抓住若干项具有国际水平、成果比较成熟的高技术领域，把分散的产业和科技优势组织起来形成2~5个销售额在10亿元以上的示范性高新技术产业，开拓新市场，每个省、自治区、直辖市、计划单列市应拿出若干个年销售额在亿元以上的高新技术拳头产品。实际上，产学研合作最初指的是"产学合作"，而把"产研合作"纳入其中的一个重要原因是当时的中国科学院在我国科学技术研究中占据重要地位。

"产学研联合开发工程"提出之后，产学研的概念便出现在国内学术界。苏敬勤（1999）[1]是国内较早研究产学研模式的学者，认为产学研技术转移模式是一种经济活动，其效率取决于技术转移双方的具体合作方式。李廉水（1998）[2]总结了四种产学研合作创新的组织方式，分别为政府推动、自愿组合、合同连接和共建实体，认为政府推动的合作创新组织有利于将基础研究、应用研究与开发创新有机连接，保持国家引导合作创新的连续性；自愿组合的合作创新组织有利于适应市场需要，迅速开发研制出适销对路的获利产品；合同连接的合作创新组织具有灵活高效、责利分明的优势，利于"短、平、快"产品的开发创新；共建实体的合作创新组织有利于长期合作，利于将技术优势不断扩展为规模经济优势，从而获得技术成果高收益回报。何郁冰（2012）[3]较完整地分析了国内产学研技术转移模式发展情况，并在分析的基础上提出针对"战略—知识—组织"三重互动的产学研协同创新模式，探索构建了产学研协同创新的理论框架。

随着技术发展和创新形态演变，知识社会环境下的创新形态正推动技术转移的实现向多主体协同发展转变。政产学研等多主体合作是产学研合作发展到一定阶段的产物，是产学研合作创新的一种高级形式，并已演变

---

[1] 苏敬勤. 产学研合作创新的交易成本及内外部化条件 [J]. 科研管理, 1999, 20 (5): 68-72.
[2] 李廉水. 论产学研合作创新的组织方式 [J]. 科研管理, 1998, 19 (1): 30-34.
[3] 何郁冰. 产学研协同创新的理论模式 [J]. 科学学研究, 2012, 30 (2): 165-174.

为技术转移的主要形式。

我国的政产学研合作的主要模式包括联合攻关、共建研发基地等。联合攻关是指由政府管理部门组织发布技术项目招标，由产学研各方派出人员组成课题组进行研究开发的合作。联合攻关有利于充分发挥产学研各方主体的力量，构建企业与大学、科研机构的合作网络关系，实现优势互补。共建研发基地是指政府部门根据科技与经济发展的重点领域需要，组织高校或科研院所、当地企业共同建立的研究院、重点实验室和工程中心等研发基地。共建科研基地可以为企业储备技术和人才，使企业对大学和科研院所的某些专业领域的技术创新进行持续投入，也使高等院校和科研院所的研究更加贴近市场需求，充分发挥各方优势。

庄涛和吴洪（2013）[①] 研究发现，我国较为稳定的政产学研协同创新技术转移体系已初步形成，企业—大学间合作程度最深，政府参与程度不高。在一些关系国计民生的创新性研究项目中迫切需要发挥政府在其中的主导作用。这种亟须的转变实际上就是三螺旋模式向多重螺旋模式转换的过程。Koschatzky（2002）[②] 是国外比较早研究政产学研四维度结合进行技术转移的学者，认为技术转移和知识转移是同步的，而政府在知识转移中，特别是宣传方面能发挥很大的作用，所以将政府加入技术转移和知识转移中是很有必要的。王英俊等（2004）[③] 在政产学研理论的基础上提出了政产学研型虚拟研发组织，这种组织的实质就是借助现代网络技术，使政府、企业、大学和科研机构结成虚拟联盟，围绕共同目标从事研发活动。原长弘等（2013）[④] 通过随机前沿分析方法实证研究发现，"政产学研用"模式可以有效地提升技术转移的效率。

三、技术运营模式

（一）技术出资

出资是指股东（包括发起人和认股人）在公司设立或者增加资本时，为取得股份或股权，根据协议的约定以及法律的规定向公司交付财产或履行其他给付义务。早在1995年，原国家工商行政管理总局发布的《公司注册资本登记管理暂行规定》就对工业产权（专利权、商标权）出资、非专

[①] 庄涛，吴洪. 基于专利数据的我国官产学研三螺旋测度研究——兼论政府在产学研合作中的作用［J］. 管理世界, 2013 (8): 175-176.
[②] KOSCHATZKY K. Networking and Knowledge Transfer Between Research and Industry in Transition Countries: Empirical Evidence from the Slovenian Innovation System［J］. Journal of Technology Transfer, 2002, 27 (1): 27-38.
[③] 王英俊，丁堃. "官产学研"型虚拟研发组织的结构模式及管理对策［J］. 科学学与科学技术管理, 2004, 25 (4): 40-43.
[④] 原长弘，孙会娟. 政产学研用协同与高校知识创新链效率［J］. 科研管理, 2013, 34 (4): 60-67.

利技术出资进行了规定。1997年，当时的国家科委、国家工商行政管理总局还印发了《关于以高新技术成果出资入股若干问题的规定》，对高技术成果的出资行为进行规范。

《公司法》为技术出资提供了法律上的依据，技术出资作为非货币出资的内容，主要包括专利技术出资和非专利技术出资两个方面。2013年，我国修正《公司法》，删除了原有关于"全体股东的货币出资金额不得低于有限责任公司注册资本的百分之三十"的规定，从而为技术出资提供了更大空间，技术出资在公司资本运营中的作用和地位日益突出。2018年，我国再次修正《公司法》，第二十七条规定"股东可以用货币出资，也可以用实物、知识产权、土地使用权等可以用货币估价并可以依法转让的非货币财产作价出资；但是，法律、行政法规规定不得作为出资的财产除外"，第八十三条规定"以非货币财产出资的，应当依法办理其财产权的转移手续"。

专利技术出资是指出资股东提供合法有效的专利权，将专利权作价后，按照估值对企业进行出资，换取公司股份或股权的行为。用以出资的资产应当具备可估价性、可转让性、现实确定性和收益性等特点，同样，用来出资的专利权也需要具备这些特点。值得注意的是专利出资的标的应当是专利权，而非专利申请权，因为专利申请权不稳定，并不必然会形成专利权，即不具有现实确定性。专利出资需要进行权利的转移，即权利主体由原专利权人变为出资公司。

需要明确，专利申请权也是可以作为出资的资产，但是其本质是专有技术出资。而用于出资的专有技术具有的一个关键特征就是秘密性，但是发明专利申请一旦公开，专有技术的秘密性则随之丧失。如果专利公开后成功获得授权，则专利申请权出资过渡到专利权出资。而一旦专利公开后，没有获得授权，则相应的技术不再满足出资条件，出资人需要补足出资额或者退股。

在地方政府的政策实践中，多通过具体政策对技术出资的相关内容进行规范和一定程度的创新。2010年9月9日，深圳市市场监督管理局发布《深圳市企业非专利技术出资登记办法（试行）》，旨在规范非专利技术出资登记行为、拓宽融资渠道、鼓励民营经济和高新技术产业发展。其中明确，"非专利技术是指处于未公开、未授予专利权、具有实用价值、所有人采取适当保密措施拥有的技术成果。包括技术知识、经验和信息的技术方案或技术诀窍，如设计图纸、资料、数据、技术规范、工艺流程、材料配方等"。2011年2月，原上海市工商行政管理局发布《关于积极支持企业创新驱动、转型发展的若干意见》，明确"扩大知识产权出资范围，开展专利使用权、域名权等新类型知识产权出资试点工作"。2000年，宁波市政府发布的《宁波市鼓励技术要素参与分配，促进科技成果转化的实施办法》明确："企业、高等学校、科研机构及其科技人员可将拥有的专利权和许可实施权、计算机软件著作权、非专利技术成果的使用权、植物新品种和其他生物新品种使用权、法律法规认可的其他科技成果使用权作价，向公司制或非公司制法人企业出资入股。"

技术出资是实现技术转移、发挥技术价值、帮助创新主体获得收益和持续创新的有效途径，也是商业合作的重要机遇，同时也是很多拥有技术但缺乏资金的初创企业和科技型中小企业取得成功的机会所在。大学和科研机构由于集中了较多技术资源，但缺乏产业化途径，是技术出资的高发地。技术出资丰富了技术转移的渠道，同时为企业的发展提供了新的机遇。具体来看，技术出资的社会经济价值主要体现在以下几个方面。

（1）促进科技成果转化为生产力。技术创新成果转化为生产力才是真正意义上的经济发展，影响和制约我国科技成果转化的一个重要原因是技术与资本的结合途径有限并且不顺畅。技术出资为技术的转化与应用提供了新的渠道，使新技术在资本的协助下迅速得到应用，形成的利益共同体还可以实行研发和生产的一体化，从而解决科技成果对实际生产的适应性问题。

（2）激励科研人员开展创新活动。技术出资让只有技术而没有资金的创新者成为企业的合伙人，在共享利益的同时也承担了企业经营的风险。由于企业的兴衰与自身利益密切相关，他们会更密切关注企业的技术需要，更积极主动地去改造技术或创新产品，从而激发科研人员的内在创新动力。对于大学和科研机构的研究人员，技术出资使其意识到他们的研发成果是有价值和意义的，而且他们也能够通过技术出资得到一些物质性的奖励，这会进一步激励他们深入进行研发。

（3）降低投资企业的技术引进成本。企业通过受让或寻求许可的方式引进技术，除了付给专利权人或非专利技术所有人大笔费用，还要在不同程度上承担技术实施的风险。而在技术出资中，技术出资方凭借股份参与分红，共担亏损和风险，使企业的技术引进成本大大降低，并优化了企业的资源配置。此外，企业在得到新技术的同时，通常可以同时借助出资人的知名品牌发展自身，还可能会得到相关的创新人才甚至创新团队，成为企业培养持续创新能力和竞争优势的原动力。

（二）技术创业

技术创业是指依托技术创办新企业，在新企业的运行过程中实现技术应用和商业化。技术创业与技术出资具有一定意义上的重合，技术出资创办新企业也是技术创业。两者的区别在于，第一，"出资"是一个法律概念，而"创业"是一种通用表达。第二，技术创业强调新企业的设立，而技术出资不一定伴随着新企业的设立。第三，技术创业对于相应技术的市场前景和短期效益有极强的依赖性，而技术出资对于技术的短期效益不一定有很高的期望。

关于技术创业，一种观点认为是指为了开发高新技术而创办新企业的行为，主要代表包括 Cooper（1971）[①]、Berry（1996）[②]。Myers（1983）[③] 认为技术创业就是提供革命性的新产品和新工艺，小企业和个人发明者是技术创业的主要力量，大公司由于路径依赖、组织惰性等原因迟于技术创业活动。另外一种理解认为，技术创业是在考虑市场需求的基础上，通过对科学技术加以运用的创新企业，主要代表包括加拿大工程学会〔(The Canadian Academy of Engineering，1998)[④]，（赵炎等，2007）[⑤]〕。张钢和彭学兵（2008）[⑥] 把技术创业定义为"发现并开发技术的市场机会的过程"。

技术创业在我国的高校和科研机构相对普遍。大学和科研机构是技术创造的重要来源，利用其生产的新技术创办新企业，是实现技术的经济社会价值的一个重要渠道。在知识经济背景下，新技术在推动经济社会发展方面的价值得到广泛认知，大学和科研机构作为知识生产来源，被认为是国家创新系统的重要组成部分。为了适应经济发展的需要，大学和科研机构不仅要在知识创造和传播方面有所作为，还被要求对其科学技术研究成果的转化运用给予更多关注。

大学和科研机构的创业也被称为"学术创业"（Academic Entrepreneurship）、"学术衍生企业"（Academic Spin-off）等。Shane（2004）[⑦] 认为学术创业是指为了开发产生于学术机构的智力资本而创建新企业，其背后的前提是学术机构广泛开展科研活动，其中一些研究成果具有商业应用价值，并且能为学术机构带来收益。通过对大学技术创业的研究，学术界还形成了"研究型大学"的概念，Etzkowitz（1998）[⑧] 勾勒了"创业型大学"（Entrepreneurial University）这一表达，用来描述大学在现代经济中扮演的角色。据统计，硅谷内多达60%～70%的企业是斯坦福大学的教师与学生创办的，1960～1990年间由斯坦福大学毕业生创办的技术型企业提供了25000个工作职位（Cardullo，2007）[⑨]。

在依托于大学和科研机构的技术创业中，大学和科研机构基于自有技

[①] COOPER A C. Spin-offs and Technical Entrepreneurship [J]. IEEE Transactions on Engineering Management，1971（1）：2-6.
[②] BERRY M M J. Technical Entrepreneurship, Strategic Awareness and Corporate Transformation in Small High-Tech Firms [J]. Technovation，1996，16（9）：487-522.
[③] MYERS D D. Technical Entrepreneurship and Revitalization [J]. Engineering Management International，1983，1（4）：275-280.
[④] The Canadian Academy of Engineering. Wealth Through Technological Entrepreneurship. Ottawa：The Canadian Academy of Engineering，1998.
[⑤] 赵炎，卢颖，田蓓，等. 技术创业与中小企业管理 [M]. 北京：知识产权出版社，2007.
[⑥] 张钢，彭学兵. 创业政策对技术创业影响的实证研究 [J]. 科研管理，2008，29（3）：60-67.
[⑦] SHANE S. Academic Entrepreneurship：University Spin-offs and Wealth Creation [M]. Cheltenham，UK：Edward Elgar，2004.
[⑧] ETZKOWITZ H. The Norms of Entrepreneurial Science：Cognitive Effects of the New University-Industry Linkages [J]. Research Policy，1998，27（8）：823-833.
[⑨] MARIO W. CARDULLO. 技术创业：企业形成、融资和成长 [M]. 刘健钧，译. 北京：经济科学出版社，2007.

术成果创办新企业，并获得一定程度的企业控制权。但是，这种情况也存在一定风险，即如果高校和科研机构对企业的控制程度过高，可能会影响企业的经营情况。出于这种原因，很多大学和科研机构都通过成立资产管理公司，把各类企业纳入这个资产管理公司的框架之内进行管理。

当然，技术创业不仅出现在大学和科研机构，也广泛存在于企业界。除新企业的设立外，新业务的开创也被认为是公司技术创业的内容。Burgelman（1984）[1]认为公司创业就是将公司内部拥有的资源通过创新的方法进行整合，从而拓展和挖掘新机会。企业要获得持续性发展，必须在产品开发、业务拓展方面保持持续性创新，因此技术创业对于企业的生存、获利和增长都非常重要 Zahra（1996）[2]。

（三）技术联盟

技术联盟是一种技术合作与技术创新组织方式，实际上也是技术转移和技术运用的一种有效模式。技术联盟是指"由两个或两个以上的企业、大学机构、科研院所或政府部门围绕技术的开发与运用，为实现某一技术创新战略目标而建立的一种长期、持续、互惠互利的合作伙伴关系"[3]。技术联盟的建立可以是为了共同研发新技术，也可以是基于各自的已有技术建立联盟，实现技术的交叉许可以壮大各方力量，或者两者兼而有之。

技术联盟通过把多个主体组织联合起来，有利于实现联盟主体的优势互补。从生产技术的角度来看，技术联盟通过集中力量生产出企业需要的新技术，以增强市场竞争力，在研发过程中风险共担，共享研发成果，也有利于成果的转化应用。

1. 专利池

专利池（Patent Pool）实际上是一种技术联盟，指的是多个专利权人通过签订协议，实现相互之间或者向第三方的专利许可，专利池的成员之间共享所有入池专利，同时也可以向专利池外的企业进行专利许可。专利池在形式上是多个专利的集合，但是在本质上是大量许可协议的集合，专利池许可协议是多数专利权人相互结合其专利权，以打包授权的方式相互许可或对外许可的协议。

专利池出现在专利制度背景下，是科学技术加速商业化的必然产物。一些产业关键共性技术的研发是单个机构所不能完成的，必须依赖众多企业和大学、研究机构等的共同参与，而不同组织之间研发成果的共享需要借助于一定的手段和机制才能实现，专利池就是这样的一种机制。在专利

---

[1] BURGELMAN R A. Designs for Corporate Entrepreneurship in Established Firms [J]. California Management Review, 1984, 26 (3): 154-166.
[2] ZAHRA S A. Goverance, Ownership, and Corporate Entrepreneurship: The Moderating Impact of Industry Technological Opportunities [J]. Academy of Management Journal, 1996, 39 (6): 1713-1735.
[3] 张晓凌，周淑景，刘宏珍，等. 技术转移联盟导论 [M]. 北京：知识产权出版社，2009.

池的协议安排中，专利池成员可以使用池中的全部专利而无需支付许可费，专利池外的企业则可以通过支付许可费使用池中的全部专利而不需要向池中每个专利的权利人寻求许可。从本质上看，专利池是一种市场化的交易机制，同时也是一种专利的集体管理模式，有利于消除专利实施的授权障碍和促进专利技术的推广，同时集中管理的模式可以有效降低交易成本，因为被许可方可以节省单独就每项专利向权利人寻求许可的交易费用。对于企业来讲，加入专利池是企业产品进入国际市场的一个重要保障，可以减少来自专利池成员企业的潜在侵权诉讼，因为专利池成员之间的专利纠纷可以通过协商机制解决。当专利池内的专利面临侵权时，专利池的成员通过联合壮大己方力量也能够增加谈判实力。成员间的联合有利于专利池所涉及技术的推广和进一步研发，推动相关专利的标准化，而专利标准化则能为专利池成员带来更大的利益。

我国国内有代表性的专利池包括闪联专利池、彩电专利池、AVS 专利池等。2003 年 7 月 17 日，由联想、TCL、康佳、海信、长城 5 家企业发起，7 家单位共同参与的"信息设备资源共享协同服务"标准工作组正式成立，工作组讨论并建立了闪联专利池。2007 年 3 月，由 TCL、长虹、康佳、创维、海信、厦华、海尔、上广电、新科、夏新等十家中国彩电骨干企业，每家出资 100 万元，联合成立了深圳中彩联科技有限公司；2010 年 1 月 22 日，中彩联科技有限公司在北京与数字电视专利大户汤姆逊公司签订知识产权合作协议，并宣布中国首个彩电专利池正式运营。2002 年，国家信息产业部科学技术司批准成立数字音视频编解码技术标准工作组（Audio and Video Coding Standard Work Group of China，以下简称"AVS 工作组"），AVS 专利池是 AVS 工作组在开展技术研究和标准起草工作的同时，既为采纳先进的专利技术，又为在标准发布前将专利的利益索求限制在一个合理的水平，同时保证标准的先进性和公益性而建立的专利联盟协议。

2. 专利联盟

专利联盟是一个比专利池更宽泛的概念。专利联盟是一种组织之间的协议，联盟成员通过达成协议来共同壮大行业力量，联盟的成员也比较广泛，包括企业、大学、政府研究机构、社会团体等；而专利池事实上也是一种组织间的协议，但是这种协议更多发生在企业相互之间，协议的效果是形成一个"专利集合体"，而且这个"专利集合体"必须要有至少一个组织对其进行管理。由深圳市发布的《企业专利运营指南》指出专利联盟是"组织或机构之间以专利技术为纽带达成的一种合作形式"，专利池是"由一个或多个专利权人为实现某种目的将与某产品有关或在技术上相互关联的专利进行组合而形成的专利集合体"。

2008 年 6 月 30 日，包括 Verizon、谷歌、思科、惠普和爱立信在内的几家公司组建了一家名为 Allied Security Trust（AST）的组织，旨在抢在竞争对手之前购得核心知识产权技术，以防止成本过高的专利诉讼。AST 成立的目的是在市场上购买专利，并授权给联盟成员以防范"专利流氓"可能给成员企业带来的风险。AST 拥有涵盖欧洲、北美以及亚洲的 28 家会员企业，包括 ARM Limited、Avaya、Google、IBM、Intel、Oracle、Philips、Sony 等在内的国际巨头均是其会员。AST 在世界范围内与 250 多家专利经纪人、自营公司、律师事务所、学术机构、个人投资者以及专利控股公司建立了良好的客户关系网络。

2014 年 10 月 29 日，由中关村汇智产业技术研究所、联想（北京）有限公司、京东方科技集团、北汽福田、奇虎 360、北大方正、百度、小米、中国政法大学、北京工商大学等 30 家企事业单位、高校和相关机构共同发起了"中关村 ICT 和移动互联网知识产权产业联盟"。

（四）技术拍卖

拍卖是技术转移的一种形式，并在我国《促进科技成果转化法》中得到承认，实际上是确定被转让技术的价格的途径。

拍卖指通过公开竞价将特定物品或财产权利转让给最高应价者的买卖方式，既是一种贸易形式，也是一种价格发现机制。Kjerstad（2005）[①] 认为拍卖是具有"精确指定市场结算如何决定价格的明确交易规则"的市场，因为相较于议价谈判，拍卖可以形成竞争机制。拍卖的对象具有多样化特征，从古玩、字画等收藏品到个人用商品，再到各种生产要素和经济资源等，从有形资产到无形资产，都可以用来进行拍卖。根据拍卖交易的方向，可以将拍卖分为销售拍卖（卖方提供资产）和采购拍卖（买方想要购买资产）。在最优拍卖理论中，卖方被视为一个垄断者，可以任意选择机制，比如建立最低销售价格，以最大限度实现其预期利润。

拍卖的主要流程包括五个阶段：买卖双方登记、拍卖活动（拍卖规则）建立、竞拍规则实施、出价评估和规制关闭、贸易结算。第一个阶段包括拍卖参与者（特别是潜在的买方和卖方）的身份认证和初始注册。第二个阶段涉及拍卖活动的设置，包括提供资产的描述、用于谈判的拍卖和参数规则的定义（比如投标控制规则、费用、交货日期、购买多少的选择，以及包括支付条款在内的合同问题）。第三个阶段关注拍卖规则的设计，这是拍卖流程的关键因素，包括制定通知最新报价活动的通知机制，制定卖方和买方可用的条款和条件，以及有关保证金、拍卖撤回和拍卖关闭的规定。第四阶段涉及竞拍人出价的评估，特别是关于拍卖的关闭规则。第五阶段与贸易的结算有关，包括向卖方付款、将货物转移给卖方，向拍卖公司支付佣金等。

---

① KJERSTAD E. Auctions vs Negotiations：A Study of Price Differentials [J]. Health Economics，2005，14（12）：1239-1251.

技术的最突出特征包括无形性、复杂性和不确定性等，这也是导致技术转移交易困难的重要因素。技术的复杂性决定了技术的价值评估将会是一项系统性工程，而这项系统工程的完成有赖于对众多子系统和要素的充分考虑，在操作性和成本控制方面都使技术的价值评估变得困难，从而增加技术交易的难度。另外，技术本身的不确定性也使得技术的价值存在不确定性，强行对价值不确定的对象进行价值评估当然是一项极为困难的工作。但是，拍卖为技术的价值评估难题提供了一个有效的解决路径。因为拍卖本身具有价格发现的功能，在缺乏市场价格的情况下，供应商可以使用拍卖获取潜在卖方的最低保留价格。

在现实经济活动中，技术拍卖是技术转移活动的一项重要内容。技术拍卖通过一个拍卖公司和多个买方进行现场交易，使不同的买方围绕同一技术或技术组合竞价购买，从而发现其真实价格，更直接地反映市场需求。技术拍卖涉及出让方、受让方和拍卖公司，拍卖公司对于技术的运作是技术拍卖成功的关键所在。美国的知识产权资本化综合性服务集团海洋托莫（ICAP Ocean Tomo）是在专利技术拍卖方面取得一定成绩的典型，已在美国、亚洲和欧洲举办了多场知识产权现场拍卖会，成交金额累计超过千万美元。中国技术交易所在技术拍卖方面进行了有益的探索，我国台湾地区的工业技术研究院在专利技术拍卖方面也有所尝试。

传统的技术交易以协议和谈判交易为主，存在供给方和需求方信息沟通不畅的问题，交易的完成需要耗费较多的信息搜寻成本，并且交易非公开，不为外部所知，谈判过程繁琐。而技术拍卖具有市场竞价、覆盖面广、公开交易等特点。首先，技术拍卖是通过市场竞价交易的方式来实现技术转移。公开竞价具有价格发现的功能，可以体现技术的潜在价值；其次，技术拍卖交易双方的搜寻由拍卖平台完成，而且同样的技术可以吸引较多需求者，具有覆盖面广的特点；再者，通过拍卖公司对于技术的运作，比如将互补性技术进行打包拍卖，可以有效提升技术的价值；此外，拍卖公司可能还会提供包括专利技术检索和分析的增值服务，以使交易双方对技术有充分了解，节省了其私下交易进行分析的部分成本。

知识链接

我国技术拍卖活动的开展

2004年12月，上海举办首届专利高新技术成果专场拍卖会，有39项来自科研机构和发明人的专利参与拍卖，最终成交8项专利技术，总成交额为1215.05万元，单个专利最高成交金额达670万元。

2009年，在"中国上海专利周"上海专利拍卖会上，共有5项专利拍卖成功，成交总金额达6536万元。

2010年12月，由中国技术交易所承办的中科院计算所首届专利拍卖会上，69件标的中的28件专利被成功拍出，成交率41%。

2011年，中国技术交易所现场竞拍的100项专利中有15项拍卖成功，竞拍金额100余万元。

2012年，在中科院计算所第二届专利拍卖会暨中国技术交易所第三届专利拍卖会上，成交标的87项，成交金额425.5万元，成交率37%。

2012年11月，中国浙江网上技术市场科技成果拍卖活动中，共有18项科技成果参与拍卖，总起拍价为1633万元，成交价2115万元。

2013年，中国浙江网上技术市场科技成果拍卖活动中，共有174项科技成果参与拍卖，成交价2.68亿元。

2014年春季，中国浙江网上技术市场科技成果拍卖活动中，共有81项科技成果参与拍卖，成交价1.21亿元。

2015年10月15日，青岛市第三次科技成果拍卖会上，共有23项科技成果参加拍卖，有10项拍卖成功，成交金额1265万元。

2018年7月，首届上海国际技术拍卖会举办，6项标的总成交金额达到142.8万元。

2018年12月13日，"深化科技特派员技术对接——2018年浦城科技大市场首届科技成果拍卖会暨科技成果推介会"举办，共10项科技成果竞拍成功，总成交价754万元。

2019年12月12日，在襄阳举办的汉江流域科技成果推介会暨湖北省重大科技成果与技术需求交易会上，参与拍卖的6项科技成果全部成交，总成交价553万元。

知识链接

Ocean Tomo 的技术拍卖流程

Ocean Tomo是著名的技术拍卖公司，以下对其技术拍卖的流程进行介绍。下图是技术拍卖流程的一个简化流程结构图。

拍卖计划阶段是拍卖的初始准备阶段。这一阶段的活动与拍卖规则定义、拍卖日期公告，以及卖方和已登记的有兴趣的竞拍者邀请函三方面有关。首要的准备步骤就是对拍卖的条款和条件进行定义，规则涉及拍卖所展示技术的挑选要求、参与者登记要求、如何解决争议、出售条件、竞拍者身份保护、尽职调查条款以及现场拍卖的竞拍程序（比如荷兰式拍卖、英格兰式拍卖等）。

内部准备活动完成后，就要通过各种媒介资源向公众宣布即将进行拍卖，宣传途径包括公司网站、拍卖品手册、研讨会等。Ocean Tomo主持的第一次现场拍卖提前10个月就宣布了举办。

发出拍卖公告后，拍卖公司开始就卖方打算在即将举行的拍卖会上拍卖的技术收集意见和建议。Ocean Tomo首先收集来自预定领域的技术，并宣布对竞拍来说最有力的、最合适的拍卖品是涉及现有的各种技术的专利，也是拍卖品拥有者用不到的技术，还要求潜在的卖方签订《卖方委托协议》以进行活动登记。

技术拍卖流程图

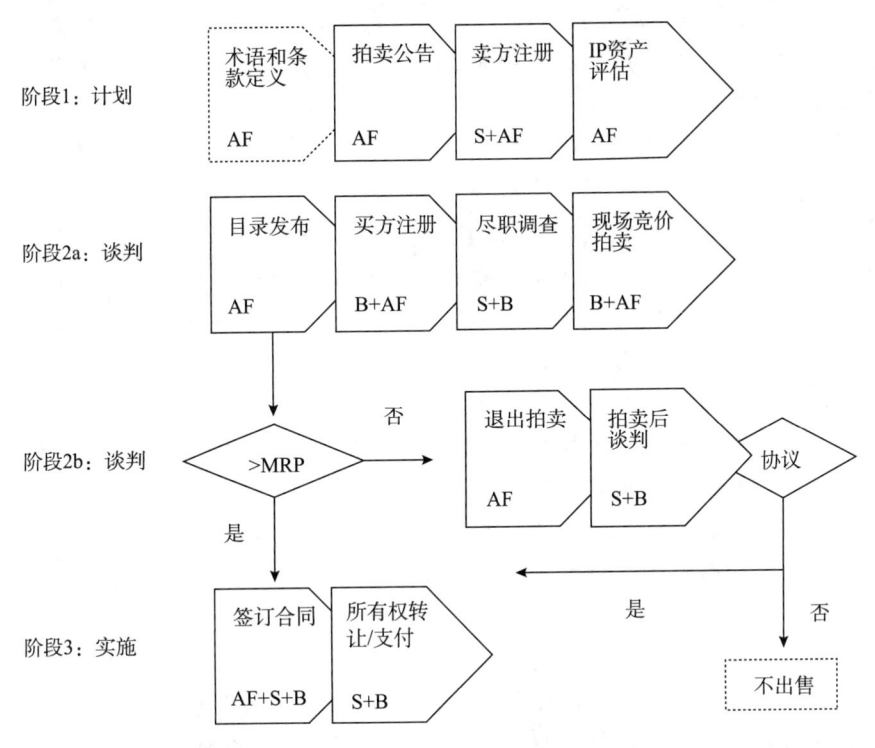

阶段1：计划　术语和条款定义 AF → 拍卖公告 AF → 卖方注册 S+AF → IP资产评估 AF

阶段2a：谈判　目录发布 AF → 买方注册 B+AF → 尽职调查 S+B → 现场竞价拍卖 B+AF

阶段2b：谈判　>MRP 否→ 退出拍卖 AF → 拍卖后谈判 S+B → 协议

阶段3：实施　签订合同 AF+S+B → 所有权转让/支付 S+B

协议否→ 不出售

注：S（卖方）；B（潜在买方）；AF（拍卖公司）；MRP（最低保留价格）

卖方必须为其提交的每项技术支付挂牌费，并且需要参与拍卖公司的内部评估。费用根据资产种类，以及是否有最低保留价格各有不同。卖方可以接受 Ocean Tomo 预先确定的最低保留价格，也可以自己规定最低保留价格。但是如果卖方自己规定最低保留价格，需要支付至少两倍于使用预先确定的最低保留价格的挂牌费。Ocean Tomo 接收不同类型的技术或者知识产权类型，具体包括专利、商标和域名等。对于专利，Ocean Tomo 会进一步将其划分为单项专利和专利池。

卖方需要提供每项已登记资产的信息，使拍卖公司能够进行首次内部评估。卖方需要提供的信息包括：具体的知识产权登记（或者申请、授权）号；资产简要描述、出售知识产权的权利列表；某一特定资产被授予的各种或任何性质的许可或产权负债列表；标准机构、大学、政府机构或其他非营利机构的参与说明；第三方债权人或许可证持有者对任何现有或潜在的担保或未担保债权的所有权；任何第三方持有的并可能会影响所有权、许可、侵权、有效性和执行或其他问题的请求权；资产的任何用途或潜在用途信息或资产侵权信息；与资产有关的诉讼信息；尽职调查资料以及可协助技术商业化的人员信息。如果技术不符合内部评估标准，Ocean Tomo 有权拒绝该项技术。为进行内部技术评估，Ocean Tomo 还专门在网上开通了专利登记评定机构的公司。

内部评估技术后，发布拍卖目录，向潜在买方公开入选技术，邀请其登记并说明其感兴趣的拍卖品。潜在买方参与到流程中时，议价阶段就开始了。拍卖目录是潜在买方了解拍卖品的依据，Ocean Tomo 通过印刷、网络等形式对目录进行宣传。此外，Ocean Tomo 还会在拍卖会举行前几周发布补充目录，内容涉及增拍技术的信息。

目录发布后，潜在买方会被邀请在 Ocean Tomo 的网站进行注册。与卖方注册类似，潜在买方必须花费 1500 美元购买竞买人注册包，作为注册费。潜在买方还必须签订竞买人协议并出具银行担保书，以确保其账户金额能够支付拍卖费用。注册成功后，Ocean Tomo 会指导潜在买方进入数据库，让他们对其感兴趣的技术进行尽职调查，并与卖方进行谈判。

通过尽职调查，潜在买方可以在一个虚拟的尽职调查室里评估技术可行性，验证专利的合法状态以及技术的潜在经济价值。Ocean Tomo 会提供各种工具，以提高尽职调查程度，支持潜在买方。

尽职调查后，现场拍卖活动开始。潜在买方可以亲自参加，也可以通过电话、网络或委托代理人参加。拍卖会由 Ocean Tomo 任命的第三方拍卖师管理。

最后是拍卖会的实现阶段，这一阶段根据出售技术和未出售技术分为两个方面。对于成功出售的技术，其所有权要转让给新的所有人。作为交换，新所有人将最终定拍价款支付给卖方。同时，买卖双方都需要向拍卖公司支付佣金。对于未出售及退出拍卖的技术，在拍卖后可能会进入新的谈判和再谈判阶段。

资料来源：弗兰克·泰特兹（2016）[①]

[①] 弗兰克·泰特兹. 技术市场交易：拍卖、中介与创新[M]. 北京：知识产权出版社，2016：140-146.

第七章 技术转移的基本规律

技术转移具有普遍的个性，但是在个性的基础上又呈现出一些特定的规律。本书从市场、资源和主体等维度出发，总结了技术转移的13个规律，以期为技术转移工作的开展提供指导，包括6个宏观视角下的基本规律和7个操作视角下的基本规律。

第一节 宏观视角

一、市场为基

技术转移是一种市场经济行为，因此遵循基本的市场经济规律。市场经济规律首先体现为供需关系规律，从中短期的市场周期看，大多数情况下买方的有效需求起决定性作用，而由卖方的一个新技术创造一个新市场的情况属于特例。其次是价格规律，技术是一种商品，技术转移是一组商业交易行为，因此无论技术转移发生在技术生命周期的哪个阶段，都必然涉及有关技术定价、所有权转移、利益分配以及相应的交易契约问题。最后，技术转移活动的有效普及与规范，依赖于交易主体各方的能力水平和相关技术的成熟程度。如果行为主体缺乏市场意识，不懂、不会、没有交易能力，那么再完备的交易规则都无用处。[①]

只有符合市场经济规律的技术转移才能获得持续和成功。在任何一个环节或者阶段背离市场经济规律都可能导致技术转移受阻。

知识链接
无疾而终的130个技术引进项目

引进国外先进技术和先进设备是中华人民共和国成立后的重要任务，具体组织方式有两种：中央主导的集中化技术引进和地方主导的分权式技术引进。1982年6月，在广州举行的中国投资促进会议上，我国宣布启动130个技术引进项目计划，力求在中央政府的主导下进行大规模技术引进，以获取外国的先进技术和管理经验。但是，这一计划最终并没有取得预期成果。

---

① 赵慕兰. 把握技术转移规律促进产学研创新体系发展[J]. 中国高校科技，2007（11）：65-67.

130 个技术引进项目出台的一个重要背景是中央收紧技术引进审批权、消减地方及企业能动性。改革开放后,为了提高地方政府发展经济的积极性,中央陆续出台财政与行政放权政策。地方政府随着可支配资金的增加,开始涉足技术引进,加大利用外资力度,这就造成各地区自成工业体系的局面,并出现盲目、重复引进。为了制止这些乱象,中央陆续出台一系列文件收紧技术引进审批权,比如 1980 年颁布《关于企业引进制造技术所需费用开支问题的规定》,1981 年颁布《技术引进和设备进口工作暂行条例》,1982 年颁布《国务院关于对现有企业有重点、有步骤地进行技术改造的决定》。

根据资料,这 130 个项目是从 23 个省市自治区推荐的 280 多个项目中遴选出来的,覆盖纺织、食品、小五金等轻工业,也包括化工、机械、建筑材料等重化工业,计划总投资 16.5 亿美元,其中吸收外国投资 9 亿美元。

从结果来看,130 个项目的后续推进"雷声大雨点小"。其中的一个重要原因在于,130 个项目中以合资为唯一投资形式的有 58 个,兼有合资及其他投资形式的有 26 个,共计 74 个,超过半数;而以补偿贸易为主的项目 46 个,占总数的 35.4%。这一比例与同时期外资引进的情况显著不同,在 1979~1982 年总体引进的 1792 个项目之中,合资项目有 83 个,仅占总数的 4.63%;补偿贸易项目则有 872 个,近 50%。换言之,从当时的整体情况来看,补偿贸易是技术引进的主体形式,合资项目只是补充。从合资经营本身来看,由中外双方共同投资、共同经营、共担风险、共享盈利,实际上更加有利于我国学习外国的先进技术和管理经验;但是,当时我国经济发展的一个客观现实是,政府官员和社会大众对于中外合资的理解还具有一定限制,比如有人担心中外合资会发展资本主义,损害社会主义,担心把经营权交给外方会产生不好的效果。因此,过多的安排合资经营反而没能取得很好的效果。

这种意识形态的问题实际上是市场环境的问题,在技术转移、技术引进过程中只有充分考虑到这些因素,才能符合经济规律,达到预期效果,这也是 130 个项目没能有效推进,更没能缓解盲目、重复引进技术的原因。

资料来源:朱妍,林盼(2019)[①]

二、环境依赖

技术转移活动能否实现取决于各类环境。很多技术在我国南方和沿海一带能够得到比较好的转化,在很大程度上取决于当地环境。良好的营商环境、科技创新环境和知识产权保护环境对于技术研发、技术应用、技术转移有极大的促进作用。目前,深圳是我国创新活动最活跃的一个区域,

---

[①] 朱妍,林盼."130 个项目":改革开放初期集中化技术引进的尝试[J]. 学海,2019,176(02):150-158.

诞生了华为、大疆、比亚迪等高新技术企业，这与其良好的创新环境有很大关系。

20世纪80年代，我国的技术引进步伐加快，在客观上也是推动我国经济总量猛增的一个重要因素。1981~1993年，当时的对外经济贸易部批准了5075项技术引进合同，合同价值362.98亿美元[1]，这也是我国技术引进的大规模发展阶段。当时的金融环境和投资环境的转变、发展是这种大规模技术引进的重要原因。一是投资主体从政府逐步转向企业；二是资金来源更加多元化，市场机制更多地发挥作用；三是地方政府在技术引进中的主动性和地位加强，能够更好地引进适合当地发展的技术[2]。

知识产权保护环境是影响技术转移的一个重要因素。发达国家的企业在进行海外投资时，考察当地市场前景的一个重要方面就是知识产权法律制度建设情况和知识产权保护环境。2014年和2015年，加拿大亚太基金 (Asia Pacific Foundation of Canada)[3][4] 连续发布了两份报告——《外国和加拿大企业在华面临的知识产权挑战》(Intellectual Property Rights Challenges Facing Foreign and Canadian Businesses in China)，分析了包括加拿大企业在内的外商在中国面临的专利、版权、商标、商业秘密等方面的知识产权侵权挑战，并从文化、制度和技术等方面进行分析。所以，从我国国内层面来看，政府部门不断完善知识产权保护的体制机制，加强知识产权保护和执法力度，既是引进国外技术的重要基础，也是促进国内技术转移的必要条件。

营商环境是当前社会各界关注的一个焦点内容。党的十八届三中全会通过的《中共中央关于全面深化改革若干重大问题的决定》提出"建设法治化营商环境"。良好的营商环境是一个地区核心竞争能力和潜在发展能力的重要标志。一个区域的营商环境就包括当地金融环境、投资环境、知识产权保护环境等多个方面的内容。良好的营商环境不仅有利于吸引外部技术，还能够有效激活区域内部技术的流通，促进可持续的创新发展。

三、人本优先

要进行技术转移，就必须做到"人本"。这里人本的意义是人力资本，而不仅仅是通常意义的以人为本。人力资本是体现在人身上的资本，即对

---

[1] 顾纪瑞. 中国八十年代技术转移和技术进步 [J]. 学海，1996 (5)：8-13.
[2] 何保山，顾纪瑞，严英龙. 中国技术转移和技术进步 [M]. 北京：经济管理出版社，1996.
[3] EVA BUSZA, TIFFANY CHUA, MATTHEW NECKELMANN. Intellectual Property Rights Challenges Facing Foreign and Canadian Businesses in China: A Survey of Literature. Asia Pacific Foundation of Canada, 2014.
[4] EVA BUSZA, NATHAN ALLEN, MATTHEW NECKELMANN, TIFFANY CHUA, KENNY ZHANG. Intellectual Property Rights Challenges Facing Foreign and Canadian Companies in China: Survey Results and Analysis. Asia Pacific Foundation of Canada, 2015.

生产者进行普通教育、职业培训等支出和其在接受教育的机会成本等价值在生产者身上的凝结，它表现在蕴含于人身上的各种生产知识、劳动与管理技能和健康素质的存量总和。人力资本同物质资本一样，不是天生的，而是通过投资得到的。只有经过一系列的教育、培训，才会具有一定的生产知识、劳动技能，从而才可称为人力资本。

何保山等（1996）[1]认为技术包括工艺和技能两个方面，成功的技术转移必须同时具备两者才能够得以实现。其中工艺是指"关于如何生产一个产品的知识"，包括"有关如工厂建设与设计，设备要求等方面的数据以及诸如原料标准、要求方面的信息"；而技能是"将专业技术转化为市场产品的能力"，"不仅包括生产产品所需的一般工业技能，而且也包括解决生产与维护问题，协调生产要素，计划与调节生产过程，保证产品质量等方面的能力"。Karakosta等（2014）[2]指出，在国际技术转移中，发展中国家作为技术转移的东道国，不仅需要与所转移技术相关的知识，还需要以下两类人才：一种是能够协调与东道国组织关系的人员，另一种是理解并熟知转移技术的供给和支持链系统的人员。

结合技术转移形态的知识论来看，工艺型技术更偏向标准化的显性知识，而技能型技术更偏向个性化的隐性知识，而后者主要依存于个体的人。所以技术转移有时不是简简单单地引进技术就可以，这也是我国很多企业从国外引进技术或者生产线时，为什么要花重金同时聘请技术指导专家的主要原因。

四、非标定价

技术是一种特殊的商品，因此技术转移同时遵循特殊的交易规律。首先，以不完全契约应对技术转移过程中的不确定性。完全契约是指交易的所有行为和后果都能够被人所预测，交易条款覆盖全部可能性，如果有一方不能履行条款，第三方可以强制执行。但是在技术转移过程当中，由于其不确定性的存在，也就不可能在交易条款中把所有问题都覆盖，此时要设立一个适应机制，要通过不断变化来调整交易当中碰到的问题，就是不完全契约。其次，从技术价格评估来看，相对于"成本法""预期收益法"而言，风险投资商采用的"实物期权法"更适合用于对技术定价。最后，技术转移是强个性化的交易行为，强制制定几个统一标准（如价格）或模式的方法并不适合于技术交易，因此要尊重、保护来自技术转移第一线的组织创新和模式创新。[3]

---

[1] 何保山，顾纪瑞，严英龙. 中国技术转移和技术进步 [M]. 北京：经济管理出版社，1996.
[2] CHARIKLEIA KARAKOSTA，等. 新气候体制下技术转移面临的挑战//布雷登·埃弗雷特，奈杰尔·特鲁西略. 技术转移与知识产权问题 [M]. 王石宝，等译. 北京：知识产权出版社，2014.
[3] 赵慕兰. 把握技术转移规律促进产学研创新体系发展 [J]. 中国高校科技，2007（11）：65-67.

📖 知识链接

案例：美国高校的技术转移概念证明中心

从发明创造到产品开发之间的跨越是技术转移所需要解决的核心问题，而概念证明是其中的关键阶段。兴起于美国高校的"概念证明中心"经过多年的实践，在促进技术转移方面取得显著成效，得到广泛认可。比较典型的概念证明中心有科罗拉多州大学概念证明项目（University of Colorado Proof of Concept Program）、马里兰州概念证明联盟（Maryland Proof of Concept Alliance）、俄亥俄州第三前沿（Ohio Third Frontier）等。

概念证明中心是一种在大学之内运行或与大学有关的促进大学科研成果商业化的服务组织，通过提供种子资金、商业顾问、创业教育、孵化空间和市场研究等对概念证明活动进行个性化的支持，如开发和证明商业概念、确定合适的目标市场和实施知识产权保护等。概念证明中心的工作处于大学技术转移办公室的下游，主要目的是加速已有技术成果进入市场，对技术转移办公室的工作起到补充作用。

概念证明中心体现为一种促进技术转移的组织模式创新，目标是"成为具有前景的技术从实验室走向市场的中转站"，通过一系列的服务，对已有技术成果进行培育、包装，提高其商业化可能性。在根本上，对技术商业化可能性的估计是基于所有有关已有技术公开信息的结论，从而概念证明中心的作用其实是降低信息不对称程度。

五、目标导向

技术转移是在特定目标导向下开展的。技术本身就具有一定的目的性，这也是技术社会属性的体现，在社会进步和经济发展中发挥重要作用。技术的形成是人类的目的性活动的一种模式，体现出满足人类日益增长的需要。因此，技术在一定程度上是合目的性与合规律性的辩证统一，"因为所有改造自然的主观能力的技术的产生从来都不是无缘无故出现的，也不是客观的自发演化过程，而是人为的为达到某种目的的手段"[1]。

基于技术本身的目的性，可以延伸出技术转移同样具有目的性。Autio 和 Laamanen（1995）[2] 认为技术转移是技术在两个主体之间的边界跨越，并把技术转移界定为技术双方或多方之间有计划、有目的地接触，以便技术知识能够通过技术的一个组成部分或多个部分的组织间传递保持稳定或增长。

这样的认识可以在以下几方面为开展技术转移活动带来帮助。首先，技术转移并不是为了把技术从一个机构或地域移动到另外一个机构或者地

---

[1] 崔宝敏，董长瑞. 马克思消费理论：本质、异化及体制转型 [J]. 经济社会体制比较，2018（5）.
[2] AUTIO E, LAAMANEN T. Measurement and Evaluation of Technology Transfer：Review of Technology Transfer Mechanisms and Indicators [J]. International Journal of Technology Management，1995，10（7-8）：643-664.

域，而是为了解决现实问题。其次，技术转移的服务需要在把握相关主体目的性和技术自身目的性的基础上开展。

六、业务综合

技术转移是一项综合性很强的业务，涉及多个方面的工作内容。从流程和关键节点的视角来看，技术转移涉及研发立项、研发开展、专利申请、价值评估、合同签订等方面。每一个环节都需要专业化的人员进行操作，而且不同环节之间也经常相互交叉融合，比如在研发立项和研发过程之中都需要进行专利检索。在研发委托、专利申请代理、价值评估委托等活动中都需要签订相应的委托合同。

对于一项综合性业务，每个个体的能力都是有限的。那么如何才能更好地实现技术转移？需要的不是个人掌握全部的东西，而是要有一个团队，在团队分工与合作的基础上共同完成。

高智发明（Intellectual Ventures）是一家起源于美国的专利商业化公司，其商业模式曾引起广泛讨论。高智发明的专家团队主要由三部分组成，分别是科学家或技术专家、法律专家、经济市场专家。高智发明专门设有主题创制团队、投资关系团队、专利购买团队等，从事相关业务。马普学会嘉兴创新公司（Garching Innovation GmbH）专门负责研发成果的管理和知识产权的应用，拥有的员工包括5种专业类型，分别是不同学科领域的科学家、经济事务专家、法律事务专家、专利事务专家以及财务、信息、行政管理等事务人员，公司有专门负责知识产权组合管理的副总经理，而且有专门的专利与许可管理团队。

第二节 操作视角

一、用户主导

技术转移的过程推进是需要用户主导的。技术转移一定会涉及用户，而用户主导通常是因为用户是付款方。这里的用户讲的是技术的用户，而不一定是最终产品的用户。在现金为王的时代，掌握资本的用户在很大程度上可以主导技术转移活动。

简单来看，用户主导就是技术转移的接收方是否愿意支付对价，而这是决定技术转移能否实现的关键所在。这一规律对于促进技术转移的启示是，通过采取措施或者提供服务来推动用户的"购买决策"也是技术转移工作的一个重要落脚点。

二、实例说服

技术转移对于实例有很强的需求。技术作为一种商品而言，具有无形性，不像一般商品能够给人直观的视觉感受或者功能体验。而这也是制约技术转移的重要因素。

如同卖房子需要有样板间一样，实现技术转移的一大阻碍就是很难有实际的例子。技术转移的成果就绪论实际上与实例说服的思想一致，即技术的成熟度越高，则越接近于形成实例，技术转移就越容易实现。

三、权利敏感

技术转移对于技术成果的权利归属非常敏感。市场经济在很大程度上是权利经济，实际上是私权利的经济。权利是利益分配的基础，所以如果没有相应的权利，就没有办法去做分配。这就是为什么要维护私权利的原因，特别是在用一项技术进行专利申请的时候，一定要谈到"权为用而确，用为利而谋"。申请专利的目的是为了使用，更是为了谋求利益而使用。

在我国专利爆发的背景下，垃圾专利和低价值专利在社会上引起了广泛的重视和讨论。虽然我国近年专利申请量大，但是并没有充分利用起来，或者很多专利本身就没有应用的价值，其实不利于技术转移。

四、操作专业

技术转移的操作是非常专业的。包括技术的二次开发、模式设计、商务谈判、合同撰写、组织资源、市场推广等在内，这些都是专业的，需要由专门的人员，并具备专业的知识才能实现。

技术转移是技术与市场的对接，既要求技术本身具有实用性和适用性，又要符合经济活动的内在规律。技术转移的过程往往涉及技术、法律、财务、金融等方面的资源、技能和人才，需要组建专业化的团队并进行合理分工以保障项目执行。专业化的操作需要专业化的人才来实现，这也与技术转移的人本规律相一致。

五、资金多元

技术转移是一种市场行为，过程中的多个环节都涉及资金，资金是技术转移体系的关键要素之一。技术的研发需要投入研发人员的时间和精力、材料设备、办公空间等；技术成果产出后需要投入专门的人力和资金申请专利；技术转移过程可能还涉及技术价值评估的费用支出。

用于支撑技术转移的资金来源也是比较多元的。具体来源包括财政拨款的科研业务经费、政府设立的投资基金、社会上的产业基金、企业内部投入等。在技术转移的实践中，通过整合不同来源的资金，一方面可以保证技术转移的顺利开展，另一方面也是降低风险的一种方式。

六、对价组合

对价是指为换取另一个人做某事的允诺，付出的不一定是金钱的代价，在法律意义上看是一种等价有偿的允诺关系。从技术转移来看，在支付技术转移的资金时，可以有多种支付方式的选择，包括现金、股权、期权等。

在技术转移的实际操作中，付费经常被分为入门费和分成费。入门费一般在初期一次付清，而分成费通常要附带诸多条件，所以技术转移费用支付的结构也是一个需要重点关注的问题。这种"入门费＋分成费"的支付方式，一方面降低了技术受让方因一次性支付所有费用需要承担的风险；另一方面，在一定程度上通过"分成费"方式实现了技术供给方和技术需求方的利益共享，有利于促进双方在技术运用过程中的进一步合作。

《中华人民共和国民法典》（以下简称《民法典》）第八百四十六条规定，"技术合同价款、报酬或者使用费的支付方式由当事人约定，可以采取一次总算、一次总付或者一次总算、分期支付，也可以采取提成支付或者提成支付附加预付入门费的方式。约定提成支付的，可以按照产品价格、实施专利和使用技术秘密后新增的产值、利润或者产品销售额的一定比例提成，也可以按照约定的其他方式计算。提成支付的比例可以采取固定比例、逐年递增比例或者逐年递减比例。约定提成支付的，当事人可以约定查阅有关会计账目的办法。"

金亮等（2019）[①] 通过专利许可和生产外包的两阶段博弈模型，研究了专利持有企业、品牌企业和 OEM 厂商的许可协议。研究发现，专利持有企业应针对不同市场条件进行专利许可方式的设计，若产品潜在市场需求较高，则采用固定专利许可费；若产品潜在市场需求较低，则采用"单位产品销售提成＋固定专利许可费"的方式。王君美（2012）[②] 研究了一个非生产性的技术研发企业如何决定向两个生产性企业转让降低成本的技术，发现在固定收费方式下，如果新技术的创新程度较低（高），那么技术拥有者偏好向先（后）进入市场的企业转让其技术；在特许权收费方式下，技术拥有企业会向两个企业同时授权其技术；但是在双重收费合同下，技术拥有者的最优策略是仅向跟随企业转让其技术，双重收费合同不仅会使技术拥有者的授权利润达到最大，而且会使社会福利水平达到最高。

从案例来看，2017 年 2 月 17 日，上海大学以 1800 万元人民币的价格，

[①] 金亮，郑本荣，胡浔. 专利授权合同设计与生产外包——基于企业社会责任的视角[J]. 南开管理评论，2019，22（03）：40-53.

[②] 王君美. 非生产性企业技术授权的对象选择问题[J]. 科研管理，2012（10）：37-47.

把相关研究团队研发的"高强高导铜合金制备技术"有关专利所有权转让给新兴际华集团有限公司下属新兴发展集团有限公司，同时联合成立"高性能铜合金开发及应用"联合实验室，合作期限初定为10年，新兴发展集团前3年出资不低于600万元，用于前期的成果转化配套开发。这种技术转移的合作方式实际也是对价组合的一种体现形式。

📖 **知识链接**

专利技术的价值评估

价值评估是技术转移过程的关键环节，合理对价首先要建立在有效估价的基础上。专利技术是技术转移的重要对象，专利价值评价和其他任何评价一样，方法服务于目的。专利价值评价的目的一般分为八种：(1) 财务会计上的评价；(2) 税务上的评价；(3) 决定买卖价格时的评价；(4) 决定实施许可价格时的评价；(5) 决定担保价值时的评价；(6) 决定或实施并购时的评价；(7) 在权力侵害诉讼中的评价；(8) 为内部管理服务的评价。

从实施主体的角度看，专利产业化实际上可以分为三种：(1) 专利权利人自我实施专利；(2) 专利权利人许可他人实施专利；(3) 专利权利人出售专利。第一种情况是以专利权利人为主的评价。第二和第三种情况则需要与拟被许可方或买入方交流、协商、谈判。为了使甲乙双方的交流、协商、谈判顺利进行，在很多情形下，第三方的介入是必要和必需的。

1994年，日本特许厅（专利局）发布了一套专利价值评价指标，包括基本情况、固有专利评价、流动性评价、产业化评价等重要指标，很值得我国企业在专利购买和专利实施前提下进行相关技术评价时参考。该评价指标体系的基本内容是：

(1) 基本情况指被评价专利以及评价本身的一些基础性信息。具体包括发明的名称、专利号（或专利申请号）及该专利在国外申请的情况、申请时间以及专利有效期限、权利人或申请人、评价表填写时间、评价人（评价人所在单位、姓名、在本评价表中负责评价的项目）、评价角度（从什么角度评价本项专利，即是从技术转移的接受方、技术转移的中介方还是从准备开展技术转移的企业等角度评价）。

(2) 固有专利评价包括权利的技术支配力和技术的完善程度评价。具体评价内容如表7-1所示。

(3) 流动性评价包括技术转移的可信度、权利的安定性评价。具体内容如表7-2所示。

(4) 产业化评价，包括发明产业化的可能性和来自产业化的收益评价。具体内容如表7-3所示。

资料来源：刘海波（2005）[①]

---

① 刘海波. 技术经营论 [M]. 北京：科学出版社，2005：75-78.

表 7-1　固有专利评价

评价内容		评价分值					
		5分	4分	3分	2分	1分	0分
作为权利的技术支配力	专利产业化的状况	异议、无效等审查后仍然成立	无异议,权利成立	在审查中有异议或无效审查等	申请期间且专利性有疑问	不可专利化	申请被拒绝
	专利有效期	15年以上	10年以上	5年以上	3年以上	1年以上	不满1年或失效
	发明的技术特征	基本技术发明	依据基本技术的发明	大幅度改良的发明	中等程度改良技术的发明	小幅度改良技术的发明	
	权利的强度	非常强	强	中等程度	弱	非常弱	
	抵触的可能性(和第三方保有权利的利用关系)	没有权利抵触	同一权利人有特许意愿;存在相抵触的权利	其他权利人有特许意愿;存在相抵触的权利	同一权利人特许意愿不明;存在相抵触的权利	其他权利人特许意愿不明;存在相抵触的权利	没有特许意愿;存在相抵触的权利
	和替代技术相比的技术优势	不存在替代技术		存在替代技术但本技术占优势	存在替代技术且比本技术有优势		
作为技术的完善程度	发明的使用程度	产品水平	试制品水平	试验证明水平	数值计算水平	概念水平	

表 7-2　专利技术的流动性评价

评价内容		评价分值				
		5分	4分	3分	2分	1分
技术转移的可信度	追加产业化开发的必要性	没有必要	小规模、短时间地追加开发	中规模、中等时间地追加开发	大规模、长时间地追加开发	超大规模、长时间地追加开发
	专利拥有者对技术接受方有无后续开发支援	不需要技术支援,或者全面享受后续技术	可以完全享受后续技术	可以部分享受部分后续技术	在享受后续技术方面没有安全感	不能享受
	技术导入时有无技术指导	不需要技术指导,或者可无条件地享受技术指导	以比较低的价格享受技术指导	支付相当的代价接受技术指导	很难接受技术指导	不能够接受技术指导
	许可制约条件	独占的常规实施权、专用实施权、购入可能没有限制	独占的常规实施权、专用实施权、购入可能有其他限制	只有非独占的常规实施权,没有其他限制	只有非独占的常规实施权,存在其他限制	独占的常规实施权、有设定的专用实施权

续表

评价内容		评价分值				
		5分	4分	3分	2分	1分
权利的安定性	权利人对侵害的对应义务及协助	权利人有完全义务对应侵害	权利人有侵害对应义务，但在履行上不稳定	权利人有协助对应侵害的义务	权利人的协助不稳定	权利人没有对应侵害的义务

表 7-3 专利技术的产业化评价

评价内容		评价分值				
		5分	4分	3分	2分	1分
发明产业化的可能性	产业化实施时的障碍	没有规制上的障碍，也没有其他方面的障碍	有规制或其他方面的障碍，但容易应对	应对规制或其他方面的障碍需要花费时间、费用	应对规制或其他方面的障碍需要花费相当的时间、费用	应对规制或其他方面的障碍很困难
	该技术对产品的贡献	非常大	大	中等程度	小	非常小
发明产业化的可能性	替代技术出现的可能性	没有	低	有可能	可能性高	事实上存在
	侵害对应的容易性	极容易	非常容易但存在费用上的制约	容易	困难	实质上不可能
来自产业化的收益	产业规模	非常大	大	中等程度	小	非常小
	收益期待额	非常大	大	中等程度	小	非常小

七、结局多赢

技术转移活动会带来结局多赢。经济学中的帕累托最优概念广为人知，类比到交易中，是指在没有使任何人的境况变坏的前提下，至少有一个人的情况变得更好。而在技术转移中，技术供给方、中介服务方和技术接收方都可以获得利益，所以是一个多方共赢的结局。

政产学研合作就是实现结局多赢的技术转移模式，企业利用高校和科研机构的智力成果为本企业谋取更多的利润，大学和科研机构利用企业的资金改善科研条件，而政府提供必要的公共政策和法律制度基础。

第三部分

管理技术转移

管理的最高境界就是服务。

第八章　技术转移的项目化管理

技术转移的项目化管理是指把技术转移视为一个项目，用项目管理的理论和方法指导技术转移工作的开展。在经济全球化背景下，国际分工更加明细化，产品的生产越来越依赖于来自全世界的零部件供应商。因为，随着产品的复杂程度不断加深，企业变得越来越难以独自完成产品的生产。同时，产品的生产也越来越依赖于全球范围内的技术许可，尤其是交叉许可，因为产品的复杂化也伴随着产品技术的复杂化，企业变得越来越难掌握完整的成套产品技术。比如，苹果手机的零部件来自 30 多个国家的供应商[1]，相关的芯片、液晶屏、拍照、电池、存储等技术涉及众多国家的跨国企业。在这种背景下，要想保证技术转移的成功，采用项目管理的思想和方法是一个有效途径。

第一节　项目管理概要

项目管理思想起源于工程实践，如都江堰水利工程、埃及金字塔等一些古代大型工程都涉及配置各种资源、制订各种计划以及对整个项目进行控制、管理，最终达成目标，这些工程无一不体现了古人运用项目管理方法的智慧。

管理科学把项目界定为在限定的资源及限定的时间内需完成的一次性任务，把项目管理定义为在项目活动中运用专门的知识、技能、工具和方法，使项目能够在有限资源限定条件下，实现或超过设定的需求和期望的过程。

一、产生与发展

现代项目管理的实践起源于军事领域。"二战"期间，美国、德国、日本等国家都将项目管理应用于武器系统的研究开发。

美国的曼哈顿计划（Manhattan Project）是项目管理进入现代阶段的一个重要标志，由于技术复杂、时间紧张，美国军方不得不开发一种新的

---

[1] IAN BARKER. The Global Supply Chain Behind the iPhone 6 [EB/OL]. （2014-09-23）[2019-12-11]. https://betanews.com/2014/09/23/the-global-supply-chain-behind-the-iphone-6/.

方法来进行进度管理、预算管理、资源分配等。曼哈顿计划提出先于德国研制出第一颗原子弹的任务目标，集中了当时西方国家（除德国外）最优秀的核科学家，历时3年，耗资20亿美元，于1945年7月16日成功进行了世界上第一次核爆炸，并按计划制造出两颗实用的原子弹。在计划执行过程中，负责人格罗夫斯和奥本海默应用了系统工程的思路和方法，大大缩短了所耗时间，这种系统工程的思路就是项目管理的前身。曼哈顿计划很好地体现了项目管理的核心：范围、时间和成本的三重约束。范围指的是工作范围，在计划执行过程中，项目根据其目标被拆解成了多个具体任务，分配给不同的组织单位。时间是指整个计划有时间要求，而被拆解处理的具体任务也有时间方面的限制。成本是项目执行过程中所受到的资源投入上的约束。曼哈顿计划初期奥本海默认为只要6名物理学家和100多名工程技术人员就足够完成该项目。但实际上到1945年时，已经发展到有2000多名文职研究人员和3000多名军事人员参与，其中包括1000多名科学家。

"二战"结束后，随着关键路径法和计划评审技术的产生和推广，项目管理在世界范围内取得飞速的发展，成功实现了诸如阿波罗计划等一系列复杂的项目和工程。20世纪50年代出现的关键路径法和计划评审技术对项目管理科学化进程有巨大的影响。1957年，雷明顿—兰德公司（Remington-Rand）的James E. Kelley和杜邦公司的Morgan R. Walker提出关键路径法（Critical Path Method，CPM）。CPM最开始用于对化工工厂的维护项目进行日程安排，后来被应用到必须按时间要求完成的很多项目。CPM的基本思想是：对于一个项目而言，只有项目网络中最长的或耗时最多的活动完成之后，项目才能结束，这条最长的活动路线就叫关键路径（Critical Path）。几乎与此同时，美国海军提出并在北极星导弹研制实践中应用计划评审技术（Program Evaluation and Review Technique，PERT）。PERT是利用网络分析制订计划以及对计划予以评价的技术。它能协调整个计划的各道工序，合理安排人力、物力、时间、资金，加速计划的完成。在现代计划的编制和分析手段上，PERT被广泛使用，是现代化管理的重要手段和方法。

1965年，第一个国际项目管理协会（International Project Management Association，IPMA）在欧洲成立。1969年，美国项目管理协会（Project Management Institute，PMI）成立。两个国际专业项目管理协会的成立大幅推动了项目管理的发展进程。20世纪70~80年代，项目管理方法在航空航天业、建筑行业、水电水力行业、钢铁行业等工程项目中实践应用并取得良好的效果，并逐渐被应用到电信业、计算机业、软件业、制药业、金融业、投资银行业、能源业等。

20世纪90年代，项目管理方法用于大型工程项目的时间、质量、成本的优化管理，产生了巨大的社会效益和经济效益。进入21世纪以来，几乎所有行业和组织都在开展项目管理应用实践，项目管理发展呈现全球化、多元化、专业化、标准化、信息化和职业化特点。实施大型工程是项目，举办小型会议也是项目，项目管理概念不断在行业间得到深入和细化，美国项目管理专业资质认证委员会主席 Paul Grace 说过："一切都是项目，一切也都将成为项目。"

一些常见的项目包括土木工程、建筑工程、矿业工程、制造项目、研究开发项目等。项目最基本和最显著的特征就是其新颖性，世界上不存在完全相同的两个项目，即使是重复开展的项目也会在商业、管理等一个或多个方面与原来的项目有所不同。所以在项目执行过程中必然面临一定的风险和不确定性。

为了应对项目过程中的风险和不确定性，需要对项目进行有效的管理。比如，土木工程、建筑工程和矿业工程等项目通常需要投入巨额的资金和其他各类资源，项目的执行需要来自不同领域的专家和工人，因此更加需要通过项目管理的手段进行有效控制，以保证目标的实现。

项目管理可以实现以下目标：第一，合理安排项目的进度，有效使用项目资源，确保项目按期完成，控制项目成本。第二，通过人力资源管理、沟通管理的方法，加强项目团队合作。第三，降低项目风险，即不确定因素对项目的影响，提高项目成功率。第四，有效控制项目范围，增强项目的可控性。第五，尽早发现项目实施中的问题，有效进行管控。

> **知识链接**
>
> **项目管理在我国的引入**
>
> 在项目管理的应用方面，早在 20 世纪 60 年代初期，我国就开始引进和推广国外的网络计划技术。当时华罗庚教授结合我国"统筹兼顾，全面安排"的指导思想，将这一技术称为"统筹法"，并组织小分队深入重点工程进行推广和应用。20 世纪 80 年代起，在我国部分重点建设项目中开始尝试运用项目管理模式。云南鲁布革水电站就是我国第一个采用国际标准应用项目管理进行建设的水电工程项目，取得了巨大成功。随后在二滩水电站、三峡水利枢纽建设和其他大型工程建设中，都相应采用了项目管理这一有效手段，并取得了良好的效果。从华罗庚引进统筹法以来的几十年间，中国项目管理无论从学科体系上，还是实践应用上都取得了突飞猛进的发展。
>
> 资料来源：陈志敏（2007）[①]

二、基本特征

项目管理是运用管理的知识、工具和技术于项目活动上，来达成解决

[①] 陈志敏. 中国高技术计划项目管理理论方法研究 [D]. 武汉：武汉理工大学，2007.

项目的问题或达成项目的需求。根据管理的经典定义,项目管理也包括计划、组织、领导、控制等方面的活动。项目管理的应用具有极强的广泛性,在军事、软件、建筑等各个不同领域中发挥重要作用。但是项目管理也并非万能管理,不是在任何场合都可以使用,只有在适当的条件下应用才有效。

从项目管理的视角来看,所有项目的目标都可以划分为三种类型,其实也是项目管理自身的目标:一是项目的执行质量,二是项目的成本控制,三是项目的完成时间。一个项目的建立就是一次任务的完成,必然对应清晰的任务目标,而项目的执行质量就是目标的完成情况。成本控制是指项目执行过程之中的经费支出不能超过最初的预算支出,成本超支有可能给项目执行带来灾难性后果,导致项目不得不中止,当然成本控制并不排斥项目执行过程中对于预算的调整和追加。项目的实施必须有一个预期的完成目标,不可能无限期持续,而且每个阶段都要有规划的时间点。

项目管理的基本特征包括目的性、一次性和资源约束性。第一,项目管理具有明确的目的性,每一个项目的设立都是基于一个明确的目标。第二,项目管理的对象是一次性的,而不是循环往复的,每个项目都有明确的时间起点和终点,需要在规定期限内达成目标。第三,对于一个具体项目而言,投入的成本是有限的,包括时间、人力和资金等方面的资源。

基于以上项目管理的基本特征,实际上项目管理通常还有一些其他方面的延伸特征。第一,项目管理具有独特性,是一项复杂工作。项目管理有其独特的管理对象、管理活动、管理方法和管理工具。项目管理的工作一般由多个部分组成,跨越多个组织或者部门,需要运用多种学科的知识来解决问题。项目工作在执行过程中有一定的不确定性和风险性,需要将具有不同知识背景、来自不同部门的人员临时组织在一起,在技术性能、成本、进度等较为严格的约束条件下实现项目目标。

第二,项目管理具有创造性。由于项目具有一次性的特点,因而既要承担风险,又必须发挥创造性。这也是其与一般重复性管理的主要区别。项目的创造性依赖于科学技术的发展和支持,既要充分利用既有的知识,又要在技术的融合方面进行创新。

第三,项目管理需要专门的组织结构。项目管理需要建立专门的项目组织。项目的复杂性会随其范围不同而产生很大变化,项目越复杂,其所涉及的学科、技术种类越多。项目进行过程中可能出现的各种问题要求不同部门做出迅速而且相互关联、相互依存的反应。但传统的垂直组织不能尽快与大量的横向协调需求相配合,因此需要建立围绕专一任务进行决策的机制和相应的专门组织。这样的组织不受现存组织的任何约束,由来自不同部门、各种不同专业的人员构成。

第四,项目管理具有开放性。由于项目管理的不确定性和风险性,在处理执行过程中可能出现的各种问题时,很有可能需要进行一定的调整,比如吸取更多人员参与，吸纳进一步的资金支持等。

三、体系构成

项目管理体系主要包括九个部分，分别是：集成管理、范围管理、时间管理、成本管理、质量管理、沟通管理、人力资源管理、风险管理、采购管理。项目管理的九大体系最早是由美国项目管理学会（PMI）提出的，旨在为设计有效的项目管理方案提供指导。

（一）项目集成管理

项目集成管理的核心在于协调，需要将各方的需求进行综合性汇总，并能够权衡得失，规避风险。集成管理的内容包括项目计划开发、项目计划实施与项目综合变更控制。项目集成管理是一项难度较高的工作，需要管理者有全局思维。

（二）项目范围管理

项目范围管理的目的是确保成功地完成项目，对项目包括什么与不包括什么进行定义与区分，以便项目管理者与执行人员能够达成共识。项目范围管理的内容包括：确定项目需求、定义规划项目范围、实施范围管理、范围的变更控制管理以及范围核实等。

（三）项目时间管理

项目的进程常常依附在时间轴上，表现出两者的不可分割性。能够按时保质地完成项目，是每一位项目管理者最希望做到的事情。因此，项目时间管理就需要管理者能够合理地安排项目起止时间和子任务开展周期。这其中可以分为 5 个过程：活动定义、活动排序、活动工期估算、计划进度表、进度控制。

（四）项目成本管理

项目成本管理需要管理者能够在给定的预算内，合理科学地调度各项成本以完成任务。项目成本管理需要依靠 4 个过程来完成，分别是：制订成本管理计划、成本估算、成本预算和成本控制。

（五）项目质量管理

项目质量管理描述了用以保证项目满足其所执行标准的要求而需要的过程。项目质量可以分为狭义和广义两种定义，狭义的项目质量是指经过项目加工生成的产品的质量，具有一定的使用价值和附带属性；广义的项目质量还包括项目管理工作的质量。项目质量管理包括：质量计划、质量保证、质量控制。

（六）项目沟通管理

项目沟通管理描述了用以保证项目信息能够被正确发布和接受而需要的过程。项目开展不是一个人的事情，而是需要整个项目组成员的共同协作。这其中就需要项目组成员之间不断地沟通合作，显然沟通的重要性不言而喻。项目沟通管理的工作内容包括：沟通计划、信息传播、执行报告和收尾总结。

（七）项目人力资源管理

项目人力资源管理描述了用以保证参加项目的人员能够被最有效使用而需要的过程。在项目管理中，人力是驱动项目进行的根本，合理安排人员的工作也是一项重要的管理工作。项目管理者在设置人力资源分配时，需要完成的一些步骤包括：角色和职责分配、人员配备管理计划和组织结构图。

（八）项目风险管理

项目风险管理可以分为两个部分，一部分是识别风险，另一部分是处置风险。在项目开展的过程中，难免会遇到各种各样的问题，而项目风险管理就是尽最大可能规避风险，以保证项目可以正常地开展下去。项目风险管理的工作包含4个过程：风险输出、风险量化、对策研究、实施控制。

（九）项目采购管理

项目采购是项目组从外部获取的必备的加工材料或者服务的一种方式，充分且合理的项目采购既可以保证项目按时保质完成，也可以避免不必要的浪费。项目采购管理包括4个过程：规划采购、实施采购、控制采购和结束采购。

四、实施过程

由于项目是一次性的，并且有明确时间节点要求，所以项目有明确的生命周期，在执行项目的过程中也有不同的阶段。需要明确，项目的阶段划分是服务于项目管理和实现项目目标的，不同的项目可能适用不同的项目过程模型。

表 8-1 列出了一个较为普遍的项目管理生命周期模型。项目建议书是一个项目的开端，还需要通过信息收集分析、完善项目预算等进行可行性分析。在设计和评估阶段，需要制订更加完整的系统设计并起草项目预算建议书。接下来需要对项目进行详细设计，并实施项目。最后，在完成所有

工作结束项目时,需要把项目产品移交给客户,解散项目组,并进行项目总结、评价。

表 8-2 给出了一个从解决问题角度来划分项目管理过程的模型。

表 8-3 给出了一个软件开发项目的管理过程模型。

表 8-1 项目管理生命周期的基本阶段

阶段	名称	过程	输出
萌发	建议和启动	起草项目建议书 收集信息 可行性研究 估算设计	功能设计 为设计工作落实资源
成长	设计和评估	设计估算成本和回报 评估可行性 筹集资金	系统设计 为实施落实资源和资金
成熟	实施和控制	详细设计 估算基准计划 实施项目 控制进度	有效地完成工作 项目产品准备交付
质变	完成和收尾	完成工作 交付项目产品 获得收益 解散项目组 总结、评价	项目产品产生效益 满意的项目团队 可供未来项目借鉴的数据

资料来源:罗德尼·特纳(2002)[①]

表 8-2 从问题解决角度引申的项目管理过程模型

步骤	管理过程
察觉问题	发现能够使本组获益的机会
收集数据	收集与该机会有关的信息
定义问题	确定该机会的价值和潜在利益
产生方案	制订出若干种把握机会、获得收益的方案
评估方案	对每种方案的成本、风险和期望的收益进行分析、评估
选择方案	选出最佳方案
就方案进行沟通	与项目参与各方就所选方案进行沟通
计划实施方案	完成项目方案的详细设计,并计划项目实施
实施方案	授权项目组实施项目的方案,安排工作任务,执行方案并控制进度
监测项目执行情况	监测项目执行情况和结果,确保项目要解决的问题得以解决,并能够获得项目期望的收益

[①] 罗德尼·特纳. 项目管理手册[M]. 任伟,石力,魏艳蕾,译. 北京:清华大学出版社,2002:11.

表 8-3　软件开发生命周期阶段划分

阶段	描述
可行性研究	基于设计研究,建立已被验证/确认的系统架构,包括对人员任务安排和设备的分配、里程碑计划、责任分配表、主要活动日程表以及质量计划大纲
需求规范	完成/确认系统必须满足的需求规范。与最终用户建立密切联系并就系统验收方式达成一致
系统设计	完成/验证系统整体架构、控制结构和数据结构的规范,起草用户手册,培训,为集成阶段制订测试计划
模块设计	对每个模块进行详细设计,制订模块测试计划,这可能包括不止一个层次的设计
编码阶段	将模块设计用目标语言转化为代码单元
单元测试	代码单元由程序员来进行测试,发现错误立即修改。一旦完成,代码单元立即被冻结并转交给集成
模块集成	一个模块的组成单元被集成起来,并按照模块测试计划中的详细说明进行测试,发现的错误将被用文件正式记录,受到影响的部分被返回错误出现的阶段
系统测试	模块被集成起来建立系统,并且用系统测试计划进行测试。发现的错误用与模块测试阶段相同的方法处理
验收	顾客按照先前约定的验收标准验收系统
维护	与开发软件所花的费用相比,维护的费用可能更多

第二节　技术转移项目

技术转移符合管理科学对项目的界定,完全可以借用项目管理的方法管理技术转移。技术转移的项目化管理是指把技术转移视为一个项目,用项目管理的理论和方法开展技术转移工作。

一、作为项目的技术转移

从项目的角度来理解和认识技术转移,需要明确两方面的内容:一是技术转移的工作为什么能够成为项目,二是开展技术转移工作是否需要项目化。

技术转移工作为什么能够成为项目?按照 Paul Grace 的观点,在当今世界,一切都是项目,一切也都将成为项目。所以从广义上来看,技术转移当然也是项目的一种类型。

通常来讲，只要有目标、有过程，就可以成为一个项目。从定义来看，项目被界定为在限定的资源及限定的时间内需完成的一次性任务，具有目的性、一次性和资源约束性的特征。而技术转移也具有这些特征。

技术转移是一项一次性的工作。每一项技术转移都对应明确的主体，这些主体可能涉及技术发明人、技术拥有人、技术购买/被许可方、评估公司、各类中介等；同时，每一项技术转移也都有相对明确的对象，这些对象可能是商业秘密、专利、设备或生产线、咨询报告等。而技术转移就是知识或者技术借助各类载体在不同主体之间进行转移，并得到应用的过程。这个过程是一次性的，同样的技术可能会被技术拥有人同时许可给多方使用，而两个主体之间也可能发生多次的技术转移，但这都不是同一次技术转移。

技术转移有明确的目标。从社会的角度看，技术转移的目标是通过技术的更广泛应用，促进经济的发展和社会福利的提升。从商业的角度来看，技术转移的不同主体有不同的目标。技术供应方进行技术转移的目的包括实现现金收入、战略需求、政策响应等。技术接收方进行技术转移的目的一般包括两个方面，一是用于对已有产品进行优化或是用于推出全新产品，二是通过聚集技术进行经营。一般意义的服务中介参与技术转移项目的目的则相对简单，即通过实现技术转移的供需对接来获取相应的佣金或者提成。

技术转移的过程必然受到有限资源的约束。对技术供应方而言，在其已经掌握的技术基础上，要想实现技术转移，则至少要受到寻找客户所需要投入的人力和资金方面的约束、履行相关手续的时间成本和费用的约束（这些费用也有可能会转移到技术接收方）。对技术接收方而言，其最大的资源约束就是引入技术或者设备所需要支付的对价，可能是现金预算，也可能是股权或者其他对价资产。对于技术服务中介而言，主要受到开展技术转移工作的人力、时间方面的限制。

接下来是第二个问题，开展技术转移工作是否需要项目化。技术转移具有一个非常突出的特点，就是不确定性和由不确定性带来的风险性。技术转移活动的风险可能来自多个方面，包括市场需求的变化、竞争性技术的出现、政策导向的调整等。同时，技术转移的各方主体对于技术转移是有现实需求的，即实现各自的目标。进而，为了更好地控制风险和满足各方需求，在开展技术转移活动中就需要进行有效的管理。

那么为什么是项目管理？事实上，我们每个人都参与或者处理过项目，项目管理是程度更深、效率更高的工作。没有好的项目管理技能，很有可能在工作开展过程之中陷入死胡同，或者被各种矛盾束缚。项目管理需要遵守一定的原则和规律，并应用一定的工具和手段，使项目实施者能够更好地把握实现项目目标所需要选择的路径。而这正是技术转移所需要的。

二、技术转移项目与新产品项目

事实上，技术转移项目与一些常见的项目非常相似，比如新产品项目、技术项目、IT 项目等，这些项目的一个共同特点是涉及很具体的技术、很具体的产品（包括技术性产品，比如软件系统）。这里以新产品项目为例，把技术转移项目和新产品项目进行对比分析。

新产品开发对于企业获得持续发展和保持竞争优势具有关键作用，但却是企业最难管理、把握的内容之一。企业为成功实现新产品的开发，可能采取各种不同的措施，包括成立新产品委员会定期召开会议协调产品的开发，任命产品经理负责新产品的开发，成立专门的新产品部或者冒险小组、任务团队等。

图 8-1 和图 8-2 分别给出了一个新产品开发的过程模型和一个技术转移的过程模型。可以发现，两者具有很高的相似性，两个过程模型中都包括概念开发与测试/应用研究、产品开发/产品化、产业化这几个关键环节。不同之处在于，新产品开发项目更倾向于面向市场，商业性更强，所以过程之中包括了营销策略和商业分析的相关环节；而技术转移项目更侧重技术的应用，所以更关注技术本身层面能否进行产品化。两类项目之间差异的另外一个方面是，新产品开发项目通常是企业内部的活动，而技术转移活动可能涉及多个组织之间的交互行为。

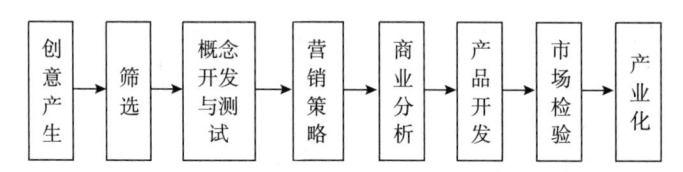

创意产生 → 筛选 → 概念开发与测试 → 营销策略 → 商业分析 → 产品开发 → 市场检验 → 产业化

图 8-1　新产品开发的过程模型

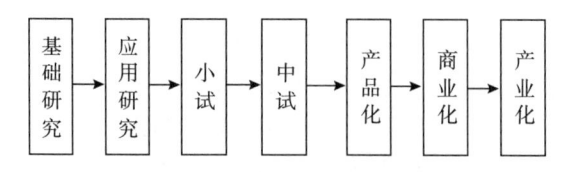

基础研究 → 应用研究 → 小试 → 中试 → 产品化 → 商业化 → 产业化

图 8-2　技术转移的过程模型

图 8-3 描述了一个传统市场观点下的产品生命周期模型。其中曲线代表产品的市场收益。关于这个模型的一种认识是，产品生命周期与产品项目生命周期是一致的。另外一种认识认为，包括商业化在内的前期的内容是新产品开发项目的过程，而产品从进入市场到最终消亡的过程是产品生命周期。无论是从何种角度对两者进行区分，不可否认的一点是，新产品项目也暗含了技术转移的一些内容。

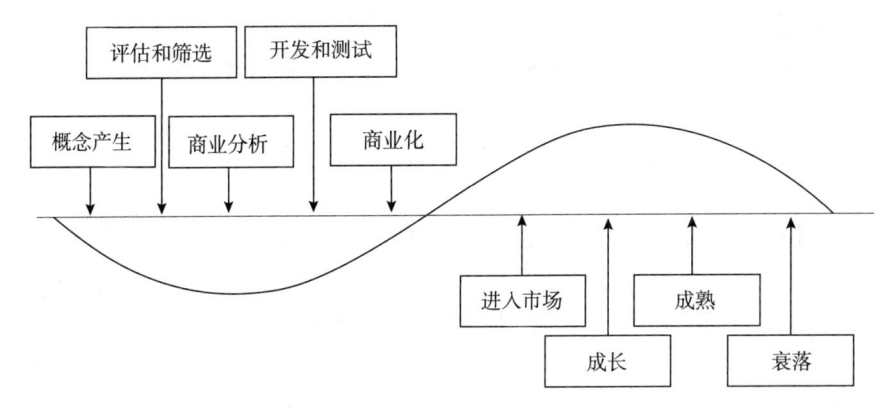

图 8-3　传统市场观点的产品生命周期

三、技术转移项目特点

虽然每一个项目都是独一无二的，不可能得到完全复制，但是就技术转移而言，相对于各类工程项目、产品项目、技术项目等显得更具特殊性。

第一，技术转移项目的专业性更强。技术转移是技术与市场的对接，既要求技术本身具有实用性和适用性，又要使技术转移符合经济活动的内在规律。技术转移的过程往往涉及技术、法律、财务、金融等方面的资源、技能和人才，需要组建专业化的团队并进行合理分工以保障项目执行。基于此，技术转移较难有标准管理方式，必须根据具体情况具体对待，也要求项目参与人员进行更多探索性、创造性工作，充分发挥主观能动性。

第二，技术转移项目的主体更复杂。一般的项目都是机构内部的任务，或者是多个机构通过分工共同完成同一项任务。对于技术转移项目而言，其本身通常就天然地涉及多个主体，而且不同主体在一定程度上处于买卖双方"对立"的位置，在利益导向上存在对抗。这样的情况也给技术转移项目的边界界定带来了一定的困难。

第三，技术转移项目的风险性更高。技术转移的风险来源包括技术、市场、制度、合同规范等。技术方面的风险包括技术成熟度、技术可靠性、技术的产权稳定性等；市场方面的风险包括消费者接受度、竞争性产品的出现等；制度方面的风险可能来自政府的限制。合同规范是因为技术转移涉及的多方主体在往来过程中可能存在权利义务不明确的地方。

第四，技术转移项目具有一定的领域性、行业性。不同领域、不同行业发展过程中的技术水平不同，技术复杂度不同，技术活跃度也不同。与之相对应的，技术转移的活跃情况也存在差异，比如信息通信技术领域、医药产业的技术转移就相对更加频繁。

第五，技术转移项目的时间控制有时比较困难。项目的一个要点就是对有限时间的要求，即必须在规定时限内达到预期目标。但是对于技术转移项目而言，尤其是新技术商业化项目，在实现商业化、产品化之后，常常还要面临进一步的技术优化和产品开发，使得项目的时间界限变得模糊。

第三节　用项目方法管理技术转移

技术转移的项目化管理是指把技术转移视为一个项目，用项目管理的理论和方法开展技术转移工作。用项目管理方法管理技术转移，既需要遵循项目管理的基本原则，同时又要考虑技术转移的特征。

一、立项

利用项目管理的手段管理技术转移首先必须对技术转移项目进行界定。前文提到，技术转移具有天然的跨组织性，并且不同的主体之间存在利益对抗。所以不同利益主体在同一项技术的转移过程中，可以根据自身的利益需求确定自己的技术转移项目。比如，一家企业在某个技术领域有一定需求，可以成立一个获取外部技术的项目组；一所高校或研究机构为了把内部的技术进行商业化，可以成立专门的机构、布置专门团队开展技术转移。在确定技术转移项目时，必须在预期目标、成本控制和时间节点方面做出明确的安排，这也是一个项目的必备内容。

二、进度

划分阶段是明确分工和有效把握项目进度的重要内容。技术转移项目也可以分成三个阶段：启动阶段、执行阶段和结束阶段。启动阶段是为整个技术转移项目准备各类资源和制订各种计划，执行阶段是监督和指导项目的实施、完善各种计划并最终完成项目的目标，而结束阶段是对项目进行总结和各种后续工作。

在项目启动阶段，需要确定项目的章程，明确目标、预算和时间，确定其阶段性成果验收，采集各类信息并分析各类需求，组建项目团队，并落实其他各类项目所需的资源。在项目实施阶段，根据项目方案按照要求完成各个阶段的子目标，及时解决、处理发现的问题。在项目结束阶段，对项目进行总结。对于技术转移项目而言，通常在项目结束后，很有可能涉及后续服务，比如后续咨询服务、技术服务。当然，技术转移项目结束后，也有可能涉及原有技术的优化和再开发，这时需要对预期工作进行评估，确认是否需要建立新一轮的项目。

三、管理架构

有效的组织模式和人员构成是保证项目顺利执行的重要因素。对于一个机构而言，设立一个项目后，项目参与者通常来自多个不同部门，比如高校的技术转移项目可能涉及技术转移办公室、科研处、财务处、国有资产管理处、研究团队等。项目管理要求不同部门的成员因为一个具体项目而组成临时的团队，团队组成要求精简、高效、节约，不同角色合理配置，并由项目经理进行管理。

项目经理在技术转移项目中发挥重要作用。项目经理需要具备领导、组织、协调、决策等方面的能力，工作内容包括参与项目的需求确定、项目选择、计划直到结束的全过程，并在时间、成本、质量、风险、合同、采购、人力资源等各个方面对项目进行全方位的管理。

在执行项目过程中，项目经理把具体任务分配到团队成员个人，成员之间通过沟通不断达成共识，并推进项目目标的实现。

四、管理方法

之所以要通过项目管理来管理技术转移，除遵守项目管理的基本原则所带来的益处外，还因为项目管理的一系列方法和工具也可以用于技术转移活动之中。

量化管理。在项目计划和执行过程中，尽可能将指标进行量化，把各种目标、投入、成果等分类量化，并明确每个模块、每个阶段的需求和产出。每个阶段都有清晰的量化管理，将有利于整个项目进程的推进。

决策分析矩阵。决策分析矩阵是一张将所有决策细化为众多小决策的表格，通过在不同方案之间进行比较，协助作出决策。在技术转移的过程中，考虑引进何种技术时可能会用到这一方法。表 8-4 通过卖方 A、卖方 B 和卖方 C 进行决策矩阵分析，可以看出卖方 A 是最优选择。

表 8-4 决策分析矩阵示例

决策内容	种类分数	小组分数	卖方 A	卖方 B	卖方 C
功能	30				
需求组		10	8	4	9
需求组		15	10	11	10
需求组		5	5	5	5
技术	40				
需求组		15	10	1	5
需求组		10	10	5	10
需求组		15	12	7	10
潜在战略伙伴	20				
需求组		10	8	10	8
需求组		10	5	10	8

续表

决策内容	种类分数	小组分数	卖方 A	卖方 B	卖方 C
成本	10				
需求组		4	2	4	2
需求组		6	3	6	2
合计	100	100	73	63	69

资料来源：艾斯克林（2002）[①]

综合评审技术。综合评审技术（Synergistic，Combinatorial Evaluation and Review Technology，SCERT）是项目管理控制风险的一个重要方法学，包括风险识别、风险评估和风险管理三个阶段，每个阶段包括两个时期，如表 8-5 所示。

表 8-5 SCERT 方法学

过程	阶段	时期	行动
风险识别	定性的	范围	部件分解 识别风险 识别风险反应
		结构	风险反应之间的联系 对风险间联系排优先次序
风险评估	定量的	单个风险	决定哪些要量化
		组合风险	对不确定性进行量化
风险管理	管理	计划应对措施	识别风险应对需要 计划应对措施
		监测	监测与控制

五、关联重点

项目人员管理。项目管理中人力资源管理的一个明显特征是，具有明显的周期性，项目团队大多是临时性的组织。项目经理需要协调成员之间的工作方式和工作时间，加强成员之间的沟通和交流。而技术转移项目的一个特征是，有时并不需要所有成员聚集到一起对项目进行推进，而是在需要的时候完成相应工作即可。

表 8-6 以 IT 技术获取项目为例，列出了技术转移团队和人员的具体内容[②]。

[①] 艾斯克林．技术获取型项目管理［M］．牛佳，费琳，译．北京：电子工业出版社，2002：61．
[②] 艾斯克林．技术获取型项目管理［M］．牛佳，费琳，译．北京：电子工业出版社，2002．

表 8-6　技术获取团队/人员

团队/人员	组织	涉及程度
项目发起人	客户或 IT 部门	中
项目干系人	客户、IT 部门和卖方	低
项目经理	客户或 IT 部门	高
项目团队	客户和 IT 部门	中
卖方销售团队	卖方销售	高
谈判团队	客户、IT 部门和法律人士	中
内部实施团队	客户和 IT 部门	高
卖方实施团队	卖方咨询	高
内部支持团队	IT 部门	中
卖方支持团队	卖方支持	中
最终用户	客户	高

管理多个项目。对于从事技术转移工作的人员而言，很有可能同时参与不同的技术转移项目之中，因为每一个技术转移项目通常都不是集中完成的，而是有一个周期，就好像律师通常会同时跟进多个案件，每个案件持续时间少则数月，多则数年。这就要求项目管理的参与人具备同时管理多个项目的能力，这种能力体现在任务管理、团队管理、财务管理、合同管理、文档管理、时间管理、绩效管理等方面。

保持灵活。因为每个项目都是独一无二的，当然这也包括技术转移项目，每一个项目的实施都具有一定的创新性和探索性，有时没有什么经验可供参考，因此需要在开展技术转移项目工作过程中保持灵活。保持灵活不代表没有规划，也不代表可以随意对已有的规划进行推翻或者调整。保持灵活要求对各种意外事件有所准备，抢在问题发生之前制订彻底而仔细的计划，事先进行综合全面的风险分析，在项目计划中考虑应急措施和备选方案。灵活性的另外一个体现是在开展项目的过程中，根据项目执行的阶段，灵活安排项目团队的组成结构。比如，在技术转移项目的早期可能需要技术专家的参与，在谈判过程中需要商业性人才参与，在协议阶段需要法律专家的参与。

第九章 技术转移的合同管理

一项技术从实验室进入到小试、中试等环节，最后进入市场，每个环节实际都是在增加价值。那么增加的价值是如何体现的？很多时候都是合同。合同是权益关系的记录，新合同产生就代表有权益关系的改变。

第一节 技术合同概要

《民法典》第八百四十三条明确，"技术合同是当事人就技术开发、转让、许可、咨询或者服务订立的确立相互之间权利和义务的合同。"技术合同是一种形式化的合同，也是一种有名合同[①]，主要针对技术转移过程中的直接参与者。借助合同这一形式化的法律制度，约定参与方的权利和义务。在技术合同中，技术转让方考虑利用相应条款保护自身的知识产权和获取更多利益，而技术受让方注重技术和权利的获取以及从中获取利益。

1987年，我国就颁布了《技术合同法》，确立了技术合同的一些基本法律内容。1999年，《中华人民共和国合同法》（以下简称《合同法》）开始生效，原有《技术合同法》中的内容被吸纳到《合同法》的第十八章。该章共有43条内容，明确了技术转让的一般内容，并对技术开发合同、技术转让合同、技术咨询合同和技术服务合同进行了详细规定。重点放在技术开发合同和技术转让合同，分别有12条和14条。2021年，我国《民法典》开始实施，第三编为"合同"，其下第二分编第二十章为"技术合同"。至此，我国法律对技术合同的规范实现了从《技术合同法》到《合同法》再到《民法典》的调整。

原1999年版《合同法》第三百二十四条对技术合同的主要条款做了示范性规定，包括项目名称、标的、履行、保密、风险责任、技术成果的归属、收益的分成办法、验收标准和方法、价款及其支付方式、违约金或者损失赔偿的计算方法、解决争议的方法、名词和术语的解释等内容。技术合同的标的与技术有密切联系，是提供技术的行为。提供技术的行为包括提供已掌握的技术成果、对尚待掌握的技术进行开发以及提供与技术有关的辅助性帮助的行为。技术转让合同的标的是特定的技术成果，技术服务与技术咨询合同的标的是特定的技术行为，技术开发合同的标的兼具技术

---

① 有名合同是指法律上或者经济生活习惯上按其类型已确定了一定名称的合同，又称典型合同。

成果与技术行为的内容。

保密条款、特殊价款或报酬支付方式、名词解释、技术标准和规范等合同内容体现了技术合同与一般合同相比的特殊性。在技术合同中纳入保密条款可以防止因泄密而造成的侵权与技术贬值情况的发生。保密条款具体涉及保密事项、保密范围、保密期限及保密责任等问题，是技术合同中的重要内容。特殊价款或报酬的支付方式主要是由于技术合同的标的具有特殊性，涉及以提成方式支付价款的应对按产值或是利润为基数进行提成的比例等做出约定。专有名词是因为技术合同的专业性较强，对一些重要名词进行解释，有利于降低纠纷发生的概率。而技术标准和技术规范作为技术合同条款也是对交易的细化。

第二节　技术合同类型

按照我国法律规定，技术合同被区分为技术开发合同、技术转让合同、技术许可合同、技术咨询合同和技术服务合同五种类型。不同类型的技术合同有不同的具体表现和特征。

一、技术开发合同

技术开发合同是指当事人之间就新技术、新产品、新工艺、新品种或者新材料及其系统的研究开发所订立的合同，包括委托开发合同和合作开发合同。

委托开发合同是指委托方把研究开发任务交给受托方并支付相关费用，而受托方按期完成研究开发工作并接受委托方检查的合同。在合作开发合同下，合作的双方或多方按照约定，共同参与到技术研发过程之中。

技术开发合同是风险较高的一类技术合同。因为技术开发合同的内容是开展研究开发工作，合同标的的取得存在未知因素。研究开发的目的是对未知的技术进行探索，导向是输出新技术、新知识，本身具有极强的风险，还会受到已有知识基础和科学技术水平的制约，即使在履行合同上没有任何过失，也可能会出现研发失败的结果。

二、技术转让合同

技术转让合同是合法拥有技术的权利人，将现有特定的专利、专利申请、技术秘密的相关权利让与他人所订立的合同。技术转让合同包括专利权转让、专利申请权转让、技术秘密转让等合同。

专利技术是技术转让合同的重要标的。专利权转让是专利权人把已经授权的专利进行完整的权利转移，而专利申请权转让是把申请过程中的专利进行完整的权利转移。根据《中华人民共和国专利法（2020年修正）》（以下简称《专利法》）规定，专利权和专利申请权的转让都需要向专利行政部门进行登记。

技术秘密转让合同是技术转让合同的重要内容。技术秘密转让合同是指让与方将其拥有的非专利技术成果提供给受让方，受让方支付相应使用费而订立的合同。

技术转让合同的标的是具体的技术，比如专利权、专利申请权所对应的技术。但是技术本身具有无形性，即使是公开的专利技术也只是在一定程度上把特定的技术进行书面化，而技术秘密则完全由技术持有方掌握。这样的现实说明技术转让过程中存在极强的信息不对称，这是阻碍技术转移的一个重要因素，也是签订技术转让合同过程中需要关注的一个重要焦点。

三、技术许可合同

技术许可合同是合法拥有技术的权利人，将现有特定的专利、技术秘密的相关权利许可他人实施、使用所订立的合同。技术许可合同包括专利实施许可、技术秘密使用许可等合同。

专利实施许可是常见的技术许可类型。专利实施许可合同是指专利权人或其授权人把专利许可给受让方在约定的范围内实施相应技术所签订的合同。根据《中华人民共和国专利法实施细则》，专利实施许可合同需要向专利行政部门备案。

技术秘密许可是技术许可的重要内容。专利只是保护技术成果的一种方式，有很多创新主体选择采取技术秘密的方式保护其技术成果，相应的就有技术秘密使用许可和技术秘密使用许可合同。在技术秘密使用许可中，许可人应当按照约定提供技术资料，进行技术指导，保证技术的实用性、可靠性；被许可人应当按照约定使用技术，支付转让费、使用费。保密条款是技术秘密使用许可合同中的重要内容，许可人和被许可人都要承担保密义务。

四、技术咨询合同

技术咨询合同是当事人一方以技术知识为对方就特定技术项目提供可行性论证、技术预测、专题技术调查、分析评价报告等所订立的合同。

技术咨询主要包括决策咨询、工程技术咨询、管理咨询、信息咨询等类别。决策咨询包括为国家和组织发展的各种问题提出政策建议，为各类规划和科研项目的组织实施进行论证。工程技术咨询主要是对工程建设项目、技术改造项目、技术引进项目等进行可行性研究并提出建议方案等。管理咨询是为组织改善经营管理和提高经营效益而提供科学管理方法方面的咨询服务，比如人事管理、财务管理、组织架构等方面。信息咨询主要是根据服务对象的要求进行信息方面的检索分析，提供相关报告和建议等。

技术咨询合同实际上是一种特殊的技术服务合同，因为受托人所提供的咨询其实是一种服务。技术咨询合同所指的"特定技术项目"包括有关科学技术与经济社会协调发展的软科学研究项目，以及促进科技进步和管理现代化、提高经济效益和社会效益等运用科学知识和技术手段进行调查、分析、论证、评价、预测的专业性技术项目。

技术咨询合同履行的结果是受托方提交咨询报告和意见，也具有一定的不确定性。受托方所提供的咨询建议并不一定是行之有效的，也不一定是唯一的，只是供委托方参考和选择，是否采纳由委托方决定，采纳所带来的结果由委托方负责，造成的损失一般也有委托方自行承担。

五、技术服务合同

技术服务合同是指当事人一方以技术知识为对方解决特定技术问题所订立的合同，不包括承揽合同和建设工程合同。

技术服务合同中所指的"特定技术问题"，主要是指需要运用科学技术知识，解决专业技术工作中有关改进产品结构、改良工艺流程、提高产品质量、降低产品成本、节约资源及能耗、保护资源环境、实现安全操作、提高经济效益和社会效益等问题。

第三节 技术转移合同需求

一、一般技术转移的合同需求

技术转移是一项涉及多个主体、多个环节、多种业务的高风险商业活动。通过签订合同，明确相关各方的权利义务关系，有助于维护各方的利益，保障技术转移活动的顺利开展。

在研发过程中，技术成果的权利归属是影响技术转移的一个重要因素，尤其是合作研发、委托研发等涉及多方主体的研发行为。在研发过程前期，对技术成果的知识产权归属如果约定不明，会导致一系列的后续纠纷，甚至对企业经营发展造成重大影响。技术转移的重要内容就是权属的转移，权属界定模糊或者权属关系存在潜在风险，会动摇技术转移得以实现的基础。因此，通过明确的合同条款，在研发活动之初，就对不同参与方对研发成果所享有的权利进行清晰界定，是降低风险的有效途径。

在技术转移的双方或多方主体达成技术转移的具体环节中，合同的签订是一个重要保障条件。技术的权属转移需要通过合同加以约束，以保证各方的利益都能够得到维护。技术本身具有无形性，通过尽可能清晰地在合同标的中明确技术的范围，可以在很大程度上降低风险和后续纠纷发生的可能性。虽然在技术合同中能够尽可能对技术进行清晰地界定，但是事实上总有一部分技术知识是难以显性体现出来的，如研究人员或技术人员掌握的"技术诀窍"。这样的事实决定了技术合同通常会约定关于后续服务的条款，这样的约定可以更好地保障技术价值的实现。对于新技术而言，在技术转让后，通常还需要经过进一步的试验开发，才能最终得到运用，如果技术研发团队能够参与到这一过程中，也将给技术的价值实现带来很大帮助。

在组织内部管理过程中，通过与员工签订合同，在职务发明、保密、竞业限制等相关方面进行约定，也是预防技术转移风险、保证技术转移顺利开展的有效措施。

此外，与技术转移相关的专利代理、价值评估委托等相关业务活动，也都需要通过签订合同来约定各方的权利义务。

知识链接
《中华人民共和国促进科技成果转化法》（2015 年修正）中与合同相关的内容

第三条　科技成果转化活动应当有利于加快实施创新驱动发展战略，促进科技与经济的结合，有利于提高经济效益、社会效益和保护环境、合理利用资源，有利于促进经济建设、社会发展和维护国家安全。

科技成果转化活动应当尊重市场规律，发挥企业的主体作用，遵循自愿、互利、公平、诚实信用的原则，依照法律法规规定和合同约定，享有权益，承担风险。科技成果转化活动中的知识产权受法律保护。

科技成果转化活动应当遵守法律法规，维护国家利益，不得损害社会公共利益和他人合法权益。

第十八条　国家设立的研究开发机构、高等院校对其持有的科技成果，可以自主决定转让、许可或者作价投资，但应当通过协议定价、在技术交易市场挂牌交易、拍卖等方式确定价格。通过协议定价的，应当在本单位公示科技成果名称和拟交易价格。

第十九条　国家设立的研究开发机构、高等院校所取得的职务科技成果，完成人和参加人在不变更职务科技成果权属的前提下，可以根据与本单位的协议进行该项科技成果的转化，并享有协议规定的权益。该单位对上述科技成果转化活动应当予以支持。

科技成果完成人或者课题负责人，不得阻碍职务科技成果的转化，不得将职务科技成果及其技术资料和数据占为己有，侵犯单位的合法权益。

第二十六条　国家鼓励企业与研究开发机构、高等院校及其他组织采取联合建立研究开发平台、技术转移机构或者技术创新联盟等产学研合作方式，共同开展研究开发、成果应用与推广、标准研究与制定等活动。

合作各方应当签订协议，依法约定合作的组织形式、任务分工、资金投入、知识产权归属、权益分配、风险分担和违约责任等事项。

第四十条　科技成果完成单位与其他单位合作进行科技成果转化的，应当依法由合同约定该科技成果有关权益的归属。合同未作约定的，按照下列原则办理：

（一）在合作转化中无新的发明创造的，该科技成果的权益，归该科技成果完成单位；

（二）在合作转化中产生新的发明创造的，该新发明创造的权益归合作各方共有；

（三）对合作转化中产生的科技成果，各方都有实施该项科技成果的权利，转让该科技成果应经合作各方同意。

第四十一条　科技成果完成单位与其他单位合作进行科技成果转化的，合作各方应当就保守技术秘密达成协议；当事人不得违反协议或者违反权利人有关保守技术秘密的要求，披露、允许他人使用该技术。

第四十二条　企业、事业单位应当建立健全技术秘密保护制度，保护本单位的技术秘密。职工应当遵守本单位的技术秘密保护制度。

企业、事业单位可以与参加科技成果转化的有关人员签订在职期间或者离职、离休、退休后一定期限内保守本单位技术秘密的协议；有关人员不得违反协议约定，泄露本单位的技术秘密和从事与原单位相同的科技成果转化活动。

职工不得将职务科技成果擅自转让或者变相转让。

第五十一条　违反本法规定，职工未经单位允许，泄露本单位的技术秘密，或者擅自转让、变相转让职务科技成果的，参加科技成果转化的有关人员违反与本单位的协议，在离职、离休、退休后约定的期限内从事与原单位相同的科技成果转化活动，给本单位造成经济损失的，依法承担民事赔偿责任；构成犯罪的，依法追究刑事责任。

知识链接

其他与技术转移合同相关的法规

《植物新品种保护条例（2014修订）》

第七条　执行本单位的任务或者主要是利用本单位的物质条件所完成的职务育种，植物新品种的申请权属于该单位；非职务育种，植物新品种的申请权属于完成育种的个人。申请被批准后，品种权属于申请人。

委托育种或者合作育种，品种权的归属由当事人在合同中约定；没有合同约定的，品种权属于受委托完成或者共同完成育种的单位或者个人。

第九条　植物新品种的申请权和品种权可以依法转让。

中国的单位或者个人就其在国内培育的植物新品种向外国人转让申请权或者品种权的，应当经审批机关批准。

国有单位在国内转让申请权或者品种权的，应当按照国家有关规定报经有关行政主管部门批准。

转让申请权或者品种权的，当事人应当订立书面合同，并向审批机关登记，由审批机关予以公告。

第三十八条 被宣告无效的品种权视为自始不存在。

宣告品种权无效的决定，对在宣告前人民法院作出并已执行的植物新品种侵权的判决、裁定，省级以上人民政府农业、林业行政部门作出并已执行的植物新品种侵权处理决定，以及已经履行的植物新品种实施许可合同和植物新品种权转让合同，不具有追溯力；但是，因品种权人的恶意给他人造成损失的，应当给予合理赔偿。

依照前款规定，品种权人或者品种权转让人不向被许可实施人或者受让人返还使用费或者转让费，明显违反公平原则的，品种权人或者品种权转让人应当向被许可实施人或者受让人返还全部或者部分使用费或者转让费。

《集成电路布图设计保护条例》

第二十二条 布图设计权利人可以将其专有权转让或者许可他人使用其布图设计。

转让布图设计专有权的，当事人应当订立书面合同，并向国务院知识产权行政部门登记，由国务院知识产权行政部门予以公告。布图设计专有权的转让自登记之日起生效。

许可他人使用其布图设计的，当事人应当订立书面合同。

二、专利技术转移的合同需求

专利技术转移是技术转移的重要内容。如今，越来越多的创新主体选择通过申请专利权保护其创新成果，专利保护制度对申请专利的技术发明进行了清晰的产权界定，这也在客观上促进了专利技术的市场流通。

从专利的权利取得、许可、转让、实施等过程来看，合同是各个环节中必不可少的内容。

《专利法》第六条对职务发明创造和非职务发明创造申请专利的权利和专利权属进行了规定。按照第六条第一款的规定，以下两种情形的发明创造为职务发明创造：执行本单位的任务所完成的发明创造；主要利用本单位的物质技术条件所完成的发明创造。法律规定，职务发明创造的专利申请权属于单位，专利申请获得授权后的权利人也为单位。但是，《专利法》第六条第三款规定了职务发明创造相关权属的例外情况，即利用本单位的物质技术条件所完成的发明创造，如果职务发明创造的发明人或者设计人与本单位签订了合同，对申请专利的权利和专利权的归属作出约定的，应依从双方约定确定申请专利的权利和专利权的归属。比如，发明人、设计人可以与单位通过签订协议约定专利申请权和专利权由发明人、设计人拥有，也可以约定发明人、设计人与单位共同持有。实际上，从单位的角度来看，为了有效预防可能发生的后续风险和应对可能的纠纷，尽管法律已经对职务发明的相关权利归属作出了明确规定，最好还是能够通过协议与员工约定好相关发明创造的权利归属。

《专利法》第八条规定了关于合作完成的发明创造和接受委托完成的发明创造申请专利的权利及专利权的归属。根据该条法律，对于合作完成的发明创造，除当事人另有协议外，专利申请权和专利权属于完成或者共同完成发明创造的一方或多方。同时，合作各方可以通过协议约定申请专利的权利及申请被批准后专利权的归属，以及合作各方的其他权利、义务。

对于一个单位或者个人接受其他单位或者个人的委托所完成的发明创造，我国专利法侧重保护实际完成发明创造一方的利益。法律规定，接受委托完成的发明创造，除当事人另有协议外，专利申请权和专利权归于完成发明创造的一方。我国《民法典》第八百五十九条也规定："委托开发完成的发明创造，除法律另有规定或者当事人另有约定外，申请专利的权利属于研究开发人。研究开发人取得专利权的，委托人可以依法实施该专利。"在这样的法律规定下，委托方更加需要在与被委托方签订协议之初，就明确约定好相关成果的归属。因为在一般的商业性技术委托情境下，委托关系之所以成立就是因为委托方有了一定的技术需求，限于各种原因又不能自己进行开发，但是其最终目的是为了获取对相应技术成果的完全支配权。事实上，《专利法》与《民法典》合同相关内容对于委托发明创造的规定在一定程度上与民法一般原则相背离，因为在一般的委托合同关系中，受托方根据委托方的委托办理委托事务，其办理委托事务的风险应当由委托人承担，办理委托事务取得的成果也应当归于委托人。

《专利法》第十条对专利申请权和专利权的转让作出了规定。根据该条法律，专利申请权和专利权可以转让，让与人与受让人应当订立书面合同。转让合同订立后，应当向国务院专利行政部门办理登记，专利申请权或专利权的转让自登记之日起生效。不过需要明确，当事人办理登记是权利转移生效的要件，并不是转让合同生效的要件。根据《民法典》合同相关内容的规定，依法成立的专利申请权或专利权转让合同，自成立时生效，当事人一方不得以未经登记为由主张合同无效。合同成立后，因未向国务院专利行政部门办理登记手续导致转让不生效的，应当依法补办登记手续。

《专利法》第十二条对专利实施许可作出了规定，任何单位或者个人实施他人专利的，无论其以何种方式获得实施许可，都应当与专利权人订立实施许可合同。与专利权转让合同不同的是，专利许可合同并不必须采取书面形式，也可以采取口头形式或者其他形式。另外，无论被许可人以何种方式获得专利实施许可，都无权允许合同规定以外的任何单位或者个人实施该专利，即不得行使合同中没有明确约定的权利。如果被许可人超越合同约定范围行使权利的话，不仅构成违约行为，还会造成对专利权人的侵权。

《专利法》第十四条规定了共有专利申请权和共有专利权的行使。该条法律首先明确，共有人对权利的行使有约定的，从其约定，即专利申请权、专利权的共有人有权对共有权的行使通过协商作出约定，比如约定权利行使必须征得所有共有人同意。如果没有约定的话，则共有人可以单独实施或者以普通许可方式许可他人实施该专利。根据该条法律，对于专利权的共有人，在早期通过与其他共有人进行协商作出明确的权利行使约定，可以更好地维护自身利益，降低未来可能的风险。

以上结合我国《专利法》的具体内容，对专利权的归属、转让、许可等专利技术转移的重要环节对合同的需求进行了分析。相对于一般的技术转移而言，专利技术转移既复杂，又简单。复杂之处在于，专利技术转移涉及一些行政备案手续，增加了技术转移的流程；简单之处在于，专利技术转移有非常明确的转移对象，使技术转移本身更加清晰。

知识链接
我国《专利法》与合同相关的内容

第六条　执行本单位的任务或者主要是利用本单位的物质技术条件所完成的发明创造为职务发明创造。职务发明创造申请专利的权力属于该单位，申请被批准后，该单位为专利权人。该单位可以依法处置其职务发明创造申请专利的权利和专利权，促进相关发明创造的实施和运用。

非职务发明创造，申请专利的权利属于发明人或者设计人；申请被批准后，该发明人或者设计人为专利权人。

利用本单位的物质技术条件所完成的发明创造，单位与发明人或者设计人订有合同，对申请专利的权利和专利权的归属作出约定的，从其约定。

第八条　两个以上单位或者个人合作完成的发明创造、一个单位或者个人接受其他单位或者个人委托所完成的发明创造，除另有协议的以外，申请专利的权利属于完成或者共同完成的单位或者个人；申请被批准后，申请的单位或者个人为专利权人。

第十条　专利申请权和专利权可以转让。

中国单位或者个人向外国人、外国企业或者外国其他组织转让专利申请权或者专利权的，应当依照有关法律、行政法规的规定办理手续。

转让专利申请权或者专利权的，当事人应当订立书面合同，并向国务院专利行政部门登记，由国务院专利行政部门予以公告。专利申请权或者专利权的转让自登记之日起生效。

第十二条　任何单位或者个人实施他人专利的，应当与专利权人订立实施许可合同，向专利权人支付专利使用费。被许可人无权允许合同规定以外的任何单位或者个人实施该专利。

第十四条　专利申请权或者专利权的共有人对权利的行使有约定的，从其约定。没有约定的，共有人可以单独实施或者以普通许可方式许可他人实施该专利；许可他人实施该专利的，收取的使用费应当在共有人之间分配。

除前款规定的情形外，行使共有的专利申请权或者专利权应当取得全体共有人的同意。

在现实经济运行中，专利技术转移除了以转让、许可等方式体现外，还有一些其他的体现方式，而专利权质押就是其中一种。

1996年，我国国家知识产权局颁布《专利权质押合同登记管理办法》；2010年，发布《专利权质押登记办法》，进一步规范了专利权质押融资。2005年，国务院发布实施《国家中长期科学和技术发展规划纲要（2006～2020）》，指出支持和鼓励国家政策银行、商业银行、担保公司向高新技术企业、中小企业开展贷款及知识产权质押贷款业务。2006年12月，原中国银行业监督管理委员会发布关于商业银行改善和加强对高新技术企业金融服务的指导意见，其中第十条规定"商业银行对高新技术企业授信，应当探索和开展多种形式的担保方式，如出口退税质押、股票质押、股权质押、保单质押、债券质押、仓单质押和其他权益抵（质）押等。对拥有自主知识产权并经国家有权部门评估的高新技术企业，还可以试办知识产权质押贷款"。2007年通过的《中华人民共和国物权法》[①] 也有针对知识产权抵押贷款担保的条款。

2008年底，国家知识产权局确定了我国首批知识产权质押融资试点单位，分别是北京市海淀区知识产权局、吉林省长春市知识产权局、湖南省湘潭市知识产权局、广东省佛山市南海区知识产权局、宁夏回族自治区知识产权局和江西省南昌市知识产权局。2009年9月，国家知识产权局批复成都、广州、东莞、宜昌、无锡、温州6个城市成为全国第二批知识产权质押融资试点城市。

三、政策意义上的技术合同

技术合同制度的建立是我国充分发挥科学技术作为第一生产力的有力举措，是促进技术与经济融合、加快产业转型和创新发展、监测技术市场运行和建设创新型国家的重要渠道。政府部门对于技术合同的管理主要是通过自下而上的技术合同登记来实现的。

技术合同的认定登记是指技术合同登记机构对技术合同当事人申请认定登记的合同文本从形式上、技术上进行核查，以确认其是否符合技术合

---

① 我国《民法典》自2021年1月1日起施行，《物权法》同时废止，物权相关内容主要在《民法典》第二编进行规范。

同要求。

2000 年，我国科学技术部、财政部和国家税务总局印发《技术合同认定登记管理办法》，明确科学技术部负责管理全国的技术合同认定登记工作，省、自治区、直辖市和计划单列市科学技术行政部门管理本行政区划的技术合同认定登记工作，地、市、区、县科学技术行政部门设技术合同登记机构具体负责办理技术合同的认定登记工作。技术合同登记机构应当对申请认定登记的合同是否属于技术合同及属于何种技术合同作出结论，并核定其技术交易额。2001 年，科学技术部印发《技术合同认定规则》，对各类技术合同认定的细节进行了详细的规定。

通过技术合同认定登记，企业可以享受国家有关的优惠政策。我国《科学技术进步法》第十七条规定，从事技术开发、技术转让、技术咨询、技术服务活动的，按照国家有关规定享受税收优惠。《技术合同认定登记管理办法》第六条规定，未申请认定登记和未予登记的技术合同，不得享受国家对有关促进科技成果转化规定的税收、信贷和奖励等方面的优惠政策。这一政策规定对于中小企业和初创企业有比较大的吸引力，因为这些企业通常在资金方面有一定局限。

通过技术合同认定登记，可以加强国家对技术市场和科技成果转化工作的指导、管理和服务。使技术交易更加规范，减少技术交易纠纷的产生，净化技术市场环境。根据 2019 年修订的《技术进出口管理条例》，国家准许技术的自由进出口；但是，法律、行政法规另有规定的除外。

通过技术合同认定登记，可以加强国家对技术市场的统计和分析工作，了解技术交易活跃的地区和技术领域，为政府制定政策提供依据。

第四节 用合同管理技术转移

技术转移本身具有高风险性和不确定性，并且技术转移的过程通常涉及多方利益主体。而合同管理的关键就在于，通过签订协议，尽可能清晰地对各个利益主体的权利义务和违约责任进行明确。

下面对技术转移过程中可能涉及合同管理的具体环节、合同类型、重要条款进行梳理。

保密协议。保密协议主要用于单位与员工之间对相关内容的保密进行约定，比如技术秘密、研发计划等。同时，由于技术转移的跨主体性，保密协议也可用于不同主体之间的往来。

合作研发协议/委托研发协议。合作研发协议与委托研发协议应明确各方权利义务，尽可能覆盖各种可能出现的状况。重要条款包括对研发成果的权利归属进行清晰地约定，明确利益分配机制。

知识产权代理委托协议。知识产权代理委托协议包括专利代理委托协议、商标代理委托协议等。其中专利代理可能涉及专利权利要求的撰写，具有较高的能力要求,需要在协议中尽量明确相关内容。

技术转让/许可协议。技术转让和技术许可协议是与实现技术转移最相关的协议,比较重要的条款包括支付方式、免责、后续服务等内容。

合同主体资格和履行保障。除签订必要的协议外,在签订协议的具体过程之中,技术转移的相关主体还要对合同的主体资格、履行保障等问题给予关注。合同主体资格关系到合同能否得到实施。比如,技术拥有人在将技术进行转让或者独家许可后,就不能再签订其他技术转移协议了;通过普通许可获得技术使用权的被许可方,也不能再次签订合同将该项技术进行分许可。在以技术收购为目的的企业并购中,需要充分做好尽职调查,明确拟被收购企业的技术情况。

不满意解除条款。技术转移活动具有较高的风险,尤其是技术开发合同,被委托方所研发的技术很可能难以达到委托方的预期要求,或者委托方所提的要求过分苛刻;在技术服务合同和技术咨询合同中,被委托方所提供的方案也不一定能够完美解决委托方的问题。基于此,在可能的情况下,可以在合同中约定不满意解除条款。

第十章 知识产权管理

知识产权的商业化是技术转移的重要内容，而且知识产权本身也具备商品属性，可以进行交易。知识产权被认为是企业和国家构建竞争优势的重要来源，但是其作用的最终发挥在很大程度上依赖于转移、转化，比如申请专利的技术只有通过技术转移才能够真正转化为企业与国家的内在竞争力。

以专利为例，近年来我国专利申请数量呈现出爆发式增长趋势，2011年超过美国成为全球第一大专利申请国。2018年，发明专利申请数量达到154.2万件。在庞大的专利申请数量基础上，如何更好地将专利运用到经济社会发展之中，以充分激活专利内涵的巨大价值，是我国当前知识产权制度的一项重要议题。

第一节 知识产权与技术转移

技术转移与知识产权具有密不可分的关系。一方面，知识产权渗透于技术转移的各个方面；另一方面，基于知识产权的商业模式也不断发展、成熟。

一、知识产权要素

（一）对象视角

1. 知识产权商品

知识产权本身具有商品的属性，可以作为技术转移的对象，而且近年来知识产权的交易活动日益频繁。

按照马克思的劳动价值论，一切商品都具有使用价值和价值。其中使用价值由具体劳动决定，价值由抽象劳动决定。知识产权具备成为商品的属性，其形成凝聚了大量的复杂脑力劳动，比如专利的产出就依赖于专业技术人员在长期的研究开发活动中的脑力劳动。

知识产权的使用价值具备一定的特殊性，这些特殊性与知识产权的自身特性密切相关，包括知识性、时间性、空间性等方面。（1）知识性。知识产权是人类智力活动的产物，凝聚了人类智慧，因而具有知识性。对于以知识产权为对象的商品而言,购买者买到的只有软件、商标、专利技术等,要运用这些资源并使其发挥最大的经济效益,还需要具备一定的客观条件并将其投入到生产领域之中,才能够达到创造效益的目的。(2)时间性。一般的商品在使用过程中都会发生耗损和折旧,直至丧失使用价值。但是知识性商品却具有永久性,即便旧的知识被新的知识所取代,旧的知识也并没有消亡。所以在知识产权制度的框架体系之中,对知识产权的保护设定了时间期限。但是,知识产权保护期限结束并不代表知识产权失去了使用价值,只是知识产权保护的对象不再作为一种私权受到保护,而是成为全社会的共有资源,如专利保护到期后,专利技术就成为社会共有技术。(3)空间性。知识产权作为商品具有空间性,是因为对知识产权进行保护的法律均为国内法,在A国取得的知识产权不发生域外效力,若是没有法律的保护,这些知识产权在A国之外将可以随意使用。

知识产权的价值也具备一定的特殊性,具体表现在以下几个方面:(1)商品价值由个别劳动时间决定。一般商品的价值由生产该商品所包含的社会必要劳动时间来决定。但与其他商品不同,知识产权商品主要是独占成果,最先获得法律认可的成果即为有效商品,因而生产它们所花费的时间属于个别劳动时间。(2)价值量(即商品价值的大小)处于迅速变化的状态。一般商品的价值都处于相对稳定的状态,而知识产权商品的价值处于迅速变化的状态。许多因素都会导致知识产权商品价值量的变化,包括商标、网络域名在空间上的扩展,专利保护期限的到期等。(3)价值补偿的多次实现。由于知识产权商品的无形性,知识产权的交易通常可以进行多次,从而价值补偿可以多次实现。比如一项专利可以通过普通许可的方式同时许可给多家企业实施。

2. 知识产权交易

知识产权交易即当事人双方以知识产权作为对象的交易行为。在世界贸易组织(WTO)的框架下,知识产权贸易是与货物贸易和服务贸易并重的三大贸易类型之一。从微观层面来看,知识产权的交易满足了交易双方的不同需求。一方面,知识产权需求者获得知识产权后加以实施和应用,以此来获得更大的经济效益和社会效益;另一方面,资金需求者获得资金后,可以扩大生产经营规模或者投资规模,以资金换取更大的经济效益和社会效益。从宏观层面来看,知识产权的交易促进了知识产权的流通和使用,从而优化了知识产权资源在不同社会主体之间的配置,进而促进社会的共同进步。

传统的知识产权交易包括许可和转让,我国的《专利法》《著作权法》等法律制度中都有关于转让和许可使用的规定。从广义上来看,知识产权交易除传统的转让和许可使用方式之外,还包括知识产权质押、知识产权出资、知识产权信托、知识产权证券化等。这些方式的共同特点是将知识产权中的部分权利让与第三人享有,并获得一定的经济利益,具有知识产权交易的一般特征。

知识产权交易的构成要素包括交易主体、交易客体、中介服务、价值评估、交易场所、交易程序等。（1）知识产权交易主体是知识产权交易的当事人，一般包括买方和卖方。（2）知识产权交易客体即知识产权交易所涉及的具体知识产权，比如专利权、商标权、版权等。一般情况下，知识产权可以在市场中任意流通。但是，某些涉及国家安全和商业秘密的知识产权，在进行知识产权转让审查登记时会受到一定的限制。如果知识产权交易危害国家安全或侵犯商业秘密，一般由相关政府机构负责交易，不允许市场自由交易。（3）由于存在信息不对称，中介机构提供的服务可以达到帮助交易双方更好地完成交易的目的，比如中介机构提供的评估服务。（4）价值评估是知识产权交易的一个必要环节，知识产权的自身特性使知识产权的成本和收益都较难进行评估，但是交易的达成一般都有赖于精确的定价。（5）虽然知识产权是一种无形商品，但是交易的达成也需要依赖一定的交易场所，也可以理解为知识产权的交易平台，包括达成交易的物理空间和虚拟网络平台。（6）知识产权的交易程序包括信息的搜集处理、交易谈判和撮合、支付方式、交易后的权利义务等。

知识产权中的专利是与技术转移联系最为密切的知识产权权利类型。专利技术转移与非专利技术转移之间存在较大的差异。与非专利技术转移相比较，专利技术转移具有如下几个方面的特征。第一，专利技术转移过程具备较高的复杂性。与专利技术转移对象的高技术性相适应，专利技术转移的过程也更为复杂。这种复杂性表现在专利技术转移的各个环节，以技术评估为例，专利技术的评估较其他技术更为困难，由于专利技术具有较高的创新性，在进行评估时缺乏相应的参照物，因此进行准确评估的难度很大。第二，专利技术转移的高收益性。由于专利技术具有较强的创新性，专利技术一旦成功转移，其带来的经济效益也是十分可观的，远远高于其他类型的技术转移。

（二）过程视角

知识产权问题贯穿技术转移的全过程。技术转移首先源于新智力成果的诞生，随后由智力成果的转化延续到产品设计、试制、生产直至营销和市场化的系列活动。在技术转移转化的过程中，智力成果的创造与保护、成果创新过程中的风险承担、成果的权益归属以及利益分配、成果的转化与实施以及后续成果的权利归属等一系列特殊及复杂的问题，都直接或间接地与知识产权密切相关。

在智力成果的创造和保护环节，通过对现有技术的知识产权保护情况，尤其是专利技术的保护情况进行检索和分析，一方面可以避免重复研发的资源浪费，另一方面可以充分掌握现有的技术基础，同时还可以为规避知识产权风险制定相关规划方案。成果创新过程中的风险问题主要涉及技术、法律、市场等方面；技术方面的风险指研发过程没有形成预期成果；法律方面的风险包括技术成果与他人的权利存在冲突或者依赖关系；市场方面的风险包括技术成果缺乏市场前景等。通过对知识产权的关注和有效管理可以在一定程度上降低风险。在智力成果的转移转化实施和权益分配方面，知识产权也是一项重点关注内容，利用知识产权制度可以更好地保证利益的实现。

当前，市场上的产品和服务越来越依赖于新技术，而且越来越依赖于多项不同技术的组合。技术产品的复杂性增加了企业自由经营的不确定性。很多企业（即使是大型跨国企业）并不完全拥有制造某种特定产品所必需的知识产权，这也是导致规模庞大的跨国公司面临知识产权诉讼危机的原因。同时，技术产品的复杂性也使得单个企业仅凭自己的内部研发力量进行所有必要的技术研发变得不现实，尤其是旨在为公司避免高额诉讼费用所需要的知识产权。目前的情况是，同一领域技术的知识产权掌握在众多国家的众多企业手中，这种碎片化的知识产权会限制企业投资研发的意愿，甚至约束企业的市场经营行为。但是，通过进行技术交易和技术许可，可以有效解决这样的问题，这也是很多企业选择与其竞争对手合作，进行交叉许可或者共享知识产权的原因。

产学研合作是技术转移的重要模式，产学研合作创新过程就是一个获得自主知识产权的过程。知识产权是产学研合作创新的纽带，我国正在形成一个以政府为指导、以企业为主体、以市场为导向、以大学为支撑、以推动科技成果转化为突破口、以提高经济效益为目标的政产学研合作新体系。这对知识产权管理提出了一系列要求，包括知识产权战略的实施、知识产权资金的投入、知识产权法律体系和评估机制的建立、知识产权中介机构的发展等。周竺和黄瑞华（2004）[1]认为产学研合作的实质是形成知识流动的网络，各方的知识产权冲突是影响知识流动的重要因素。产学研各方主体的知识产权冲突主要来自于不同的单位性质、价值定位和利益诉求，具体体现在产学研合作过程中的职务成果争议、后续改进成果的权属争议以及产学研合作中的知识产权作价问题。刘凤朝等（2011）[2]利用社会网络分析工具绘制了我国"985高校"在1985～2009年与其他高校、研究机构和企业之间的产学研专利合作网络，并分析了专利合作网络结构及空间分布的演化路径。在此基础上，樊霞和任畅翔（2014）[3]对我国"985高校"产学研专利的基本特征进行了统计分析。1994～2008年，我国"985高校"产学研专利的数量及质量均呈现逐年上升的趋势。在专利数量上，36所

---

[1] 周竺，黄瑞华. 产学研合作中的知识产权冲突及协调 [J]. 研究与发展管理，2004（01）：92-96.
[2] 刘凤朝，马荣康，姜楠. 基于"985高校"的产学研专利合作网络演化路径研究 [J]. 中国软科学，2011，07：178-192.
[3] 樊霞，任畅翔. "985工程"高校产学研专利质量影响因素研究 [J]. 科学学与科学技术管理，2014（06）：5-12.

"985高校"产学研专利数量共为3303件，由1994年的9件跃升至2008年的1303件，平均年增长速度为142.67%。产学研专利数量持续、快速地增长，不仅反映出大学及其合作企业知识产权保护意识的增强，也反映出产学研主体协同创新产出能力的提升。在以施引专利数量为测度的专利质量上，36所大学产学研专利的施引专利数量为4449件，由1994年的83件跃升至2008年的747件，平均年增长速度为117%。在3303件产学研专利中，只有1268件专利有施引专利，仅为统计专利总数的38.3%，反映出当前产学研合作创新产出面临从数量规模向质量效益转变的问题。

（三）保护视角

知识产权保护环境是影响技术转移的一个重要因素。以国际技术转移为例，东道国的知识产权环境对于获取国外技术有重要影响，技术来源渠道包括直接技术转移、外商直接投资等。

对于创新企业而言，把技术转移到知识产权保护不确定的环境下可能会给其收益带来风险。Vishwasrao（1994）[1]通过建立均衡模型，研究了国家层面知识产权保护对于技术转移的影响，发现弱知识产权保护会阻碍来自发达国家的低成本技术的转移；虽然通过弱知识产权保护可以在高成本技术方面获得一定好处，但是发达国家的战略性行为可能抵消这种好处。Naghavi（2007）[2]的研究与Vishwasrao类似，从发达国家和不发达国家的角度出发，通过均衡模型研究了知识产权保护对发达国家向发展中国家转移技术的作用。研究发现，在考虑技术转移的情况下，实施严格的知识产权保护对于不发达国家而言总是最优选择，对于低研发密度产业有助于吸引外商投资，对于高研发密度产业有助于激励创新。Smith（2001）[3]的研究发现知识产权水平的提高对外商直接投资和技术转让都有促进作用，但是对技术转让的作用更显著。Falvey等（2006）[4]对79个国家跨国数据的研究发现，在高收入国家，由于创新水平较高、模仿较少，加强知识产权保护可以鼓励创新和技术扩散；在低收入国家，创新和模仿水平都较低，所以加强知识产权保护会鼓励除模仿以外的技术转移方式；在中等收入国家，已经有一定的创新和模仿能力，加强知识产权保护一方面鼓励进口方式的技术转移，另一方面限制了部分模仿方式的技术转移，从而产生抵消。

---

[1] VISHWASRAO S. Intellectual Property Rights and the Mode of Technology Transfer [J]. Journal of Development Economics, 1994, 44 (2): 381-402.

[2] NAGHAVI A. Strategic Intellectual Property Rights Policy and North-South Technology Transfer [J]. Review of World Economics, 2007, 143 (1): 55-78.

[3] SMITH P J. How Do Foreign Patent Rights Affect US Exports, Affiliate Sales, and Licenses? [J]. Journal of International Economics, 2001, 55 (2): 411-439.

[4] FALVEY R, FOSTER N, Greenaway D. Intellectual Property Rights and Economic Growth [J]. Review of Development Economics, 2006, 10 (4): 700-719.

杨全发和韩樱（2006）[①]通过建立动态博弈模型，证明对于东道国政府而言，提供适度且有效率的知识产权保护，不仅有助于增加外商直接投资，还有助于引进较为先进的技术。Cardwell 和 Ghazalian（2012）[②]总结了 TRIPS 对发展中国家的影响，认为知识产权保护在短期内能够降低国际技术贸易成本，使发展中国家获得高新技术产品进口；在中长期可以促进本国的技术进步，增强企业间的技术扩散，从而带动发展中国家高新技术产品出口竞争力的提高。

（四）风险视角

在技术转移的全流程中，各方主体可能面临不同方面的知识产权风险，包括知识产权瑕疵风险、知识产权归属争议、知识产权作价争议、知识产权泄漏风险等。

1. 知识产权瑕疵风险

知识产权瑕疵风险是指在技术转移的过程中，技术本身所获得的知识产权保护是存在瑕疵的，比如专利技术被证明不具有专利性，从而导致被转让的专利被无效。

技术转移可能通过买卖、交换、赠予和继承等方式完成。从受让方的角度来看，由于信息不对称，受让方对专利信息、专利技术信息、专利技术市场应用信息和专利权人的信息缺乏了解，专利权人的欺瞒行为可能会使受让人蒙受风险，比如夸大专利技术的市场应用前景、隐瞒专利的诉讼纠纷等。而受让或者通过许可获得使用权的专利技术存在法律瑕疵，不仅为给受让方带来直接的利益损失，还会对其市场战略和企业发展造成不利影响。

知识产权瑕疵风险包括专利权被宣告无效、转让的专利的实施受另一项专利权的限制、存在专利先用权等情况。专利技术转移的重要基础就是专利的有效性和完整性，但是专利权很有可能出于各种原因被无效或者部分无效。比如，由于专利审查员在审查过程中没能充分检索在先技术，可能导致授权的专利不具有新颖性或者部分权利要求不具有新颖性，从而使专利在授权后被无效或者部分无效。专利的实施受到另一项专利权的限制，主要是因为，被许可或转让的专利技术是基于已有的技术成果得到的，而恰好已有的技术成果是专利技术，那么被转移的专利技术的实施必须依靠另一项专利才能实现，从而给技术接收方带来不便。先用权指某项发明的专利权人提出专利申请前，如果另一发明人已经制造出相同的产品或者使用相同的方法，或者已为制造、使用相同的发明创造做了必要准备，在专

---

① 杨全发，韩樱．知识产权保护与跨国公司对外直接投资策略［J］．经济研究，2006（4）：28-34.
② CARDWELL R, GHAZALIAN P L. The TRIPS Agreement as a Coercive Threat: Estimating the Effects of Trade Ties on IPR Protection Regimes [J]. Global Economy Journal, 2015, 15 (2): 257-275.

利申请人的专利权被批准后，法律赋予其在原有的范围内继续制造、使用该发明创造的权利，而不视为侵犯专利权，这种情况也会给技术接收方的收益造成不利影响。

2. 知识产权归属争议

技术转移涉及的知识产权归属争议问题包括知识产权的原始权属争议、后续改进成果权属争议、职务成果争议、精神权利归属争议等方面。知识产权原始权属争议指的是在技术转让或开发环节，针对该技术的产权最终归属所发生的争议，主要包括技术所有权权属争议，使用权的权属争议和转让权的权属争议。后续改进成果的权属争议指在技术转让后，合同双方在原来的技术基础上进行研究而形成新的技术成果，前后两个技术存在不可分割的联系，双方就该新的技术成果的权利归属发生争议。职务成果争议是指，在技术市场运行中，存在较多大学、科研院所的科研人员、教授以个人的名义与企业进行合作的形式。由于这些人的工作特点，他们的成果是否属于职务发明就很难界定，因此在这些人与所在单位之间常常发生各种各样的职务发明与非职务发明的纠纷。在知识产权精神权利归属争议方面，由于知识产权是精神权利和经济权利的总和，精神权利指的是发明者、发现者、工程设计者、科技成果完成者、重大创意及其他知识财富创造者所享有的与其人身、智慧和创造性贡献不能分离的权利。在技术转移过程中，无论合作技术转移成果形成的专利权、商标专用权以及其他技术成果使用权和转让权等经济权利归谁所有，其精神权利都专属该项成果的完成者。

我国《科学技术进步法》第二十条规定了产学研组织与国家知识产权的权属关系："利用财政性资金设立的科学技术基金项目或者科学技术计划项目所形成的发明专利权、计算机软件著作权、集成电路布图设计专有权和植物新品种权，除涉及国家安全、国家利益和重大社会公共利益的外，授权项目承担者依法取得。"也就是说，产学研组织承担国家科技基金项目、国家科技计划项目所完成的科技成果，国家授权其依法取得知识产权，有关知识产权归承担项目的产学研组织所有。因此，政产学研合作创新中知识产权归属的争议主要体现为产学研各创新主体之间的知识产权归属，以及产学研各创新主体与内部科技人员之间的知识产权归属两大方面。

3. 知识产权作价争议

开展技术转移的一个关键难点就是技术的价值评估，而很多技术都涉及知识产权的保护，这就导致在技术价值评估的过程中，不仅仅需要考虑技术和市场的因素，还需要考虑法律方面的因素。而且，由于技术转移的各方主体都有其自身的利益诉求，以较小的成本换取最大的利益是市场法则，技术需求方在接受技术时总是希望技术的价格越低越好，而技术供给方则希望技术能为自己换来更多的利益。此外，技术的价值评估不像有形资产的价值评估，一直没有特别有效的工具和方法。

在知识产权作价和知识产权运营的基础上，还存在利益分配不均的风险。在产学研合作创新过程中，知识产权利益分配是一个焦点问题，直接影响着产学研合作的长期性和稳定性。产学研各方对技术的价值经常存在着不同的认识。合作初期，技术的应用范围明确，其可见的利益有限，谈判双方地位不同，比较容易达成一致的协议，但随着合作项目的进行，知识产权的利益越来越多时，经常会发生不愉快的事件。合作各方的矛盾使得各方分道扬镳，处理不好这个问题，就会使参加合作的组织不仅不能赢得应有的利益，还可能由于内部人员的流动而导致更大的利益损失。此外，有的企业在合作收益不理想时，往往就以种种借口，拖延或拒付最后款项，侵害了高校和科研机构的利益。也有高校和科研机构违反协定，多方转让知识产权，侵害了合作企业的利益。

4. 知识产权泄露风险

首先，在技术研发的过程中，以大学和科研院所为主的创新主体的研究人员在论文发表或者学术交流中，可能会因为缺乏保密意识而泄密，造成自有技术无条件公开，导致相关技术成果失去专利保护或维持技术优势的前提条件。其次，在技术市场的交易双方的洽谈阶段，技术供给方必须要提供部分技术信息，各方成员不可避免地要接触对方的统计数据、实验数据，甚至可能还会涉及商业秘密，从而可能造成信息的泄露。此外，员工的频繁流动可能会导致知识产权的泄露风险。

二、知识产权商业模式

近年来，随着科学技术的不断发展、市场经济的不断完善和全球市场的深入融合，围绕知识产权出现了很多新的商业模式，其中尤以专利为主，其本质上还是基于对专利技术转移进行直接或者间接的服务而形成的商业模式，也称为专利运营。

专利运营有如下几类特点[①]：（1）通过融资建立基金，或者虽然没有成立基金，但是也获得了来自大财团的资金支持，用于购买专利和进行委托研发，以获得完整专利权或者独占许可为主。（2）在人员组成上以专利分析人员、市场分析人员和法律顾问为主，基本上不需要自己的研发人员，但是也有个别类型的运营会进行适当研发。（3）通过市场分析寻找发明方向，以填补大企业的专利空白、市场竞争较为激烈的产业为发明投资领域。（4）以市场活跃的新兴企业、担心专利诉讼的中小企业和最终用户为许可与诉讼对象，通过"专利基金"进行专利组合、并购、代理和信托等经营活动。（5）帮助企业化解专利纠纷，参与和解并进行收费，同时利用分析软件和分析报告为客户提供专利信息、风险预警、市场拓展等法律服务。

---

① 张平. 专利运营的国际趋势与应对[J]. 电子知识产权，2014（06）：24-27.

在2007年的赛多纳会议（The Sedona Conference）[①] 上，知财资本有限公司（PCT Capital LLC）首席执行官雷蒙德·米理恩（Raymond Millien）和拐点策略（Inflexion Point Strategy LLC）创始人罗恩·劳丽（Ron Laurie）总结了13种已经存在的知识产权商业模式和4种正在形成的知识产权商业模式（见表10-1）[②]。在此基础上，2013年，雷蒙德·米理恩再次对知识产权的商业模式进行了总结，并增加了私掠者（Privateers）和知识产权担保人（IP Insurance Carriers）这两种模式[③]。Lucia Karina Alvarado（2010）也总结了12种专利交易模式，基本上与Millien的研究类似[④]。

表10-1　知识产权商业模式的分类

商业模式	介绍	代表公司
专利许可与执法公司	首先获取多个专利组合，通过律师函实现许可，或者通过诉讼手段来对目标公司进行侵权诉讼从而获取巨额的诉讼赔偿以及许可费，也被称为"专利蟑螂"	Acacia Research；Lemelson Foundation；LPL
专利聚合体/专利收购基金	以私募股权投资（PE）形式运作的经营实体，以大型的科技公司或者投资者作为有限合伙（PL），基金融资后许诺以特定专利作为营运基础，通过授权行为和各种专利套利策略为投资者回报超过平均ROI的报酬	Coller IP Capital；Intellectual Ventures
知识产权/技术研发公司	公司涉及研发的经营活动，并产生实际的知识产权。但是其知识产权成果不直接用于产品制造，而是用于许可，并且为被许可人将该技术应用于相关产品提供咨询服务，某种程度上是发明者和进行技术商业化者间的桥梁	AmberWave；InterDigital；MOSAID；Qualcomm；Rambus；Tessera
许可经纪人	这类公司主要是作为中介机构，负责帮助专利拥有者寻找许可对象	General Patent Corp.；IPValue；ThinkFire
诉讼金融/投资公司	这是介于专利收购基金和专利许可与执法公司之间的运作实体。一方面，像专利收购基金一样从大型机构投资者那边融资，以一般合伙人的方式进行运作；另一方面，像专利许可与执法公司一样通过专利主张来获得财务上的收益	Altitude Capital；Rembrandt IP Mgmt.

---

① 塞多纳会议（The Sedona Conference，TSC）是一个无党派、非营利的研究和教育机构，致力于反垄断法、复合诉讼和知识产权的法律与政策的深入研究。TSC的愿景是通过发表无党派共识讨论和对法官、律师进行法律教育，进而推动法律的合理化与正当化。TSC网站为：https://thesedonaconference.org.

② MILLIEN R, LAURIE R. A Summary of Established & Emerging IP Business Models [J]. The Sedona Conference，2007，SEDONA.

③ MILLIEN R. Landscape 2013：Who Are the Players in the IP Marketplace? （2013-01-23）[2019-10-24]. https://www.ipwatchdog.com/2013/01/23/ip-landscape/id=33356/.

④ Lucia Karina Alvarado. The Patent Transactions Market-Established and Emerging Business Models，2010：31-32.

续表

商业模式	介绍	代表公司
专利经纪人	与许可经纪人类似，但是专利经纪人主要帮助专利持有人找到买家而非授权者，既可以为买方服务，也可以为卖方服务	Iceberg；Inflexion Point；iPotential；Ocean Tomo；Pluritas；ThinkFire
知识产权并购顾问	主要是传统的投资银行模式，为科技公司的并购交易提供咨询建议，以交易金额的固定比例作为佣金。提供的服务包括专利尽职调查，专利资产整合的咨询以及并购中专利的交易结构设置	Analytic Capital；Blueprint Ventures；Inflexion Point；Pluritas
知识产权拍卖平台	以拍卖形式实现知识产权交易，收入来源包括上架费、报名费、佣金提成等	IP Auctions.com；IPA GmbH；Ocean Tomo
在线知识产权/技术交易所	类似B2B网站的商业模式，为专利及其他知识产权资产提供网络平台，专利持有人/出售方可能被要求提供专利登记费用，在交易或许可成功后还要抽取提成。有的平台是免费的，有的实行会员制，需要注册	The Dean's List；Tynax；Yet2.com
知识产权质押融资	为知识产权持有者提供金融服务，一般是直接或者中介的角色，以贷款的形式提供，充当借款者和借款机构之间的桥梁	IPEG Consultancy BV；ParadoxCapital
权利金证券化公司	协助或者提供资金给知识产权持有者，将专利资产证券化进行融资	AlseT IP；UCC Capital
专利评分软件和服务	提供专利搜索和分析的软件工具，帮助专利持有者、律师、投资者以及其他人对特定专利或者专利组合有更加全面的了解，主要从软件的销售和顾问费中盈利	1790 Analytics；The Patent Board；PatentRatings；Patent Cafe
大学技术转移中介	作为知识产权研发公司、专利收购基金、许可经纪人或专利经纪人运行，但是业务范围主要针对大学	Texelerate；UTEK
知识产权交易/贸易平台	包括实体（线下）平台和虚拟（线上）平台两种，主要目的在于提高知识产权资产的流动性，为知识产权的出售者和购买者提供一个执行交易的平台	IP Exchange Chicago；Gathering 2.0；American Express IP Zone；IPXI
防御性专利池	包括不同类型的防御性实体，主要是为了应对专利许可与执法公司、专利收购基金等模式的出现，通过有选择性的获取专利组合来进行防御	Open Invention Network；Allied Security Trust；Constellation Capital；RPX
技术/知识产权投资公司	比较类似专注于知识产权领域的风险投资（VC）和私募股权投资（PE），或者是大型科技公司成立的目的在于进行技术商业化和知识产权货币化的合资企业，盈利主要来自于投资回报率（ROI）及公开募股（IPO）	Analytic Capital；Blueprint Ventures；New Venture Partners；Inflexion Point；IgniteIP；Altitude Capital

续表

商业模式	介绍	代表公司
专利公共股指	这一模式是上述分析软件和服务的深化,当一个公开交易的公司有80%的价值来源于无形资产时,对这些无形资产进行评估的工具将成为一种新的盈利来源,具体收益来源包括出售股票研究成果,将其指数授权给上市交易基金(ETF)和公共基金等	Ocean Tomo Indexes;Patent Board WSJ;Scorecard
私掠者	运营公司将部分专利权转让给专利授权和实施公司(PLEC)来获得额外收益,其实是将企业的专利货币化功能外包给运营公司。这种模式不但能节约大量成本,运营公司还能使自己免于交叉许可、反诉、反竞争条约等	Acacia w/Renesas;Acaciaw/Access Co. Ltd.
IP保险公司	保险公司主要提供三种形式的保险:(1)为专利权导致的直接损失提供保险;(2)为公司不当使用他人知识产权而受到的指控提供保险;(3)当被保险人的知识产权被不当使用时,为其主动出击提供保险	AIG;Hiscox;IPISC;Kiln;The Hartford

第二节 知识产权政策

从权利实施的角度看,技术转移的过程就是专利与技术诀窍(know-how)的许可过程。一方面,根据科斯的交易成本理论,利用知识产权制度界定技术的专利权可以降低以专利为载体的技术交易的交易成本。但是另一方面,知识产权赋予权利人一种垄断性的权利,从而权利人可能会利用这种垄断权阻碍专利的交易,进而阻碍技术的转移。为了充分发挥知识产权制度促进技术转移的作用,我国政府颁布和实施了大量相关政策。

一、产权激励

有效的产权激励是推动科技成果转化的关键性制度基础,尤其是来自大学和国有科研机构的技术成果。

2000年修订的《专利法》在对职务发明的规定中,将专利申请被批准后,"全民所有制单位申请的,专利权归该单位持有"改为"单位为专利权人",通过明确单位为权利人的地位,来增加对专利技术的使用。同时,在境内转让专利申请权或者专利权的,不必经上级主管机关批准,只需将转让合同向国务院专利行政部门登记。《国务院办公厅转发科技部、财政部关于国家科研计划项目研究成果知识产权管理的若干规定的通知》(国办发〔2002〕30号)将财政性资金为主支持的国家科研项目形成的知识产权,除涉及国家安全的，授予项目承担单位，项目承担单位可以依法自主决定实施、许可他人实施、转让、作价入股等，并取得相应的收益，国家根据需要保留无偿使用的权利。2007 年修订的《科学技术进步法》作了同样的规定，以法律的形式明确科技计划项目知识产权的权利归属。2011 年中关村国家自主创新示范区进行科技成果处置权和收益权管理改革，扩大了中央级事业单位科技成果的处置权和收益权。2013 年试点范围扩大到东湖国家自主创新示范区、张江国家自主创新示范区和合芜蚌自主创新综合试验区。

2019 年 7 月 30 日，科技部、教育部、发展改革委、财政部、人力资源和社会保障部和中国科学院等 6 部门联合印发《关于扩大高校和科研院所科研相关自主权的若干意见》，旨在进一步完善高校、科研院所的科研管理制度体系，推动扩大高校和科研院所科研相关自主权，全面增强创新活力、提升创新绩效、增加科技成果供给、支撑经济社会高质量发展。该文件提出，"高校和科研院……内设研发机构负责人可依法依规获得科技成果转化现金和股权奖励"；"加大高校和科研院所人员科技成果转化股权期权激励力度，科研人员获得的职务科技成果转化现金奖励、兼职或离岗创业收入不受绩效工资总量限制，不纳入总量基数"。

国有资产管理问题是制约我国技术转移的一个重点、难点问题。2019 年 9 月 23 日，财政部发布《关于进一步加大授权力度 促进科技成果转化的通知》（财资〔2019〕57 号），旨在贯彻"放管服"改革要求，进一步加大国家设立的中央级研究开发机构、高等院校科技成果转化有关国有资产管理授权力度，落实创新驱动发展战略，促进科技成果转移转化，支持科技创新。其中明确提出，"中央级研究开发机构、高等院校对持有的科技成果，可以自主决定转让、许可或者作价投资，除涉及国家秘密、国家安全及关键核心技术外，不需报主管部门和财政部审批或者备案"；"授权中央级研究开发机构、高等院校的主管部门办理科技成果作价投资形成国有股权的转让、无偿划转或者对外投资等管理事项，不需报财政部审批或者备案"；"授权中央级研究开发机构、高等院校的主管部门办理科技成果作价投资成立企业的国有资产产权登记事项，不需报财政部办理登记。"该文件通过加大授权力度、简化管理程序，在很大程度上缓解了我国大学、国有研究机构的技术转移问题。此后不久，中国科学院就发布了《中国科学院条件保障与财务局关于进一步加大授权力度促进科技成果转化的通知》，对财政部的文件进行快速响应和落实。

二、金融支持

为促进知识产权的运用，近年来我国频繁出台相关的金融支持政策，对于促进技术转移有重要作用。

2010 年 8 月，财政部、工业和信息化部、原银监会、国家知识产权局、原国家工商行政管理总局和国家版权局联合发布《财政部　工业和信息化部　银监会　国家知识产权局　国家工商行政管理总局　国家版权局关于加强知识产权质押融资与评估管理支持中小企业发展的通知》（财企〔2010〕199号），旨在推进知识产权质押融资工作，拓展中小企业融资渠道，完善知识产权质押评估管理体系。2011年10月，科技部、财政部等多部门联合发布《关于促进科技和金融结合加快实施自主创新战略的若干意见》（国科发财〔2011〕540号），指出要进一步加强对国家科技计划自主创新成果的信贷支持力度。2013年1月，原银监会、国家知识产权局、原国家工商行政管理总局和国家版权局等4部门联合发布《关于商业银行知识产权质押贷款业务的指导意见》（银监发〔2013〕6号），指出要完善知识产权质押融资风险管理机制，引导和规范商业银行开展知识产权质押贷款。2014年1月，《中国人民银行　科技部　银监会　证监会　保监会　知识产权局关于大力推进体制机制创新　扎实做好科技金融服务的意见》（银发〔2014〕9号）发布，指出要大力培育和发展服务科技创新的金融组织体系，加快推进科技信贷产品和服务模式创新，拓宽多元化融资渠道。

2015年，我国修订后的《促进科技成果转化法》明确提出"鼓励开展知识产权质押贷款"。2017年9月，国务院发布《国家技术转移体系建设方案》，提出"开展知识产权证券化融资试点，鼓励商业银行开展知识产权质押贷款业务"。2019年8月，《中国银保监会　国家知识产权局　国家版权局关于进一步加强知识产权质押融资工作的通知》（银保监发〔2019〕34号）发布，旨在促进银行保险机构加大对知识产权运用的支持力度，扩大知识产权质押融资，并提出优化知识产权质押融资服务体系、加强知识产权质押融资服务创新、健全知识产权质押融资风险管理、完善知识产权质押融资保障工作这4个方面的19项举措。

三、交易服务

知识产权交易本身是技术转移的重要体现，以知识产权为形式转移的技术一般具有更高的市场价值。

2007年12月，发展改革委、科技部等6部委联合发布《建立和完善知识产权交易市场的指导意见》，旨在推进知识产权交易市场的发展，完善交易规则和制度，引导中介组织参与交易活动。2012年11月，国家知识产权局、发展改革委等9部委联合发布《关于加快培育和发展知识产权服务业的指导意见》（国知发规字〔2012〕110号），指出要重点发展知识产权代理服务、知识产权法律服务、知识产权信息服务、知识产权商用化服务、知识产权咨询服务、知识产权培训服务，以增强知识产权服务对科技和经济的支撑作用。2015年12月，《国务院关于新形势下加快知识产权强国建设的若干意见》印发，其中第十六项提出，"加强知识产权交易平台建设。构建知识产权运营服务体系，加快建设全国知识产权运营公共服务平台。创新知识产权投融资产品，探索知识产权证券化，完善知识产权信用担保机制，推动发展投贷联动、投保联动、投债联动等新模式。在全面创新改革试验区域引导天使投资、风险投资、私募基金加强对高技术领域的投资。细化会计准则规定，推动企业科学核算和管理知识产权资产。推动高等院校、科研院所建立健全知识产权转移转化机构。支持探索知识产权创造与运营的众筹、众包模式，促进'互联网＋知识产权'融合发展。"2016年12月，国务院办公厅印发《知识产权综合管理改革试点总体方案》，明确"加强统筹规划和行业管理，完善知识产权交易市场"。2018年9月，《国务院关于推动创新创业高质量发展打造"双创"升级版的意见》（国发〔2018〕32号）发布，提出"完善知识产权运营公共服务平台，逐步建立全国统一的知识产权交易市场"。

四、奖励机制

明确参与科技成果转化的相关人员的奖励份额对于激励科技成果转化有极大的推动作用，尤其是对于高校和国有科研机构而言。

2015年，我国修订后的《促进科技成果转化法》第四十五条作出如下规定：

> 第四十五条 科技成果完成单位未规定、也未与科技人员约定奖励和报酬的方式和数额的，按照下列标准对完成、转化职务科技成果做出重要贡献的人员给予奖励和报酬：
>
> （一）将该项职务科技成果转让、许可给他人实施的，从该项科技成果转让净收入或者许可净收入中提取不低于百分之五十的比例；
>
> （二）利用该项职务科技成果作价投资的，从该项科技成果形成的股份或者出资比例中提取不低于百分之五十的比例；
>
> （三）将该项职务科技成果自行实施或者与他人合作实施的，应当在实施转化成功投产后连续三至五年，每年从实施该项科技成果的营业利润中提取不低于百分之五的比例。
>
> 国家设立的研究开发机构、高等院校规定或者与科技人员约定奖励和报酬的方式和数额应当符合前款第一项至第三项规定的标准。
>
> 国有企业、事业单位依照本法规定对完成、转化职务科技成果做出重要贡献的人员给予奖励和报酬的支出计入当年本单位工资总额，但不受当年本单位工资总额限制、不纳入本单位工资总额基数。

而在此之前，1996年版本的《促进科技成果转化法》对于科技成果转化的规定是：

第二十九条 科技成果完成单位将其职务科技成果转让给他人的，单位应当从转让该项职务科技成果所取得的净收入中，提取不低于百分之二十的比例，对完成该项科技成果及其转化做出重要贡献的人员给予奖励。

第三十条 企业、事业单位独立研究开发或者与其他单位合作研究开发的科技成果实施转化成功投产后，单位应当连续三至五年从实施该科技成果新增留利中提取不低于百分之五的比例，对完成该项科技成果及其转化做出重要贡献的人员给予奖励。

采用股份形式的企业，可以对在科技成果的研究开发、实施转化中做出重要贡献的有关人员的报酬或者奖励，按照国家有关规定将其折算为股份或者出资比例。该持股人依据其所持股份或者出资比例分享收益。

可以发现，2015年的法律修订对于奖励比例有非常大幅度的提升。而地方政府在落实这一政策过程中，已经将这一比例提高到了不低于70%，甚至不低于80%。

2015年9月，《山东省人民政府办公厅转发山东省财政厅等部门〈关于改革省属高校科研院所科技成果使用处置和收益管理制度的意见〉的通知》（鲁政办发〔2015〕42号）中明确，"省属高校、科研院所的科技成果转移转化收入，在扣除科技成果转移转化过程中发生的费用后，明确对科技成果完成人（团队）、院系（所），以及为科技成果转移转化做出重要贡献的人员、机构等相关方的收入分配比例。其中，对发明人、共同发明人、科研负责人等在科技成果完成和转移转化中做出重要贡献人员（团队）的奖励比例不低于70%、不超过95%。"

2015年11月，上海市政府办公厅发布《关于进一步促进科技成果转移转化的实施意见》，其中提出"高等院校、科研院所对职务科技成果实施转化的……允许将不低于70%的转化收益归属团队。转化收益用于对完成、转化职务科技成果的团队或个人的奖励和报酬不计入单位绩效工资总量"。

2016年4月，《辽宁省人民政府关于进一步做好促进科技成果转化和技术转移工作的通知》发布，其中第四条规定：

（四）高等院校、科研院所制定转化科技成果收益分配制度时，要按照规定充分听取本单位科技人员的意见，并在本单位公开相关制度。依法对职务科技成果完成人和为成果在本省转化做出重要贡献的其他人员给予奖励时，按照以下规定执行：

1. 以技术转让或者许可方式在本省转化职务科技成果的，应当从技术转让或者许可所取得的净收入中提取不低于70%的比例用于奖励。

2. 以科技成果作价投资在本省实施转化的，应当从作价投资取得的股份或者出资比例中提取不低于70%的比例用于奖励。

3. 在研究开发和科技成果在本省转化中做出主要贡献的人员，获得奖励的份额不低于奖励总额的 70%。

4. 对科技人员在本省科技成果转化工作中开展技术开发、技术咨询、技术服务等活动给予的奖励，可按照促进科技成果转化法和本规定执行。（牵头部门：省教育厅、省科技厅，配合部门：省财政厅、省人力资源社会保障厅）

2016 年 7 月，珠海市人大常委会发布修订后的《珠海经济特区科技创新促进条例》，把奖励比例提高到了 80%，第十七条规定：

本市财政资金设立或者参与设立的高等学校、科研机构、新型研发机构，可以自主决定科技成果的实施、转让、对外投资和实施许可等科技成果转化事项。

本市财政资金设立或者参与设立的高等学校、科研机构、新型研发机构科技成果转化所获收益，全部留归单位自主分配，纳入单位预算；用于奖励科研负责人、骨干技术人员等做出重要贡献人员和团队的收益比例不低于百分之八十。

成果一年内未实施转化的，在成果所有权不变更的前提下，成果完成人或者研发团队可以自主实施成果转化。

单位与个人就专利申请权和专利权归属有约定的，从其约定。

2016 年 4 月，甘肃省发布修订后的《甘肃省促进科技成果转化条例》，第二十五条规定：

第二十五条 职务科技成果转化后，由科技成果完成单位对完成、转化该项科技成果做出重要贡献的人员给予奖励和报酬。奖励和报酬的方式、数额和时限，科技成果完成单位可以规定或者与科技人员约定。未规定、也未约定奖励和报酬方式、数额和时限的，按照下列标准对完成、转化职务科技成果做出重要贡献的人员给予奖励和报酬：

（一）将该项职务科技成果转让、许可给他人实施的，从该项科技成果转让净收入或者许可净收入中提取不低于百分之六十的比例；

（二）利用该项职务科技成果作价投资的，从该项科技成果形成的股份或者出资比例中提取不低于百分之六十的比例；

（三）将该项职务科技成果自行实施或者与他人合作实施的，应当在实施转化成功投产后连续三至五年，每年从实施该项科技成果的营业利润中提取不低于百分之十的比例。

五、税收优惠

税收优惠在本质上和奖励机制是一样的，税收优惠主要是通过降低税赋来激励技术转移活动的开展。

与技术转移相关的税收优惠政策主要体现在个人和企业两个方面。

在个人方面，主要涉及为科技成果转化做出贡献的科研人员。2018年5月，财政部、税务总局和科技部3部门联合发布《关于科技人员取得职务科技成果转化现金奖励有关个人所得税政策的通知》，对科技人员取得职务科技成果转化现金奖励的个人所得税给予税收优惠，"从职务科技成果转化收入中给予科技人员的现金奖励，可减按50%计入科技人员当月'工资、薪金所得'，依法缴纳个人所得税"。

企业方面的税收优惠主要是指对符合条件的技术转移所得减免征收企业所得税，具体涉及技术转让、技术许可、技术入股等。我国《中华人民共和国企业所得税法（2017修正）》第二十七条第四项规定，符合条件的技术转让所得可以免征、减征企业所得税，从法律层面明确了对技术转移相关收益的税收优惠。我国《企业所得税法实施条例（2019修订）》第九十条规定，"企业所得税法第二十七条第（四）项所称符合条件的技术转让所得免征、减征企业所得税，是指一个纳税年度内，居民企业技术转让所得不超过500万元的部分，免征企业所得税；超过500万元的部分，减半征收企业所得税。"2010年12月，财政部和国家税务总局发布《关于居民企业技术转让有关企业所得税政策问题的通知》（财税〔2010〕111号），对"符合条件"的技术转让进行说明。2015年11月，国家税务总局发布《关于许可使用权技术转让所得企业所得税有关问题的公告》，对许可使用权技术转让的范围、减免方式进行说明。2016年8月，《财政部　国家税务总局关于科技企业孵化器税收政策的通知》发布，对孵化器提供给孵化企业的房产、土地给予税收优惠。2016年9月，财政部和国家税务总局联合发布《关于完善股权激励和技术入股有关所得税政策的通知》（财税〔2016〕101号），对技术成果投资入股实施选择性税收优惠政策。

第三节　用知识产权管理技术转移

一、提高素质

企业和高校院所的知识产权保护意识不强，对知识产权的相关法律了解不深，从而在知识产权权属等问题上理解不一致。更为重要的是，由于知识产权保护意识的欠缺，使得产学研合作创新的智力成果失去专利保护的前提条件。有的技术创新成果即使申请了专利，也面临被其他技术替代的风险，甚至还可能因为没有及时申请专利保护，使得企业蒙受巨大的经济损失。也就是说，在智力成果是否应该申请知识产权保护、选择何种方式进行保护等方面比较盲目。

同时，技术转移过程中由于合作各方知识产权综合素质不高，使得合同条款中经常出现"未尽事宜，由双方协商解决"的模糊条款，从而引发权属争议。此外，高校、科研院所对知识产权转化重视程度不够，重论文、轻成果，重专利申请、轻专利转化的考核制度使得很多专利的申请纯粹是为了申请而申请，没有对专利申请是否可以转化进行过论证。

二、平衡利益

目标差异和信息不对称带来的信任脆弱是引发技术转移过程中知识产权冲突的关键原因所在。这种信任脆弱主要表现在以下几个方面：一是企业追求市场效益，更看重科技成果的商业价值，要求高校的科研成果能够投入生产；而高校追求知识进步和技术可行性，强调开放分享和创造新知，更看重社会认可和学术声誉，科研成果几乎都没有经过中试环节，不可能直接进入生产线，自然就会引发技术成果是否成熟的争议。同时，企业大多从市场需求出发评估知识产权的价值，而高校则对技术本身评估价值，作价高低的争议也就不可避免。二是高校和科研院所对知识产权转化重视不够，不重视知识产权产业化带来的巨大效益，在技术转让活动中往往希望企业采取一次总额支付，但在合作研发时担心企业控制知识产权谋求利益最大化影响论文、书刊等学术成果的发表，而企业则担心高校过于高估知识产权的价值，担心高校学术成果的发布影响自身商业利益，这种信任脆弱必然导致风险承担和利益分配不公平的纠纷。从而导致高校院所参与技术转移的动力不足，企业因为对科技成果的未来发展缺少稳定预期而不敢贸然投资。

技术转移过程中，极易发生组织之间、组织与员工之间的知识产权归属争议，导致这种争议的直接原因就是立场差异。以后续改进成果的权属争议为例，某高校将一种专利技术作价出资成为某公司的股东，根据《公司法》的规定，高校不能对该技术主张所有权，应当由公司对该技术行使法人财产权。后来，高校的技术开发人在此技术基础上又研究出新的成果，公司认为新的成果权利应当由公司行使，其理由是，新的成果是在所有权属于公司的专利技术基础上研究的，与公司的权利构成主从关系；如果高校方自己主张权利，则对公司的知识产权构成侵权。高校方则认为，学校利用前面的专利技术进行研究活动，本身没有以营利为目的，并未对公司构成侵权[①]。导致这种争议的直接原因就是，企业从自身立场出发，为了保证技术的垄断利润和有效收益期，不希望改进性技术的出现，即使出现了改进性技术，也希望拥有技术的所有权；高校也从自己的立场出发，追求新技术，离不开既有技术的支撑。总而言之，在明确知识产权归属问题上，重要的是立场，是站在企业的立场，还是站在高校和科研院所的立场，或

---

① 汪克强，丁望斌. 浅析产学研结合中的知识产权争议及预防对策[J]. 华东经济管理，2002（03）：22-24.

者是站在发明人的立场看问题。当然这种立场差异可以通过政府这个中立机构的协调和利益分配机制加以平衡。

三、完善制度

知识产权法律制度不完善是导致技术转移过程出现知识产权问题的重要原因。

第一，技术转移的知识产权共有制度不完善。现有的《专利法》和《民法典》合同相关内容对产学研合作开发产生的知识产权行使都有相关规定。《民法典》第八百六十一条规定，"委托开发或者合作开发完成的技术秘密成果的使用权、转让权以及收益的分配办法，由当事人约定；没有约定或者约定不明确，依据本法第五百一十条的规定仍不能确定的，在没有相同技术方案被授予专利权前，当事人均有使用和转让的权利。但是，委托开发的研究开发人不得在向委托人交付研究开发成果之前，将研究开发成果转让给第三人。"《专利法》第十四条规定，"专利申请权或者专利权的共有人对权利的行使有约定的，从其约定。没有约定的，共有人可以单独实施或者以普通许可方式许可他人实施该专利；许可他人实施该专利的，收取的使用费应当在共有人之间分配。除前款规定的情形外，行使共有的专利申请权或者专利权应当取得全体共有人的同意。"然而，现有的知识产权共有制度在处理技术合作创新中共有知识产权的权属问题上存在一定缺陷。一方面，其他共有人能否阻止任何共有人实施共有的知识产权，在什么情况下可以阻止任何共有人实施知识产权，现有法律并没有相关规定。如果允许任何共有人在任何情况下都可以实施知识产权的话，如果共有人和第三者恶意串通损害其他共有人的利益，必将损害其他共有人的合法权益。另一方面，《专利法》中其他共有人对任何共有人实施知识产权所获得报酬的分配方式的规定有待进一步细化，在实践中难以操作。

第二，信息类知识产权等商业秘密的保护有待进一步加强。信息类知识产权等商业秘密的泄露而引发的知识产权纠纷在一定程度上影响了技术转移，尤其是以合作研发为形式的技术转移。事实上，美国早在1996年就制定了所有知识产权保护法中力度最强的《商业间谍法》，世界上很多发达国家也都制定了《商业秘密保护法》，我国仅在《反不正当竞争法》第十条中有所体现，有待进一步加强商业秘密保护，建立更为严格的保密制度。

第三，当前，很多大学和科研院所已经设立知识产权办公室、成果转化办公室、产业化办公室等内部的知识产权管理机构，但是这类机构承担的工作很多是各类知识产权在校内申请资助的审核和协助申请的工作，而且工作仍然是较为被动的。对校内科研人员科研成果是否构成专利等知识产权的属性的判断、对知识产权的价值评估以及对知识产权遭遇侵权时的维权，大学和科研院所大都不具备应对的能力。

企业围绕知识产权的创造、管理、利用和保护的各个环节，也都缺乏制度与措施的保障。而且相关的制度在制定与落实上存在较大差距，各项保障专利的申请与授权实施，以及对科研人员奖酬的制度基本上很难落实，过多追求企业短期效应的现象依然存在。

第十一章　国际技术转移管理

国际技术转移是技术转移这一概念形成和引起广泛关注的起点。在全球经济竞争高度依赖科技竞争的知识经济时代，世界各国对本国科技的发展高度重视，对本国科技成果的保护也高度关注。"科学没有国界，但是科学家有祖国"，在新的历史时期，关注国际技术转移具有更深的意义。

第一节　国际技术转移的新形势

一般认为，国际技术转移主要通过国际技术许可、外商直接投资和国际贸易来实现。在新的历史时期，国际技术转移呈现出了以下一些新特征。

一、经济全球化加速国际技术转移

经济全球化是指世界各国在全球范围内的经济一体化。国际货币基金组织（IMF）指出，经济全球化是指跨国商品与服务贸易及资本流动规模和形式的增加，以及技术的广泛迅速传播使世界各国经济的相互依赖性增强。经济合作与发展组织（Organization for Economic Co-operation and Development，OECD）认为经济全球化可以被看作一种过程，在这个过程中，经济、市场、技术与通信形式都越来越具有全球特征，民族性和地方性被弱化。

经济全球化包括生产全球化、技术全球化、贸易全球化和金融自由化等内涵。生产活动全球化是经济全球化最主要的表现形式之一，来源于国际分工的不断深化，有利于全球范围内的资源优化配置和各国充分发挥自身的资源禀赋。经济全球化中的一个重要参与主体就是企业，企业通过参与全球化经济实现国际化经营，从而获取国际先进技术和管理经验，并反作用于更深层次的经济全球化，研发的全球化和技术的全球化是生产活动全球化和企业拉动的必然结果。贸易全球化同样也是世界范围内资源配置合理化的必然结果，贸易的对象包括商品、劳务和技术等层次，通过开展国际贸易可以实现参与国各自的利益最大化。而金融自由化又是贸易全球化所催生的必然结果，同时也是世界各国参与全球化经营的必要条件。

经济全球化的基本特征是产品、技术、贸易、资本、资源和信息在世界范围内的自由流动和配置，这也是技术转移的宏观国际背景。在世界经济发展全球化、一体化的背景下，世界各国之间的经济联系不断加强，相互依赖程度不断加大，企业类组织要想发展壮大，必须走国际化经营道路，通过占领全球范围内更多的市场份额，来实现企业的自身价值和利益导向。在一定程度上，企业经营的国际化就是企业资产和生产要素跨国界的转移。垄断优势理论认为，从事跨国经营的企业拥有某种特殊的资产，这种资产是其能够在国外市场上克服跨国经营的种种障碍、在竞争中战胜当地企业的原因。

在经济全球化的同时，世界很多国家和地区还加强了相互之间的区域一体化，纷纷成立各种形式的经济联盟或者签订相关国际条约。1965年，法国、德国、意大利、荷兰、比利时和卢森堡六国签订《布鲁塞尔条约》（1967年生效）成立欧洲共同体，1991年签订《马斯特里赫特条约》（1993年生效），欧洲共同体过渡到欧洲联盟。目前，欧盟已经发展成为世界上最为深入的政治经济联盟。1967年，印度尼西亚、新加坡、马来西亚等10个国家成立东南亚国家联盟。1989年，中国、美国、韩国、日本、加拿大、墨西哥、新西兰、澳大利亚等国家联合成立亚太经合组织（APEC）。1992年，美国、加拿大和墨西哥三国联合成立北美自由贸易区（NAFTA）。同时，世界上很多国家和地区还在不断推进深入的区域经济合作，并签订相应的条约。以中国为例，目前中国已经与包括智利、巴基斯坦、新西兰、新加坡、秘鲁、瑞士等在内的多个国家签署自由贸易协定（Free Trade Agreement，FTA）。此外还有一些双边或多边贸易协定处于谈判、可行性研究或协商加入阶段，比如区域全面经济伙伴关系（Regional Comprehensive Economic Partnership，RCEP）、中日韩FTA、中韩FTA和中韩服务贸易协定（Trade in Services Agreement，TiSA）等。FTA的谈判与签订是政府间行为，其真正目的是为企业创造更好的交易环境，因为企业是市场的主体。

全球化经济的一个重要表现就是跨国公司的发展壮大。随着本国市场份额的分割和本国生产成本的上升，国际市场和国际生产基地对于部分企业形成了极大的诱惑力，从而造就了跨国企业的出现。一方面，随着本国市场份额的不断饱和，跨国企业选择参加国际市场，这必然会导致本国产品或者服务进入目标国际市场。在产品或服务流动的同时，伴随产品或服务的技术也实现了扩散，这也是技术溢出的一个重要途径。另一方面，随着本国生产成本的上升，包括劳动力成本、厂房成本、环境成本等，很多发达国家的企业选择在发展中国家和地区建立分支机构，以达到降低成本的目的。在跨国公司建立境外分支机构的情境下，必然会雇用部分当地人为员工，在对这些人进行培训的过程中自然实现了技术的流动。

可以发现，国际技术转移和技术扩散本身就是经济全球化和区域一体化的内容，经济全球化和区域一体化也必然伴随着技术的转移。而且，越是深入的经济全球化，产品生产的分工就越精细，从而技术的转移和扩散也就越深入。

二、科技发展加深国际技术转移

如今,科学技术的发展和进步越来越依赖于开放创新,而开放创新的一个重要体现就是国际科学技术合作。从另外一个角度来看,国际科技合作也是提高全球研发效率,降低重复研发所耗费资源的有效途径,很多国家都在一些共同领域(如能源技术、生命科学)面临难题,而合作有利于集中力量解决问题。

经济全球化的另外一个重要特征就是国际科技合作的不断深化。国际科技合作在政府层面、企业层面、大学和研究机构层面,以及非营利社会组织层面都有所体现。落后的国家和企业为寻求技术的跨越式发展,可能会选择通过让渡部分收益、部分市场或者其他内容给发达国家的相关部门来实现技术引入。即使是技术水平相当的国家和地区,通常也各有优势,会通过加强国际合作实现共赢。而无论是哪种方式,都是跨国技术流动的具体体现。

很多跨国企业都在海外建立研发基地,组建研发团队,进行技术和产品的研发,这也使得跨国公司和跨国技术联盟成为国际技术转移的重要载体。一方面,跨国公司在开展海外经营的过程中,会自然带来技术溢出效应,间接促进技术的转移。另一方面,跨国公司在海外建立研发基地,一般会雇用本地研发人员,而在人员流动过程之中,也会形成知识和技术的溢出。

技术发展的融合性和系统性也越来越强。技术的发展对学科交叉融合有了更高的需求,对人员、设备、财力、政策环境等因素有更多的依赖。这也对国家之间的互补、合作提出了更高要求。

三、国际政经格局制衡国际技术转移

技术转移活动与国际贸易和国际政治挂钩的现象在世界范围内正在蔓延。近年来,我国对外开放程度不断提高,对技术要素国际化的需求程度也相应增加。相对来看,发达国家在很多技术领域占据领先优势,历来都对向发展中国家的技术转移保持警惕的态度,在经济动力不足的新形势下,对国内技术的保护倾向更加明显。

近年来发达国家经济增长放缓,动力不足。与此同时,关税税率大幅下降和各种数量限制措施[①]等贸易壁垒的边境措施在原则上被禁止,而边境

---

① 数量限制措施是非关税壁垒的主要形式,指一国(地区)政府在一定的期限内(通常为一年)规定某种商品进出口数量的行政措施。数量限制措施是国际贸易中一种十分迅速有效的限制进出口的非关税壁垒。

内措施开始成为阻碍国际贸易发展的新型贸易壁垒。技术性贸易壁垒和长臂管辖是新型贸易壁垒的重要内容。

中国与美国之间历来贸易摩擦不断，而技术转移与知识产权是两国贸易摩擦争议的焦点问题。2017年，美国贸易代表办公室宣布对华启动"301调查"，立案说明指出此次调查的一个重点内容，是中国政府对合资企业设立的要求、对外国投资占比的限制等政策工具的目的是要求或施压美国企业将技术和知识产权转移给中国企业。2018年3月，美国贸易代表办公室发布对中国的"301调查"结果，指责中国存在强制技术转移，知识产权保护不力。美国采取的一系列措施包括对进口的中国产品提出加征关税、把众多中国企业列入其"实体清单"、限制在美华人的流动、限制中国学者和学生赴美。在这样的背景下，国际技术转移受到很大限制，尤其是依附于高科技设备和元器件的技术转移、依附于人才流动的技术转移。这样的现实给发展中国家的科学技术发展带来更大的挑战，也倒逼国内创新的发展。

知识链接

美国关于技术转移履行要求[①]禁止的规定

技术是美国的产业获取竞争力和国家保持竞争优势的关键基础。考虑到发展中国家有"以市场换技术"的惯例，尤其是在战后日本快速崛起的情况下，为保护本国投资者的技术优势和知识产权利益，美国很早就把技术转移问题纳入国际投资的相关条约。

1994年《北美自由贸易协定》（North American Free Trade Agreement, NAFTA）第1106条首次纳入技术转让履行要求禁止，以限制美国的邻国墨西哥"以市场换技术"的做法。

1994年的《美国双边投资条约范本》（United States Model Bilateral Investment Treaty 1994）进一步采纳了这一做法，第6条规定，"对于缔约一方或非缔约方投资者在其领土内投资的设立、收购、扩大、管理、实施、运营或其他处置，任何缔约方都不得强加或强制执行以下要求，或对其强制执行以下任何承诺或保证……将技术、工艺流程或其他专有知识转让于其领土内的国民或企业……"

2004年，美国对《美国双边投资条约范本》进行了修订。2012年，再次对其进行修订。新版的《美国双边投资条约范本》（2012 U.S. Model Bilateral Investment Treaty）对技术转移履行要求禁止进行了强化和细化，为缔约对方附加了更多的技术和知识产权保护的义务。2012年《美国双边投资条约范本》中，第8条第1款第8项第1目规定，"任一缔约方不得就其境内的缔约另一方或非缔约方的投资者的投资在设立、收购、扩大、管

[①] "履行要求"是国际投资法下的一个概念，英文为"Performance Requirement"，也有学者将其翻译为"业绩要求"。对于履行要求的具体含义，学界并没有统一的认识，通常认为履行要求是东道国在准入或运营阶段针对外国投资施加某些限制或要求的法律与政策措施。

理、实施、出售、运营或其他处置方面强加或强制执行以下要求，或强制要求其承诺或保证……在其领土内购买、使用该缔约方或其个人的技术或给予优惠……从而以国籍为依据对其自身的投资者或投资或者对该缔约方的技术或个人提供保护。"第8条第1款第8项第2目规定，"任一缔约方不得就其境内的缔约另一方或非缔约方的投资者的投资在设立、收购、扩大、管理、实施、出售、运营或其他处置方面强加或强制执行以下要求，或强制要求其承诺或保证……在其领土内阻止对一项特定技术的购买或使用，或者阻止对一项特定技术给予优惠，从而以国籍为依据对其自身的投资者或投资或者对该缔约方的技术或个人提供保护。"

四、政府部门作用至关重要

制度基础是现代技术转移的一个主要特征，而制度基础是由政府部门提供的，这就是强调了政府部门在技术转移中的重要性。实际上，在国际技术转移过程中，政府部门也发挥重要作用。

发达国家作为主要技术输出国，通过制定政策保护本国的技术成果，帮助本国企业实现技术获利的最大化，并采取措施限制关键性技术和技术产品的输出。而发展中国家作为主要的技术引进国，则积极通过各种优惠政策吸引国外技术，比如税收优惠政策、土地优惠政策等。

第二节 国际技术转移的新视角

发展是世界各国也是全人类所谋求的目标，从国家视角来看，随着技术的经济潜力的提升和技术在各个领域的渗透，一些国家把技术和技术转移作为国家安全的一个考虑方面。与此同时，可持续发展也成为全球发展的新主题，能源约束、气候变化引起全球关注，其中的技术转移问题也引起更多讨论。

一、经济安全

技术的发展深刻影响了人类的生产和生活方式，也影响了国家治理和政府部门的运作方式。政府部门一方面引入各种技术到管理过程之中，一方面又对一些技术保持警惕的态度。随着技术的进步和市场的发展，很多政府工作不得不与企业挂钩，甚至一些重要信息都掌握在企业手中，这样的现实牵制了政府行为，也使政府对待技术更加谨慎。而这样的境况实际上也影响了技术转移的相关活动，政府出于国家安全的考虑，动用行政力量干预技术转移。

网络安全和信息技术安全是各国政府都普遍关心的问题。2016年美国总统选举以共和党总统候选人特朗普胜利告终,但是有观点认为"美国的总统竞选之战在一定程度上转变成网络安全之战"[①]。特朗普获胜的结果大大出乎美国精英阶层的意料,以至于所有无法接受这个结果的美国精英都必须进行必要的归因来解释这种意外。于是前任总统奥巴马出面,将"网络假新闻"以及"俄罗斯政府通过黑客袭击以及信息操控影响美国总统选举"定义成为导致这一结果的重要甚至唯一原因。而美国的情报机构也开始新一轮针对俄罗斯黑客在总统大选中所发挥的作用的调查;美国的政要开始警告欧洲盟友对俄罗斯黑客介入国内政治关键过程的威胁;美国的媒体开始讨论在社交媒体泛滥的假新闻,以及俄罗斯黑客对美国国内政治过程的干预;谷歌、脸书、推特这样的公司,则被要求开发相应的算法和工具,实现对新闻和信息的有效筛选[②]。本书的目的当然不是探讨"黑客攻击影响美国总统选举"的真实性,而是意在强调人们对于技术的认知与态度。

美国的"实体清单"(The Entity List)制度就是国家干预技术转移的典型代表。"实体清单"是美国为维护其国家安全利益,对出口进行管制的一个重要手段,于1997年2月由美国商务部发布,被认定为参与扩散活动的最终用户都进入榜单,以此明确告知出口商在未得到许可证时不得帮助这些实体获取受管辖的任何物项;同时,有关许可证的申请应按照美国《出口管理条例》第744部分规定的审查标准接受审查,且遵守向此类实体出口或再出口有关物项不适用任何许可例外的规定。企业一旦被列入"实体清单",实际上相当于被美国政府剥夺在美国从事贸易的机会。2019年5月16日,美国商务部产业安全局(Bureau of Industry and Security,BIS)将华为列入"实体清单";6月21日,包括中科曙光、天津海光、成都海光集成电路、成都海光微电子技术、无锡江南计算技术研究所在内的5家实体也被列入"实体清单";10月8日,包括海康威视、科大讯飞、旷世科技、大华科技、厦门美亚柏科信息有限公司、依图科技、颐信科技有限公司等在内的28家中国实体被列入"实体清单"。可以发现,被美国列入所谓"实体清单"的我国企业多为高科技企业,一些企业的产品生产依赖于从美国进口的零部件,被列入清单后,其生产活动受到一定影响。高技术含量的产品或者零部件的进出口实际上也是国际技术转移的一种体现形式,而美国通过国内制度设计赋予政府通过行政手段干预这种技术转移的权力。

二、气候谈判

环境问题和基于环境问题设置的可持续发展目标(SDGs)是推动现代

[①] 李恒阳. 美国大选中的网络安全问题[J]. 美国研究,2017(04):8,58-77.
[②] 沈逸. 美国互联网自由战略的实践与阶段性评估——以2016年美国总统选举与俄罗斯黑客攻击为例[J]. 信息安全与通信保密,2017(4):7-11.

国际技术转移的一个重要动因,尤其是气候有益技术。技术是应对气候变化的关键所在,技术转让对应对气候变化具有重要意义,很多与气候变化、环境保护有关的国际条约都把促进气候有益技术的转移写入其中。

世界各国在缓解气候变化方面达成了诸多共识,但是对于与气候有益技术转让密切相关的问题却难以达成共识。制约气候有益技术的转移的因素主要包括以下几个方面:参与各方缺乏互信;发达国家政府的承诺与其国内企业的利益需求存在冲突;国际公约相关条款和规则的"弹性"语言和"软法"性质并存;TRIPS 与《联合国气候变化框架公约》体系规则的冲突[①]。

知识产权是影响国际气候有益技术转移的重要因素,发达国家和发展中国家持不同立场。发展中国家一般认为,知识产权保护制度阻碍了气候有益技术的广泛扩散,应当对气候有益技术领域的知识产权保护程度进行适当放宽或调整。而发达国家在技术与知识产权方面占据优势地位,所持观点也与发展中国家相悖,发达国家反对在气候谈判中具体地讨论知识产权问题,认为知识产权制度促进了技术转让,是自由市场模式下气候有益技术转让的适宜环境,反对把知识产权置于技术开发与转让的对立面,主张加强知识产权对气候技术的保护。

表 11-1 列出了个别发展中国家在气候谈判过程中针对技术转移所持的观点。

表 11-1　气候谈判中发展中国家的技术转移提案

国家	相关建议
印度	1. 技术和技术方法的转让均应当通过适当的知识产权制度予以加强 2. 在发达国家,技术大多为私营部门掌握,为了促进气候有益技术向发展中国家转移,需要这些发达国家政府通过本国的补偿或激励政策加以促进 3. 建议加大全球资金投入以发展知识产权共享机制和政府采购 4. 便利于气候有益技术开发与转让的知识产权安排应当在气候公约谈判中讨论并纳入缔约方大会的决议文本
玻利维亚	1. 气候有益技术应当完全属于共有领域,不应当为任何私营部门用专利等任何形式垄断,并由此给该领域的技术向发展中国家转让带来高昂的转让费用;由政府公共基金资助的设备和其他产品也应当归属于共有领域,以便使这些设备和产品能够被发展中国家获得 2. 建立全球气候有益技术的专利池,以促进相关技术和技术方法被发展中国家以免费或较低的专利费用获得;促进公共部门资助建立专利池并用公共政策促进这种低价转让 3. 发展中国家有权利用 TRIPS 中的弹性条款做出有利于气候有益技术向发展中国家扩散的解释 4. 技术执行委员会应当将与技术开发和转让有关的知识产权问题纳入其常规议程

---

① 张桂红,蒋佳妮. 论气候有益技术转让的国际法律协调制度的构建——兼论中国的利益和应对 [J]. 上海财经大学学报,2015 (17):88-96.

续表

国家	相关建议
巴西	1. 利用公共多边基金为气候有益技术转向发展中国家购买技术许可 2. 利用强制许可制度 3. 参考《TRIPS与公共健康的多哈宣言》的做法 4. 设立国家或区域层面的"卓越中心"
南非	为了扩大气候有益技术的应用，发展中国家应当获得优惠价格的技术支持，而欠发达国家应当免费获得技术
巴基斯坦	1. 制定国家法则或者达成气候有益技术的强制许可协议 2. 建立相关技术的专利池

资料来源：蒋佳妮和王灿，2016[①]

第三节 国际技术转移服务平台

市场化的技术转移本身就有很高的难度，受到多重因素的制约，市场化的国际技术转移由于额外受到语言、文化、地理距离等方面的影响则更加困难，而国际技术转移平台的建立可以在一定程度上促进国际技术转移活动的开展。

一、亚太技术转移中心

亚太技术转移中心（Asian and Pacific Centre for Transfer of Technology，APCTT）是联合国亚太经济社会委员会（United Nations Economic and Social Commission for Asia and the Pacific，ESCAP）下设的一个区域性机构，并且其成员与ESCAP一致。APCTT于1977年7月16日在印度班加罗尔成立，1993年7月1日总部迁至印度新德里。APCTT接受ESCAP的政策指导，还有一个由ESCAP专家、跨政府机构成员和非政府机构成员组成的技术委员会，具体按照其董事会和技术委员会制订的方针计划开展活动。APCTT主要致力于亚太地区的中小企业之间的技术转移，可以说是亚太地区的技术门户。

（一）发展历程

APCTT的成立目的包括：发展和管理国家创新系统；开发、转移和应用技术；改善技术转移的条件；确认并促进与区域相关的技术的开发和转移。

APCTT的发展主要可以分为以下几个阶段：

[①] 蒋佳妮，王灿. 全球气候谈判中的知识产权问题——进展、趋势及中国应对[J]. 国际展望，2016（2）：21-39.

1977~1984年：APCTT刚成立，各项业务活动处于起步阶段，主要功能和角色是技术信息中心。

1985~1989年：APCTT在这一阶段开始扩张业务，介入技术管理和技术商业化活动，并积极采取措施促进技术在区域发展中发挥作用。同时，APCTT开始在特定的技术领域提供对技术需求者与技术供给者进行匹配的服务，主要技术领域涉及能源、生物技术和微电子等。

1990~1999年：APCTT开始采取措施支持中小企业参与技术转移，并对环境可持续技术（Environmentally Sustainable Technologies，EST）给予重点关注，基于网络的信息交互开始发挥作用。

2000年后：APCTT充分利用信息通信技术工具强化中小企业的能力，在技术生命周期不断缩短的情况下管理技术转移。APCTT采取的措施包括：建立在线技术市场（www.technology4sme.net）；建立在线区域商业资源中心（www.business-asia.net）；建立亚太传统医药网（Asia-Pacific Traditional Medicine and Herbal Technology Network，APTMNET，www.apctt-tm.net），主要由中国科技部和武汉科技厅支持；建立亚洲生物信息网络（www.binasia.net），主要由韩国政府支持；建立亚太国家创新系统在线资源中心（www.nis.apctt.org），主要由印度支持；建立亚太技术信息追踪和数据搜索引擎（Asia-Pacific Technology Information Tracking and Unified Data Extraction，APTITUDE）。

（二）主要活动

APCTT主要从三个方面展开各项活动：科学技术与创新（Science, Technology & Innovation，STI）、技术情报（Technology Intelligence）和技术转移（Technology Transfer）。

APCTT的STI项目旨在通过加强其开发和管理科技创新战略的能力来帮助成员应对挑战，因为各个国家在包容性和可持续发展中应用科学、技术和创新方面面临着许多挑战，这些挑战体现在资源分配、技能缺乏、政策无效、支持机制以及部门协调薄弱等方面。同时，APCTT旨在提供技术情报以帮助成员的机构和企业应对技术飞速发展的挑战，具体的服务内容包括：帮助决策者跟上新兴科学、技术和创新政策方法；协助中小企业关注技术创新，在市场上取得成功，参与技术全球化，在技术转让过程中做出理性决策；帮助研究与开发机构，关注新的可持续发展技术。

技术转移是APCTT的最主要业务活动。APCTT主要通过其基于信息通信技术的网络和平台及其咨询服务来促进亚太地区的技术转移。重点是促进中小企业之间的跨境业务合作和促进基于技术的商业伙伴关系。

APCTT建立的Technology4SME数据库作为一个免费在线平台，用于在亚太地区国家的中小企业的可用性和采购技术方面的信息交流。Technology4SME数据库提供有关可用于转让（技术提供）、所需技术（技术请求）以及业务合作机会（合资和合作伙伴）的技术的信息。此外，APCTT编制了一份全球和国家技术数据库清单，处理中小企业和企业家的技术转让相关服务。当使用 Technology4SME 数据库进行了特定的技术搜索没有产生所需的结果时，用户可以使用此部分将其搜索扩展到其他数据库。APCTT 还开发了免费的亚太可再生能源合作网络的在线技术数据库，其主要目标是促进亚太地区各国在可再生能源领域的技术转让合作。APCTT 已经在太阳能、生物质能、风能、小型水力发电和地热能等领域开发了经过测试和验证的可再生能源技术的"可再生能源技术银行"（RET-Bank）。

APCTT 向技术提供者和寻求者提供技术转让便利服务，特别是通过与其国家联络点和技术转让中介网络合作。APCTT 的一些重要的技术转让便利服务包括：提供关于技术转让、合资、商业/研究合作伙伴关系和机会的信息。APCTT 还与成员的联络点合作，组织企业对企业的会议，技术展览和技术转让相关的会议和技术传播讲习班。目前，APCTT 设置联络点的国家有：孟加拉、中国、印度、印度尼西亚、伊朗、马来西亚、尼泊尔、巴基斯坦、菲律宾、韩国、斯里兰卡、泰国、越南。

APCTT 定期出版各种期刊，在世界多个国家内广泛发行，形成较大的影响。主要有双月刊《亚太技术监测》（Asia Pacific Tech Monitor）和《技术增值信息服务》（Value-Added Technology Information Service），而且从 2009 年开始这些出版物都可以从网上获取。

二、气候技术中心与网络

由于技术和技术转移在气候变化治理中发挥重要作用，在中国和发展中国家的积极倡议下，哥本哈根气候大会正式提出建立技术转让机制，并在 2010 年《坎昆协定》（Cancun Agreement）中得到落实。《坎昆协定》提出建立技术执行委员会（Technology Executive Committee，TEC）和气候技术中心与网络（Climate Technology Centre and Network，CTCN）。

CTCN（www.ctc-n.org）主要是落实联合国气候变化框架公约（UNFCCC）的要求，由联合国环境署（United Nations Environmental Programme，UNEP）、联合国工业发展组织（United Nations Industrial Development Organization，UNIDO）和 11 个气候技术领域的独立组织共同管理。CTCN 的联盟成员包括亚洲理工学院（Asian Institute of Technology）、巴里洛切基金会（Bariloche Foundation）、科学与工业研究理事会（Council for Scientific and Industrial Research，CSIR）、德国国际汽车协会（Deutsche Gesellschaft für Internationale Zusammenarbeit）、荷兰能源研究中心（Energy Research Centre of the Netherlands）等机构。

CTCN 成立的主要目的是促进环境有益技术的加速转移、多样化转移和规模化转移，尤其是发展中国家需求的有关低碳和气候适应发展的技术。

CTCN 提供的服务主要有技术方案、能力建设、政策咨询、法律规制框架等。CTCN 的使命是，应发展中国家的需求，深化技术合作，加强技术开发，促进技术转移。

CTCN 的主要功能与提供的服务包括：（1）管理发展中国家提出的需求，作出回应并提供技术援助；（2）促进针对信息和知识的合作与获取，促进气候技术的转移；（3）加强有关气候技术转移的网络、合作和能力建设。CTCN 积极寻求来自不同地理区域的具有丰富行业经验的会员，提供免费的会员资格，通过其网络动员学术界、民间社会、金融和私营部门向发展中国家提供技术方案、能力建设和具体建议。

CTCN 主要由两部分主体组成：一部分是位于哥本哈根的中心，主要作为协调主体；另外一部分是提供各类服务的组织所组成的 CTCN 网络，CTCN 网络实际上是一个由国际、区域和国家成员机构所组成的体系。CTCN 的中心也负责管理 CTCN 的网络，两部分共同构成 CTCN。在具体运行中，CTCN 的中心通过其气候技术专家所组成的全球网络设计和提供个性化技术方案，而不是向成员直接提供资金。CTCN 网络的成员对发展中国家所提出的有关气候技术的需求进行回应，并参与 CTCN 的相关活动，提供专家支持、培训等。

三、WIPO GREEN

2013 年 11 月 28 日，世界知识产权组织（WIPO）在日内瓦举行展览和发布会，正式启动 WIPO GREEN 在线交易市场。WIPO GREEN 成立的目的是加快、促进绿色技术的创新和传播，帮助发展中国家更好地应对气候变化。

作为一个在线交易市场，WIPO GREEN 为技术与服务的提供方和创新解决方案的寻求方牵线搭桥。通过在线数据库提供的技能和技术，为全世界应对气候变化的努力提供支持。WIPO GREEN 数据库提供范围广泛的绿色技术产品、服务和知识产权资产，包括发明、专利、技术和技术诀窍。这些技术来自各种不同类型的机构，包括中小企业、跨国公司、创新者和世界各地的高等院校。

WIPO GREEN 的数据库可以免费查询，并且可以发布非常具体的技术需求。网站备有一个可免费查询的绿色技术顾问和服务提供商在线名册，提供知识产权管理、许可和投资等广泛领域的专门知识。

到 2014 年底，WIPO GREEN 成立一年时，已经取得非常不错的运营业绩。拥有来自五大洲的 53 个合作伙伴，其数据库囊括了 1700 种可用于商业化或许可的绿色科技产品、服务和知识产权资产。联合国南南合作办公室于 2014 年 11 月向 WIPO GREEN 颁发了"创新奖"，以表彰其在促进绿色技术向发展中国家转移方面所开展的开拓性工作。

WIPO GREEN 开展的代表性工作包括：

➢ 肯尼亚气候创新中心与多个合作伙伴合作，收购小型农户的农业废料并将其转化为生物质成型燃料。这种燃料比木炭产生的排放物少，使农业废弃物得以增值，并且有助于降低森林砍伐率。

➢ "加纳竹制自行车倡议"项目开发了一种新型自行车，采用天然材料，能够降低工业化生产的成本和对环境的影响。该项目最新的进展是在加纳新建两个工厂，对 60 名青年进行培训并向他们提供就业机会。

➢ 通用电气（General Electric）与印度的利益相关方合作，拟制造并销售专门为印度的低风速条件设计的第一个风力涡轮机。非季风时期，印度的平均风速相对偏低，因此需要特殊的转子和涡轮设计。

➢ "简柏网络"（Simpa Networks）通过"租赁太阳能"模式解决印度的燃料短缺问题。按照这个计划，客户支付家用太阳能系统的安装费，然后通过手机付费系统的预付费方式或充值付费方式购买"能源天数"。如果支付的款项达到一定数额，客户即可拥有该系统。

➢ 非洲清洁能源伙伴关系（Clean Energy Partnership Africa，CEPA）在乌干达建立一个加工农产品的工厂，用于粮食清洗、作物烘干和仓储等。工厂将由一个产能 1 兆瓦的新型太阳能发电厂供电，多余的电力可供周边社区使用。

➢ 帝人株式会社（TEIJIN Ltd）开发了使用生物载体固化微生物的新型废水净化技术，这种技术能够处理含有大量化学物质的工业废水，减少处理过程中对环境的破坏。该技术已在印度尼西亚和中国的化工厂、印染厂及食品制造厂投入使用。

➢ 日挥株式会社（JGC Corporation）已开发出一种新的高通量萃取柱，能减少石化产业对环境的影响。

➢ CTCN 是联合国气候变化框架公约的一部分，致力于促进技术合作，加强气候技术的开发和转让。2014 年，CTCN 与 WIPO GREEN 签署协议，就知识产权和技术转让提供咨询意见。

截至 2019 年底，WIPO GREEN 已经与数十个政府部门、政府间组织、学术机构、世界 500 强企业等建立了联系，包括：以亚洲开发银行（Asian Development Bank）为代表的银行；以美国大学技术经理人协会（Association of University Technology Managers）、日本知识产权协会（Japan Intellectual Property Association）为代表的协会；以加拿大知识产权局（Canadian Intellectual Property Office）、丹麦专利商标局（Danish Patent and Trademark Office）、瑞士联邦知识产权局（Swiss Federal Institute of Intellectual Property）为代表的政府部门；以中国技术交易所、海尔、IBM、高通、西门子、住友电气、丰田为代表的各类机构和企业；以昆士兰科技大学（Queensland University of Technology）、土耳其萨班哲大学（Sabanci University）为代表的大学；以联合国环境署（United Nations

Environment Programme)、联合国工业发展组织（United Nations Industrial Development Organization）等为代表的国际组织。

目前，WIPO GREEN 的平台在以下八个技术领域提供技术供给和技术需求目录：
- 建筑与施工；
- 化学制品和先进材料；
- 能源；
- 农业和林业；
- 绿色产品；
- 污染和废弃物；
- 交通；
- 水。

第四节 我国管理国际技术转移新举措

就我国而言，经济全球化是区域发展和企业发展实现国际化的一个重要拉动因素，同时还有另外一个同样重要的推动因素，就是在党的十五届五中全会上所确立的"走出去"战略，即国际化经营战略。在"走出去"战略背景下，我国各相关政府部门相继出台了一系列政策法规，不断完善我国企业参与国际化进程中的管理、服务和监督，为企业充分利用国内外"两个市场、两种资源"提供保障，不断壮大我国参与国际化经营的主体，提高国际化经营的层次，同时也使经营方式多样化。

在这种双重背景下，我国越来越多的企业将自身发展放眼海外，积极寻求机遇参与全球市场的角逐，争取在世界经济贸易格局中取得一席之地。据统计，2019 年，我国对外全行业直接投资 8079.5 亿元人民币；其中，我国境内投资者共对全球 167 个国家/地区的 6535 家境外企业进行了非金融类直接投资，累计投资 7629.7 亿元人民币[1]。2019 年，我国货物贸易进出口总值 31.54 万亿元人民币；其中，出口 17.23 万亿元，进口 14.31 万亿元；贸易顺差 2.92 万亿元[2]，是世界最大的出口国。这说明我国企业已经不再仅仅满足于国内市场，而是放眼世界不断融入全球化市场。

在经济全球化不断深入及我国经济与全球经济不断深入融合的背景下，国际技术转移所发挥的作用更加突出。

---

[1] 中国投资指南网.2019 年我国对外全行业直接投资简明统计［EB/OL］.（2020-02-03）［2020-02-13］.http：//www.fdi.gov.cn/1800000121_33_13133_0_7.html.

[2] 栗翘楚.2019 年我国货物贸易进出口总值同比增长 3.4%［EB/OL］.（2020-01-14）［2020-02-13］.http：//finance.people.com.cn/n1/2020/0114/c1004-31547735.html.

一、"一带一路"与国际技术转移

当前，我国已经进入全面扩大开放的新时期。2013年9月，习近平主席提出通过推进"丝绸之路经济带"和"21世纪海上丝绸之路"（合称"一带一路"）建设，构建全方位开放新格局，并在2014年"两会"期间进一步强调"一带一路"倡议，专门成立了丝路基金和亚投行等政策性金融机构。

国际技术转移是"一带一路"倡议下的重要环节。《国家技术转移体系建设方案》提出，"面向'一带一路'沿线国家等的国际技术转移广泛开展……开展'一带一路'科技创新合作技术转移行动。与'一带一路'沿线国家共建技术转移中心及创新合作中心，构建'一带一路'技术转移协作网络，向沿线国家转移先进适用技术，发挥对'一带一路'产能合作的先导作用。"

由于"一带一路"沿线国家以发展中国家为主，科技水平相对不高，在客观上对于技术交流、技术合作、技术转移有更高的需求。对于我国而言，借助"一带一路"的平台，一方面能促进我国企业和技术更好地"走出去"，实现市场的扩张；另一方面，也能够带动"一带一路"沿线国家的经济发展，为区域经济共同繁荣做出贡献，也有利于共享经济发展的利益。

就我国而言，在"一带一路"背景下的技术转移实践中，需要注意以下两点：第一，强调技术转移的双向性，既有技术输出，也有技术引进；第二，在考虑国家、地区特征的基础上，因地制宜地开展技术转移活动，并采取多样化的技术转移形式。

知识链接
"一带一路"倡议下的技术转移开展

一、中国—阿拉伯国家技术转移中心

2014年6月5日，习近平主席在中阿合作论坛第六届部长级会议开幕式上提出"双方可以探讨设立中阿技术转移中心"的重要倡议。2015年1月5日，科技部批复由宁夏牵头建设中阿技术转移中心。2015年9月10日，在2015年中阿博览会开幕式上中阿技术转移中心揭牌，并签订5个阿拉伯国家双边技术转移中心共建协议。

中阿技术转移中心揭牌后，相继建立了阿盟、沙特、约旦、阿曼和阿联酋（迪拜）等双边技术转移中心。依托阿盟秘书处共建技术转移中心，通过阿盟科技与海运学院开展发展中国家对外援助技术培训、技术对接推介等工作。依托沙特国王科技城创新发展中心组建分中心，推动红棕象甲防治、农业物联网、节水、食品生产等方面技术合作，促成华为公司在沙特国王科技城建立实验室。依托约旦中东大学组建分中心，组织中方企业与约旦企业、科研院所建立技术转移合作关系，建立了1500亩马铃薯种薯与商品薯示范基地。依托阿曼科委与卡布斯大学组建分中心，联合共建"宁夏（中阿）旱区资源评价与环境调控重点实验室"和示范基地，合作开展新技术、新装备研发。依托迪拜园林农业局和阿联酋国家农业学会组建分中心，围绕椰枣产业、物联网应用积极开展合作。在中阿技术转移中心积极推动下，埃及、摩洛哥、苏丹等国依托所在国相关机构积极筹建技术转移分中心，在2017年中阿博览会期间签约成立。

中阿技术转移中心作为连接中阿双方的科技桥梁与平台，通过整合宁夏优势科技资源培育了一批中阿科技创新平台。通过联合国内外相关企业、科研机构、高等学校、中介服务机构等，组建中阿技术转移协作机构网络，协作网络成员达4458家。

二、"一带一路"创新合作与技术转移联盟

为响应习近平总书记在"一带一路"国际合作高峰论坛上发出的将"一带一路"建成创新之路的号召，2017年7月5日，江苏省生产力促进中心（江苏省跨国技术转移中心）牵头发起倡议，会同省内相关机构，联合与江苏有紧密合作关系的国外、省外有关大院、大所及技术转移机构成立了"一带一路"创新合作与技术转移联盟。

联盟主要面向"一带一路"沿线国家创新合作需求，结合江苏国际创新合作基础，汇聚联盟国内外成员单位优质资源，建设科技创新与技术转移协作网络体系，推动成员单位及有关机构合力开展跨国技术转移、创新合作载体建设、科技人才交流培训、重大交流活动组织等专业化服务，共同参与促进科技与产业国际合作。联盟主要聚焦独联体、中东欧、阿拉伯、东盟、南亚等5个重要板块，兼顾辐射北美、北欧、澳大利亚等创新能力强的国家和地区，创新运行机制，探索政府指导、市场运作的新模式，建立常态化科技合作机制。

三、中国科学院全球"一带一路"技术转移转化中心

中国科学院全球"一带一路"技术转移转化中心是中国科学院顺应科技创新全球化的发展趋势、响应"一带一路"合作倡议、落实"率先行动"计划、实施国际化推进战略的积极探索。

中心围绕知识链、产业链、资本链，实践创新各环节并行化、创新资源集成化和创新主体协同化联动创新战略。通过"三链"之间的联动，加速科技与经济的深度融合，直接面向对象国家和地区（东盟作为战略核心源点，逐步辐射沿"带"、沿"路"国家和地区）的国家重大需求和民生经济增长点，与企业、研究机构、高校、政府、金融、中介服务等机构，建立长期稳定的多元化创新集群和组织的战略联盟。

知识链方面，在现有中国科学院与东盟及"一带一路"国家和地区的现有合作（包括联合实验室、科教中心等）基础上，深度挖掘并整合中国科学院院属100多家科研机构、3所大学、9个海外中心、12个分院以及百

余家企业等丰富的科技创新资源，与海内外科研机构、大学、技术转移机构、行业协会、大型企业及金融资本建立紧密合作关系，共同对外打造创新合作平台。

产业链方面，首先启动与深圳市宝安区的战略合作，共建保安"一带一路"科技产业基地；中心在上海嘉定区设有先进制造产业基地，金山区设有新材料产业基地，虹口区设有生命健康基地；在宁夏宁东设有能源产业基地；在福建宁德设有生态基地等，整合各项关键技术。最终为产业、区域经济发展全方位多层次提供系统解决方案，近端选择泰国曼谷覆盖东盟十国，远端辐射"一带一路"国家和地区。中心成立"产业联盟"（产学研或用户委员会），是整个中心未来自给自足、可持续发展的重要引擎和重要工作板块。实现"产业联盟"的聚集，形成了完整的产业链条的基础。

资本链方面，考虑到创新机制的核心要素是资本和科技金融服务与支撑的崭新概念，在相关地方政府的支持下建立"一带一路"技术转移转化的国际平台，搭载"中国科学院辐射'一带一路'国家和地区的科技产业发展基金""新丝路产业基金"等资本源头，同时吸引地方政府基金和社会各类优质资本，以PPP（政府和社会资本合作）基金模式壮大基金实体，形成稳定的资本链，提供充足的资金支持和保障，确保项目顺利落地，在海外市场站稳脚跟。

二、亚投行与国际技术援助

亚洲基础设施投资银行（Asian Infrastructure Investment Bank，简称亚投行或AIIB）是首个由中国倡议设立的多边金融机构，定位为一个政府间性质的亚洲区域多边开发机构。亚投行重点支持基础设施建设，成立宗旨是为了促进亚洲区域的建设互联互通和经济一体化的进程，加强中国及其他亚洲国家和地区的合作。亚投行的建立标志着新兴国家参与国际事务的能力和作用不断上升，其在本质上也是"一带一路"倡议下的一项内容，但是具有不同寻常的重要意义。

技术援助是亚投行运行中的一项基本业务。《亚洲基础设施投资银行协定》（The Articles of Agreement of the Asian Infrastructure Investment Bank，以下简称《亚投行协定》）是亚投行成员国所必须遵守的基础性约定。在业务对象和业务原则部分明确提及技术援助，第十五条专门规定，"一、在符合银行宗旨和职能的情况下，银行可提供技术咨询、援助及其他类似形式的援助。二、如遇提供上述服务的费用无法补偿时，银行可从其收益中支出。"

传统的多边开发银行，比如欧洲复兴开发银行（European Bank for Reconstruction and Development，EBRD）、亚洲开发银行（Asian Development Bank，ADB）、泛美开发银行（Inter-American Development Bank，

IDB）等，都明确规定技术援助是银行的重要"职能"之一，实际是将技术援助作为一种方式和手段来辅助银行目的的实现。在这些传统多边开发银行对发展中国家进行贷款援助过程中，由于单纯地提供资金不能帮助发展中国家克服管理和技术上的障碍，致使资金不能发挥最大的效用，因此通过增加附加性条件来提高援助的有效性。但是，在亚投行的基础性文件中，技术援助作为原则性条款被列出，充分突出了技术援助在基础设施建设中的重大作用，技术援助不再只是辅助性角色。[①]

关于技术援助，本书在前文讨论"马歇尔计划"、苏联援建、联合国可持续发展目标、南南合作等内容时，已经进行过初步分析。由中国倡议的亚投行把技术援助写入《亚投行协定》，实际上突出了中国在亚投行成员国进行技术援助的地位。

三、制定修订相关法律法规

2019年3月15日，十三届全国人大二次会议表决通过《中华人民共和国外商投资法》（以下简称《外商投资法》），成为我国外商投资管理体制改革的一个里程碑，是我国外商投资领域的基础性法律。《外商投资法》自2020年1月1日起施行，原《中外合资经营企业法》、《中外合作经营企业法》和《外资企业法》（合称"外资三法"）同时废止。统一的外商投资基本法问世，将为我国积极有效利用外资、推动新一轮高水平对外开放提供更加有力的法治保障。在原有"外资三法"的基础上（表11-2），新颁布的《外商投资法》充分强调了对外商投资的保护。在第一条的立法目的中，就开宗明义地指出，"为了进一步扩大对外开放，积极促进外商投资，保护外商投资合法权益，规范外商投资管理，推动形成全面开放新格局，促进社会主义市场经济健康发展，根据宪法，制定本法。"

表11-2 "外资三法"中的技术转移内容

名称	内容
《中华人民共和国中外合资经营企业法》	第五条 合营企业各方可以现金、实物、工业产权等进行投资。 外国合营者作为投资的技术和设备，必须确实是适合我国需要的先进技术和设备。如果有意以落后的技术和设备进行欺骗，造成损失的，应赔偿损失。 …… 上述各项投资应在合营企业的合同和章程中加以规定，其价格（场地除外）由合营各方评议商定

---

① 杨署东，孟于群.亚投行技术援助机制的构建探究[J].西南民族大学学报（人文社会科学版），2016（8）：80-86.

续表

名称	内容
《中华人民共和国外资企业法》	第三条　设立外资企业，必须有利于中国国民经济的发展。国家鼓励举办产品出口或者技术先进的外资企业。 国家禁止或者限制设立外资企业的行业由国务院规定。 第四条　外国投资者在中国境内的投资、获得的利润和其他合法权益，受中国法律保护。 外资企业必须遵守中国的法律、法规，不得损害中国的社会公共利益
《中华人民共和国中外合作经营企业法》	第四条　国家鼓励举办产品出口的或者技术先进的生产型合作企业。 第八条　中外合作者的投资或者提供的合作条件可以是现金、实物、土地使用权、工业产权、非专利技术和其他财产权利

《外商投资法》在知识产权和技术转移等方面加强了对外商利益的保护（表 11-3，表 11-4），也为我国更好地吸引海外先进技术、开展国际经济技术合作提供了良好的法治保障。基于新颁布的《外商投资法》，《技术进出口管理条例》对涉及技术进口合同部分条款进行了修改，即删除了行政干预技术合同内容的条款。2019 年 3 月 18 日，《国务院关于修改部分行政法规的决定》（国务院令第 709 号），对 2011 年修订的《技术进出口管理条例》进行了修改（表 11-5）。

表 11-3　《中华人民共和国外商投资法》与技术转移相关的内容

条目	内容
第二十二条	国家保护外国投资者和外商投资企业的知识产权，保护知识产权权利人和相关权利人的合法权益；对知识产权侵权行为，严格依法追究法律责任。 国家鼓励在外商投资过程中基于自愿原则和商业规则开展技术合作。技术合作的条件由投资各方遵循公平原则平等协商确定。行政机关及其工作人员不得利用行政手段强制转让技术
第二十三条	行政机关及其工作人员对于履行职责过程中知悉的外国投资者、外商投资企业的商业秘密，应当依法予以保密，不得泄露或者非法向他人提供
第三十九条	行政机关工作人员在外商投资促进、保护和管理工作中滥用职权、玩忽职守、徇私舞弊的，或者泄露、非法向他人提供履行职责过程中知悉的商业秘密的，依法给予处分；构成犯罪的，依法追究刑事责任

表 11-4　《中华人民共和国外商投资法实施条例》与技术转移相关的内容

条目	内容
第十四条	国家制定的强制性标准对外商投资企业和内资企业平等适用，不得专门针对外商投资企业适用高于强制性标准的技术要求

续表

条目	内容
第二十二条	外国投资者在中国境内的出资、利润、资本收益、资产处置所得、取得的知识产权许可使用费、依法获得的补偿或者赔偿、清算所得等，可以依法以人民币或者外汇自由汇入、汇出，任何单位和个人不得违法对币种、数额以及汇入、汇出的频次等进行限制。 外商投资企业的外籍职工和香港、澳门、台湾职工的工资收入和其他合法收入，可以依法自由汇出
第二十三条	国家加大对知识产权侵权行为的惩处力度，持续强化知识产权执法，推动建立知识产权快速协同保护机制，健全知识产权纠纷多元化解决机制，平等保护外国投资者和外商投资企业的知识产权。 标准制定中涉及外国投资者和外商投资企业专利的，应当按照标准涉及专利的有关管理规定办理
第二十四条	行政机关（包括法律、法规授权的具有管理公共事务职能的组织，下同）及其工作人员不得利用实施行政许可、行政检查、行政处罚、行政强制以及其他行政手段，强制或者变相强制外国投资者、外商投资企业转让技术
第二十五条	行政机关依法履行职责，确需外国投资者、外商投资企业提供涉及商业秘密的材料、信息的，应当限定在履行职责所必需的范围内，并严格控制知悉范围，与履行职责无关的人员不得接触有关材料、信息。 行政机关应当建立健全内部管理制度，采取有效措施保护履行职责过程中知悉的外国投资者、外商投资企业的商业秘密；依法需要与其他行政机关共享信息的，应当对信息中含有的商业秘密进行保密处理，防止泄露
第四十一条	政府和有关部门及其工作人员有下列情形之一的，依法依规追究责任： …… （二）违法限制外商投资企业平等参与标准制定、修订工作，或者专门针对外商投资企业适用高于强制性标准的技术要求； ……
第四十三条	行政机关及其工作人员利用行政手段强制或者变相强制外国投资者、外商投资企业转让技术的，对直接负责的主管人员和其他直接责任人员依法给予处分

表 11-5　《中华人民共和国技术进出口管理条例》2019 年修订的内容

条目	修改内容
第二十四条	删除原第二十四条第三款内容"技术进口合同的受让人按照合同约定使用让与人提供的技术，侵害他人合法权益的，由让与人承担责任"
第二十七条	删除原第二十七条内容"第二十七条　在技术进口合同有效期内，改进技术的成果属于改进方"

续表

条目	修改内容
第二十九条	删除原第二十九条内容"第二十九条 技术进口合同中，不得含有下列限制性条款：（一）要求受让人接受并非技术进口必不可少的附带条件，包括购买非必需的技术、原材料、产品、设备或者服务；（二）要求受让人为专利权有效期限届满或者专利权被宣布无效的技术支付使用费或者承担相关义务；（三）限制受让人改进让与人提供的技术或者限制受让人使用所改进的技术；（四）限制受让人从其他来源获得与让与人提供的技术类似的技术或者与其竞争的技术；（五）不合理地限制受让人购买原材料、零部件、产品或者设备的渠道或来源；（六）不合理地限制受让人产品的生产数量、品种或者销售价格；（七）不合理地限制受让人利用进口的技术生产产品的出口渠道"
第四十一条	第四十一条改为第三十九条，修改为："国务院外经贸主管部门应当自收到本条例第三十八条规定的文件之日起 3 个工作日内，对技术出口合同进行登记，颁发技术出口合同登记证"

注：本表中左侧所列条目为该文件的 2011 年版本

《外商投资法》的颁布和《技术进出口管理条例》的修订一方面回应了美国对于我国有关强制技术转移的指责，另外一方面也加强了对外商的知识产权和技术成果的保护。

《外商投资法》第二十二条明确提出，保护外国投资者和外商投资企业的知识产权和知识产权权利人、相关权利人的合法权益，对知识产权侵权行为严格依法追究法律责任；鼓励在外商投资过程中基于自愿、公平原则和商业规则开展技术合作，行政机关及其工作人员不得利用行政手段强制转让技术。第二十三条要求行政机关及其工作人员要对履行职责过程中知悉的外国投资者、外商投资企业的商业秘密依法予以保密。

《外商投资法》虽然没有明确规定以知识产权形式的投资，但是在第二条关于外商投资的四种情形中列出了"法律、行政法规或者国务院规定的其他方式的投资"，其中也包括知识产权投资的类型。所以，就外商以知识产权投资而言，可以援引《外商投资法》中所列的投资保护的各项条款，并享受法律所规定的准入前国民待遇加负面清单管理制度。

《外商投资法》强调了对于知识产权权利人和相关权利人的合法权益的保护，以及对外商商业秘密的保护。这与我国不断加强的知识产权保护力度相切合，尤其是不断提高的知识产权执法力度和知识产权侵权惩罚赔偿。

《外商投资法》强调了技术合作、技术转移的平等和自愿原则。技术合作的自愿原则是指合作主体有权按照自己的真实意愿独立自主地选择、决定合作对象和合作条件，建立和变更合作关系，并尊重对方的意愿。从法律层面强调平等、自愿的原则，为建立良好有序的市场交易秩序奠定了基础，有利于推动国际技术转移合作。

与《外商投资法》的宗旨相一致，修订后的《技术进出口管理条例》

一方面降低了外商技术投资的法律风险，另外一方面对关于改进技术归属的条款进行了修改。一是删除了原有版本中所规定的由让与人承担其所提供的技术侵害他人合法权益的责任，合同双方在侵权责任的承担问题上有了更多的自主权，合同双方的约定优先，没有约定的，由让与人承担。二是删除了原有版本中要求技术进口合同有效期内的改进技术的成果属于改进方的要求，改进技术的归属与分享可以按照互利的原则进行约定，没有约定或者约定不明确的，改进技术属于改进方。三是删除了有关技术进口合同不得含有的一系列关于受让人的限制条款。

除通过完善相关制度吸引国外先进技术以外，我国近年来科学技术创新水平不断发展，在对外技术转移方面也不断加强管理。2018年3月，国务院办公厅发布《知识产权对外转让有关工作办法（试行）》，旨在贯彻落实总体国家安全观，完善国家安全制度体系，维护国家安全和重大公共利益，规范知识产权对外转让秩序。审查范围主要是技术出口、外国投资者并购境内企业等活动中涉及的知识产权，其中知识产权转让被界定为"中国单位或者个人将其境内知识产权转让给外国企业、个人或者其他组织，包括权利人的变更、知识产权实际控制人的变更和知识产权的独占实施许可"。审查内容包括两个方面，一是知识产权对外转让对我国国家安全的影响，二是知识产权对外转让对我国重要领域核心关键技术创新发展能力的影响。

第四部分
制胜技术转移

  2017 年 7 月 19 日，原中央全面深化改革领导小组第三十七次会议审议通过《国家技术转移建设方案》。会议强调，建立和完善国家技术转移体系，要聚焦影响长远发展的战略必争领域，遵循技术转移规律，发挥市场机制作用，加强技术供需对接，打通科技转化通道，强化联动协同，加快推动重大科技成果转化应用，更好地发挥技术转移对提升科技创新能力、促进经济社会发展的重要作用。

第十二章　我国技术转移政策

我国的科学技术水平在世界上大致经历了从领先到落后,再到追赶的几个阶段,对技术和技术转移的认知也呈现出明显的历史特征。以四大发明为典型代表,历史上的中国在科学技术领域曾长期处于世界领先水平。从15世纪开始,统治阶级的闭关锁国政策,导致发明创造活动开始逐渐落后。在我国处于半殖民地半封建社会状态时期,发明创造活动进一步受阻,与西方列强拉开差距。中华人民共和国成立后,我国的科学技术发展重新得到重视,政府部门对待技术转移的态度也处于演进过程之中。

第一节　历史演进

一、中华人民共和国成立后作为公共产品的技术（1949～1977年）

中华人民共和国成立时,我国科学技术人员不超过5万人,其中专门从事科学研究工作的人员更是不足500人[①]。在这样的背景下,我国开始重新重视科学技术研发活动。1950年8月,中央政府政务院颁布《保障发明权与专利权暂行条例》,旨在"鼓励国民对生产科学之研究,促进国家经济建设之发展",第七条第二款规定发明人可以转让或许可其专利并取得报酬[②]。1956年,中央政府制定《1956年至1967年全国科学技术发展远景规划》,拟定了57项重大科学技术任务,成为我国第一个科学技术发展长远规划。1962年,制定了《1963年至1972年科学技术发展规划》,确定了374项重点科研项目。1963年,国务院废止《保障发明权与专利权暂行条例》,并颁布新的《发明奖励条例》,不再实行专利制度。

中华人民共和国成立后,我国实行计划经济体制,否认市场对经济发展的作用,也不承认技术是一种商品。我国在这一时期开展的科学技术活动基本上不依靠社会独立、自发的科技力量,而是由国家强制力推动实施,

---

① 国家统计局. 新中国50年系列分析报告之十九——科技事业 蓬勃发展[EB/OL]. [1999-09-28] [2016-12-02]. http://www.stats.gov.cn/ztjc/ztfx/xzg50nxlfxbg/200206/t20020605_35977.html.
② 《保障发明权与专利权暂行条例》第七条第二款具体表述为:将专利权转让他人或对任何机关与个人发给采用发明许可证,取得报酬,其条件由专利权人与采用人以契约规定之。

科学技术事业的经费来源单一为政府直接拨款（肖尤丹，2016）[①]。在这样的背景下，科技活动受制于行政命令，科研机构无偿占用国家科研经费，而企业则无偿使用技术成果，技术被当成公共品，而不能转化成商品。科技人员将技术进行市场化还会被认定为"投机倒把"以至于判刑，某种程度上导致我国科技与经济的部分脱节，进一步拉大了我国与发达国家和新兴国家的科技和经济差距。

二、伴随改革开放和科技体制改革的技术转移政策（1978～1992年）

改革开放后我国迎来"科学的春天"，技术越来越多地参与到市场中。1978年，第一次全国科学大会上，邓小平提出"科学技术是第一生产力"，这是我国的技术转移事业和技术转移政策开始发展的重要前兆。

1978年10月，中共中央转发《1978～1985年全国科学技术发展规划纲要》，通过该计划的实施，对科学技术事业进行恢复。1978年后，随着改革开放的深入和社会主义市场经济的发展，技术的有偿转让和使用逐渐为社会各界所接受。1981年4月，中共中央国务院转发了原国家科委《关于我国科学技术发展方针的汇报提纲》，提出"加强科学技术成果的应用推广，实行有偿转让"，为我国技术商品形态的发展提供了政策依据。1980年后，我国科技计划管理体制长期实行的项目任务制逐步为项目合同制所替代，如《卫生部医药卫生科学研究计划管理试行办法》明确规定了科研主管部门（委托单位）与科研单位（承担单位）之间签订科研项目合同、成果应用合同和中试合同等类型合同，并可以约定"成果使用、收益分成"（肖尤丹，2016）[②]。1982年，科协和财政部发布《科协系统及所属学术团体科技咨询服务收费的暂行规定》，肯定了科技咨询服务的可交易性。1985年，我国经济体制进入了有计划的商品经济阶段，1月份国务院发布了《国务院关于技术转让的暂行规定》（国发〔1985〕7号），明确提出"在社会主义商品经济条件下，技术也是商品"；3月份，中共中央颁布《中共中央关于科学技术体制改革的决定》并着手对科技体制上存在的问题进行改革，明确"技术市场是我国社会主义商品市场的重要组成部分"，提出"促进技术成果的商品化，开拓技术市场，以适应社会主义商品经济的发展"。

1985年，国家决定实施科技体制改革之后，一系列相关政策逐步出台，旨在打破经济和科技"两张皮"的窘境，突破计划经济体制的障碍，建立和培育技术市场，推动科技成果商品化，加强科技与经济的联系（刘华和

[①] 肖尤丹. 科技计划项目承担单位法人责任制研究. 北京：科学技术文献出版社，2016.
[②] 同上。

周莹，2012①；朱桂龙和程强，2014②）；我国的宏观科技管理也逐渐从体制改革转向政策体系的完善和运行机制的建立，从以科技规划为中心转变为通过实施一系列国家科技计划来促进技术转移转化（李世超和蔺楠，2011③；刘华和周莹，2012④），从以国防为导向转变为以经济为导向。1986年4月19日，《国务院关于扩大科学技术研究机构自主权的暂行规定》（国发〔1986〕47号）发布，明确"研究所可以与其他单位就技术开发、技术转让和利用技术为社会服务订立合同，获得合法收入"，"扶持科学技术的发展，对研究所的技术性收入，暂免征所得税；对新产品和中试产品，按有关规定减税或免税"。1987年1月20日，《国务院关于进一步推进科技体制改革的若干规定》发布，提出"进一步放活科研机构，促进多层次、多形式的科研生产横向联合，推动科技与经济的紧密结合"，"进一步改革科技人员管理制度，放宽放活对科技人员的政策，为充分发挥科技人员作用创造良好的社会环境"。1987年，党的第十三次全国代表大会把发展科学技术放到我国经济发展战略的首要位置。1988年5月3日，《国务院关于深化科技体制改革若干问题的决定》（国发〔1988〕29号）发布，进一步认识到经济的发展对科技体制改革提出了新要求，科技体制改革需要适应商品经济的需要，应进一步建立科技与经济紧密结合的机制。

三、科技立法和技术转移政策的发展（1993~2005年）

1993年，全国人民代表大会发布并实施《中华人民共和国科学技术进步法》。该部法律是我国科学技术领域的第一部法律，规定了技术转移的一些基本原则，初步从法律层面对我国的技术转移进行了界定，第五条规定"国家鼓励科学研究和技术开发，推广应用科学技术成果，改造传统产业，发展高技术产业，以及应用科学技术为经济建设和社会发展服务的活动"，第十二条规定"国家建立和发展技术市场，推动科学技术成果的商品化。技术贸易活动应当遵循自愿平等、互利有偿和诚实信用的原则"。

1994年，国务院批复了《关于加快科技成果转化、优化出口商品结构的若干意见》，提出鼓励外贸企业、生产企业与科研机构结合，拓宽实施贸工技结合、加快科技成果转化的资金渠道，在外汇、税收等方面给予支持，简化审批管理程序，建立加快科技成果转化和国际贸易信息传递、交流的中介机构。1994年4月，原国家科委、原国家体改委印发《关于进一步培

---

① 刘华，周莹. 我国技术转移政策体系及其协同运行机制研究 [J]. 科研管理，2012，33（3）：105-112.
② 朱桂龙，程强. 我国产学研成果转化政策主体合作网络演化研究 [J]. 科学学与科学技术管理，2014，(7)：40-48.
③ 李世超，蔺楠. 我国产学研合作政策的变迁分析与思考 [J]. 科学学与科学技术管理，2011，32（11）：21-26.
④ 刘华，周莹. 我国技术转移政策体系及其协同运行机制研究 [J]. 科研管理，2012，33（3）：105-112.

育和发展技术市场的若干意见》，在"健全流通体系，强化中间环节""建立公平、公开、公正竞争的市场秩序""促进科技计划管理与技术市场接轨""进一步发展和培育农村技术市场""加快技术市场的统一、开放和国际化""加强对技术市场的宏观调控和管理"等方面做出了具体部署。

1995年5月，《中共中央 国务院关于加速科学技术进步的决定》发布，确定了"科教兴国"的战略方针，指明了以科技和教育带动经济发展的方向。其中对技术转移也做出了很重要的部署工作，把"科学技术工作必须面向经济建设"作为科技工作的基本方针，把推动科技成果向现实生产力的转化作为工作原则，并提出鼓励产学研结合、促进军工技术向民用领域转移、建立技术服务机构、发展技术市场和各类技术中介机构等多个方面的举措。

1996年5月，全国人大通过《促进科技成果转化法》，是我国科学技术领域的第二部法律，实质就是一部促进技术转移的法律。从组织实施、保障措施、技术权益、法律责任对科技成果转化进行了规定。

1999年3月，科技部等7部门共同发布《关于促进科技成果转化的若干规定》，旨在鼓励科研机构、高等学校及其科技人员研究开发高新技术，转化科技成果，发展高新技术产业，在技术入股、技术转移奖励、税收优惠、科技人员管理、科技人员创业、科技中介机构等方面明确政策支持。

1999年8月，《中共中央、国务院关于加强技术创新，发展高科技，实现产业化的决定》发布，把高新技术成果的商业化、产业化作为工作重点，并提出要为高新技术成果的商业化、产业化提供体制保障，并进一步提出发展科技中介服务机构、实行财税扶持、实施金融扶持、完善科技人员管理制度等政策举措。

四、建设创新型国家和技术商品的繁荣（2006年至今）

2006年召开的全国科学技术大会是我国科技工作的一个重要里程碑，大会对《国家中长期科学和技术发展规划纲要（2006～2020年）》进行了部署，发布的《中共中央、国务院关于实施科技规划纲要增强自主创新能力的决定》把自主创新确立为新的国家战略，提出我国在2020年要进入世界创新型国家行列，成为新时期我国技术转移工作和技术转移政策制定的一个重要指引。

2007年9月21日，科学技术部、教育部、中国科学院发布《国家技术转移促进行动实施方案》，旨在发展技术市场，建立良好的技术转移机制，促进知识流动和技术转移。该方案还明确了我国在"十一五"期间技术转移工作的总体目标：引导和支持建立10个区域技术转移及服务联盟、40个综合性、70个行业或专业性、80个大学及科研机构、30个国际技术转移基地等多层次的国家技术转移示范机构；建设中国创新驿站工作网络，建立

100家工作站点；推动一批国家重大计划项目和行业共性技术、关键技术的转移和扩散；实现全国技术合同成交额每年以15%的速度递增，到2010年达到3000亿元。从具体举措来看，该项政策在建立新型技术转移体系、健全技术市场法律法规政策保障体系、开展国家技术转移示范工作、培育专业化和高水平的技术转移人才队伍、建立和完善技术转移的投融资服务体系等方面做出了部署。

2008年12月15日，国务院办公厅转发了发展改革委、科技部等9部门印发的《关于促进自主创新成果产业化的若干政策》，从企业、高校、科研机构、金融机构、政府部门等多个方面明确了促进技术转移的工作重点。

2015年8月29日，我国颁布修订后的《促进科技成果转化法》，做出了多个方面的重要修改，以更好地促进科技成果转化为现实生产力，规范科技成果转化活动。

2015年9月24日，中共中央办公厅、国务院办公厅印发《深化科技体制改革实施方案》，其中专门单列"健全促进科技成果转化的机制"部分内容，并从"深入推进科技成果使用、处置和收益管理改革，强化对科技成果转化的激励"和"完善技术转移机制，加速科技成果产业化"两个方面提出了13个具体工作内容。

2016年2月26日，国务院印发《实施〈中华人民共和国促进科技成果转化法〉若干规定》，以更好地落实《促进科技成果转化法》，打通科技与经济结合的通道。2016年4月21日，国务院办公厅专门印发《促进科技成果转移转化行动方案》，这之后，国家各个部委从不同角度制定有关技术转移的政策。2016年8月3日，《教育部 科技部关于加强高等学校科技成果转移转化工作的若干意见》（教技〔2016〕3号）发布。2016年9月1日，原国土资源部印发《促进科技成果转化暂行办法》（国土资发〔2016〕105号）。2016年12月12日，原农业部印发《农业部深入实施〈中华人民共和国促进科技成果转化法〉若干细则》（农科教发〔2016〕7号）。2017年3月17日，原国家质检总局印发《质检总局关于促进科技成果转化的指导意见》（国质检科〔2017〕140号）。2017年4月24日，交通运输部印发《促进科技成果转化暂行办法》（交科技发〔2017〕55号）。2017年8月22日，原国家食品药品监督管理总局印发《关于促进科技成果转化的意见》（食药监科〔2017〕71号）。2017年12月26日，《教育部办公厅关于进一步推动高校落实科技成果转化政策相关事项的通知》（教技厅函〔2017〕139号）发布。

第二节 政策议题

法律制度是现代技术转移的基本保障，而政策是对相关法律的具体落实和有效补充，也是政府对市场进行干预的重要工具。

我国现代科学技术的发展起步较晚，在激励科技创新和促进成果转化方面都对政策有一定的依赖。

技术转移是一个价值增值和权益关系改变的过程，实际上是一种交易，因而存在交易成本。作为技术需求方的企业注重市场运营，对技术的需要往往是具体的、成熟的和动态的。而作为技术供给方的大学和研究机构往往追求技术的先进性，对企业的实际需求缺乏了解，势必导致合作关系的建立需要花费大量人、财、物等成本。在技术的供需双方签订契约合同的过程中，还会有谈判费用和其他潜在费用。在这种契约达成的过程之中，政府规制在降低交易费用、增强信任程度、提高合作效率等方面可以发挥重要作用。

从不同角度出发，技术转移政策有以下几种分类。

第一，从政策来源的级别来看，包括国家政策、部门政策和地方政策。

第二，从政策作用的技术转移过程来看，涉及科技研发、科技中介、技术转移模式、创新税收等方面。

第三，从与其他政策的横向交叉来看，技术转移政策涉及产业发展政策、区域发展政策、贸易政策、税收政策等。

第四，从导向来看，技术转移政策包括鼓励技术转移政策和限制技术转移政策，在特定情况下还有强制技术转移和禁止技术转移的政策。

第五，从实施范围来看，有主要面向国内技术转移的政策和主要面向国际技术转移的政策。

第六，从政策的效力级别来看，包括各类法律、法规、战略规划、部门规章等类型。

第七，从政策的内容来看，包括原则性规定（如法律条文）、导向性政策（如战略规划中的方向性目标）、具体举措等。

政府是规则提供者和维护者，政府通过制定政策可以在技术转移过程中发挥以下几方面的作用。

第一，弥补市场不足，推动高投入、高风险且直接关系到国家产业竞争力、综合国力的一些尖端技术领域的研究开发。

第二，建立法规驱动机制，提升政产学研合作创新的产出水平。政府制定有利于产学研合作的一系列法律法规，规定合作中各自的权益、责任和义务，提高各方参与产学研合作的主动性和积极性，制定完善税收、财政补贴等激励机制，打破产学研合作的"囚徒困境"，提升企业的自主创新能力和大学的成果转化效率。

第三，通过宏观指引，建设区域经济体系。政府通过宏观指引，从地方产业结构出发，有重点地发展若干高新技术领域，建设若干技术经济一体化基地，提升国家和地方科技与经济的质量与水平，提高整个产学研联合的层次。

第四，构建市场化的社会服务体系，提升政产学研合作创新的效率。

政产学研合作创新是一种交易，政府能够发挥强大的信息网络优势，完善产学研一体化的创新网络环境，建设能提供项目招标、人才引进、信息咨询、投资运营等服务的科技中介服务机构，节约合作各方的成本，提高产学研联合的效率。

第五，发挥融资配套作用，建立政产学研合作的风险投资机制。政府在风险资金启动阶段注资，通过政策引导金融界、产业界及社会闲散资金流入，实现"政府搭台，企业唱戏"的多层次、多渠道的融资体系。

第十三章 我国的技术转移平台

信息的有效衔接是制约技术转移的最主要因素之一，而技术转移平台的建立目的正是解决这一问题，所以技术转移平台在促进技术转移过程中发挥重要作用。

第一节 平台要求

从技术转移平台的体现形式来看，主要包括线下技术转移平台和线上技术转移平台。线下技术转移平台主要包括三种类型，一种是前文所述的技术转移服务机构；一种是技术转移的线下活动，比如中国国际高新技术成果交易会（以下简称"高交会"）、中国（上海）国际技术进出口交易会（以下简称"上交会"）、中国国际专利技术与产品交易会（以下简称"专交会"）以及各类技术拍卖活动等；还有一种是旨在宣传技术信息和促进技术对接的各种印刷品。线上技术转移平台主要是基于互联网技术建立的各类网络平台。

技术转移平台的主要作用是构建技术供给方与专利需求方之间的媒介，通过搭建这样的平台加强技术供需双方的信息沟通，进而促进技术转移的实现。在技术转移过程中，一个公开的、健全的交易市场发挥着重要作用，而技术转移平台所起到的就是交易市场的作用，通过平台可以更加快捷、便利和有效率地配置技术资源，从而促进科技创新、经济发展。

技术转移交易平台最为基础和关键的功能就是信息汇聚，技术拥有方可以利用交易平台展示自己的研究成果、研究方向和成果转让等信息；技术需求者可以通过平台发出寻求所需相关技术的信息，交易平台的建立降低了技术转移过程中的信息交易成本，加快了合作进程。同时，技术转移平台还具有一定的价格发现功能，技术供求信息的集中和公开降低了信息的不对称程度，使潜在的交易者对交易价格能做出合理的判断，从而使交易价格趋于合理。

第二节 机构平台和区域平台

在我国各级政府部门的积极推动下，在各类企业等机构的努力下，我国已经建立起一批技术转移机构平台和区域平台，在打通技术转移的关键环节、困难环节方面发挥重要作用。

国家技术转移示范机构是我国技术转移机构平台的重要组成部分，有效促进了我国技术转移机构的规范化运营和管理，推动了产学研紧密结合。国家技术转移示范机构建设始于 2007 年，当年 9 月 10 日，科技部印发《国家技术转移示范机构管理办法》（国科发火字〔2007〕565 号）。国家技术转移示范机构的建设旨在促进知识流动和技术转移，促进技术转移机构的健康发展，规范技术转移机构的管理，建立以企业为主体、市场为导向、产学研相结合的技术创新体系。

2008 年 8 月 7 日，科技部办公厅公布了首批 76 个国家技术转移示范机构，其中包括清华大学国家技术转移中心、浙江大学技术转移中心等大学技术转移中心；中科院北京国家技术转移中心、中国兵器科学研究院宁波分院等研究机构技术转移中心；南昌大学科技园发展有限公司、大连理工大学技术转移中心有限公司等校办企业技术转移中心；还有江苏省技术市场、西安技术市场、北方技术交易市场等多种机构类型。2009 年 9 月 24 日，科技部公布第二批国家技术转移示范机构 58 家；2011 年 6 月 7 日，科技部公布第三批国家技术转移示范机构 68 家；2012 年 10 月 31 日，科技部公布第四批国家技术转移示范机构 74 家；2014 年 2 月 17 日，科技部公布第五批国家技术转移示范机构 95 家；2015 年 1 月 12 日，科技部公布第六批国家技术转移示范机构 84 家。科技部公布的六批国家技术转移机构累计 455 家，截至 2018 年底尚存 453 家（表 13-1）。国家技术转移示范机构主要集中在东部地区（258 家），占全国总数的 56.95%。国家技术转移示范机构相对集中的省（市）包括北京、江苏、广东、山东、浙江和上海，六地总数为 222 家，占到全国总数的 49.01%。

表 13-1 国家技术转移示范机构主要分布情况

地区		机构总数	企业法人	事业法人	社团法人	民办非企业	内设机构
区域分布	东部地区	258	93	60	2	9	94
	中部地区	60	21	20		1	18
	西部地区	97	31	36	1	5	24
	东北地区	38	9	9			20
	合计	453	154	125	3	15	156
主要省市	北京	58	28	9		2	19
	江苏	45	9	9			27
	广东	34	8	13		4	9
	山东	32	17	6		2	7
	浙江	27	12	7		1	7
	上海	26	8	6	2		10

数据来源：科学技术部火炬高技术产业开发中心（2019）[1]

---

[1] 科学技术部火炬高技术产业开发中心. 2018 年国家技术转移示范机构主要情况 [EB/OL]. (2019-12-10) [2020-02-13]. http://www.chinatorch.gov.cn/kjfw/tjsj/201912/7db22725dcc249358cf6722e71f8536a.shtml.

国家科技成果转移转化示范区和区域技术转移中心是我国技术转移区域平台的主要体现。区域技术转移平台旨在从地区层面推动技术转移和区域创新、区域发展相结合，是我国国家技术转移体系的重要组成部分。2017年10月10日，科技部印发《国家科技成果转移转化示范区建设指引》（国科发创〔2017〕304号），以深入推进我国技术转移事业的发展，促进区域性科技成果转移转化，提出要在"十三五"期间部署建设10个左右的国家科技成果转移转化示范区。科技成果转移转化示范区的建设以省（自治区、直辖市）为建设主体，主要依托国家自主创新示范区以及国家和省级高新技术产业开发区、农业科技园区等，开展科技成果转移转化区域示范，促进科技成果跨区域转移转化和创新资源开放共享，带动周边区域乃至全国范围的科技成果转化与产业升级。目前，科技部共计公布9个国家科技成果转移转化示范区，每个区域都有各自的区域范围和主题特征（表13-2）。

表13-2　国家科技成果转移转化示范区

名称	批准时间	主要优势/特征
河北·京南国家科技成果转移转化示范区	2016年9月19日	京津冀协同创新
宁波国家科技成果转移转化示范区	2016年9月19日	激发民营经济活力
浙江省国家科技成果转移转化示范区	2016年11月24日	"互联网＋"科技成果转化
山东省济青烟国家科技成果转移转化示范区	2017年10月10日	供给侧结构改革和产业机构调整
上海市闵行国家科技成果转移转化示范区	2017年10月10日	全球科技创新中心
江苏省苏南国家科技成果转移转化示范区	2017年10月10日	供给侧结构性改革和经济转型升级与产业结构调整
吉林省长吉图国家科技成果转移转化示范区	2018年5月10日	面向东北亚的技术转移枢纽
四川省成德绵国家科技成果转移转化示范区	2018年5月10日	以科技创新更好支撑西部大开发战略深入实施
广东省珠三角国家科技成果转移转化示范区	2018年5月10日	泛珠三角、粤港澳大湾区

从2013年9月国家技术转移集聚区在北京成立，到2015年9月国家技术转移东北中心（长春）、国家技术转移西北中心（西安）、国家技术转移西南中心（成都）和国家技术转移海峡中心（福州）4家区域中心成立，历时2年，全国共成立了11家国家技术转移区域中心（表13-3）。从地域范围和功能分布来看，国家技术转移区域中心基本覆盖了全国东南西北经济

发达、科教资源富集、社会资本活跃的区域，并且呈现出一定的区域特色[①]。

表 13-3 国家区域技术转移中心

名称	定位
国家技术转移集聚区（北京）	打造具有全球影响力的国际技术转移大平台
国家技术转移南方中心（深圳）	与国家技术转移集聚区（北京）共同承担全球性技术转移枢纽的重要使命
国家技术转移东部中心（上海）	探索技术资本化路径
国家技术转移中部中心（武汉）	打造国家级技术转移机制完善和模式创新示范区
国家技术转移东北中心（长春）	带动东北地区形成跨机构、跨行业、跨国家的技术转移新格局
国家技术转移西北中心（西安）	打造丝绸之路经济带技术转移中心
国家技术转移西南中心（成都）	对接"一带一路"和长江经济带国家战略，打造全链条的技术转移服务业态
国家技术转移海峡中心（福州）	建立连接海峡两岸创新资源要素的技术转移枢纽
国家技术转移苏南中心（苏州）	以苏州市为核心打造国家级技术转移平台
国家技术转移郑州中心（郑州）	打造中部地区技术转移全链条服务先行区
国家海洋技术转移中心（青岛）	发挥"海洋"优势，打造国际级海洋技术转移交易平台

第三节 网络平台

随着信息技术的发展和互联网应用的广泛普及，网上技术转移平台的作用开始突出。

一、网上技术转移平台的基本要素

（1）平台基础体系。网上技术转移平台通过专业化的网络平台完善管理系统，保证服务平台的真实性、有效性、对接通畅性以及服务个性化，具体包括会员管理、信息管理、信用管理、交互通道、伙伴管理等。平台需实现信息平台与用户端之间的对接，具有资源共享、满足个性化需求、随时存取（突破服务的时空限制）的优势。

（2）详实的数据库支撑。实现网上的技术交易对接，需要依托多方的数据内容，包括科研团队信息、技术方案内容、企业信息、企业需求内容、第三方服务信息、交易流程信息等。普遍来说，政府驱动的平台具有更多当地的企业数据与交易数据，科研人员与成果数据相对缺乏。

[①] 郭曼. 国家技术转移区域中心发展评述[J]. 中国科技产业，2017（12）：72-75.

（3）平台的运营推广与客户体验。通过对平台进行优化推广，提高搜索引擎友好度和收录量，有效提高平台的人气和流量；提升技术交易各方网上用户体验，不能仅仅从互联网线上产品的视觉层次入手，更需从业务流程的逻辑与用户操作的学习成本角度考虑，合理化操作、统一化处理，从而真正改善网上市场的用户体验。

二、网上技术转移平台的基本功能

在技术转移过程中，网络平台发挥作用的核心机制是通过降低信息不对称来缓解科技成果的供需矛盾。具体来看，其作用主要体现在以下四个方面。

第一，网络平台为技术的持有方和需求方提供便捷的信息发布渠道和信息获取来源。在技术转移方面，网络平台发挥了"虚拟"交易市场的作用，通过搭建技术供需双方之间的媒介，促进技术资源的流动进而实现优化配置。具体而言，网络交易市场可以在三个方面发挥作用：一是信息汇聚，网络平台上信息的大量积累增加了供给和需求匹配的可能性；二是价格发现，信息的集中和公开降低了信息不对称，从而促进交易价格的合理化；三是制度规范，平台为技术交易过程中的各种行为提供了相对公平、规范的交易环境。很多大学和研究机构都通过建设网络平台来推广其科技成果，进而吸引潜在需求者以实现技术转移，如中国科学技术大学技术转移网、浙江大学知识产权与技术转移平台和美国加州大学应用创新平台等。部分政府支持的网络平台也具备提供技术供需信息的功能，如上海知识产权公共服务平台、北京知识产权公共信息服务平台等。此外，专业的技术服务机构也通过建立网络平台提供技术供需信息，并通过从中提取上架费和交易抽成费获得利润，如中国专利网、知淘网、科易网、高航网、技E网和汇桔网等。

第二，网络平台为技术转移提供配套服务。技术转移的相关服务包括技术咨询、法律咨询、数据检索和分析，提供配套服务的网络平台多由政府机构或企业建立。以专利技术为例，政府机构建立的网络平台中，上海知识产权（专利）公共服务平台和北京知识产权公共信息服务平台提供了知识产权检索相关服务，商务部建立的中国保护知识产权网提供了在线咨询功能。从企业来看，SooPAT、专利巴巴等网络平台为用户提供专业化的专利检索和分析服务，科易网、技E网等网络平台提供在线展会的功能，汇桔网等网络平台提供在线咨询功能，知了网提供多个知识产权服务机构和网络平台的导航。此外，还有一部分网络平台以政府机构名义建立，实际上属于注册公司，如工业和信息化部电子知识产权中心的工业行业知识产权数据资源平台，提供了专利主题数据库、标准专利信息数据库和集成电路数据库等丰富的专利数据检索资源。

第三，网络平台为技术转移提供商业、政策资讯和学习资源等内容。技术转移发生在复杂的社会体系和市场体系之中，必然要受到政策、法律和市场等诸多外部环境的影响。网络平台用户可以快速便捷地了解自己需要的信息，从而为技术转移商业化提供帮助。以专利技术为例，中国保护知识产权网、思博网等网络平台提供了大量与知识产权商业化相关的资讯和案例，知淘网、专利巴巴等网络平台提供了众多与知识产权商业化相关的学习资源。

第四，网络平台为技术转移的利益相关方提供在线讨论社区。借助网络平台，用户可以通过在线交流进行提问、留言，分享成功的经验、失败的教训和业务处理的技巧，极大地丰富了网络平台的内容。有很多网络平台都开辟了在线论坛/社区的功能模块，如思博网、知淘网、汇桔网和盘古知识产权网等，其中汇桔网还专门开辟了"百科"模块，允许用户直接创建词条。

三、网上技术转移平台的基本模式

（1）单向信息平台。提供单向信息的网上技术转移平台仅提供技术的供给信息或者仅提供技术的需求信息，这样的技术转移平台在市场化的企业中并不多见，但是一些政府部门建立的技术转移平台却可能具备这种特性。一个典型代表就是美国国防部建立和参与建立的网上平台，比如美国国防部建立的"国防创新市场"和"国防部技术对接市场"，以及美国国家航空航天局（NASA）下的军转民技术数据库和技术跟踪系统等。我国的专利技术展示网（www.zlshow.com）也是单向的信息平台，只提供了供给方的信息。

（2）双向信息平台。双向的信息平台即网站上同时包含技术的供给和需求方面的信息，这种模式更为常见。SooPAT 旗下的专利交易网（www.patmm.com）基本属于此种类型。此外，一些政府建设的网上平台也属于此种类型，如江苏省知识产权公共服务平台（www.jsipp.cn）的专利交易模块包含了"专利推介"和"需求信息"两方面内容，广东省知识产权公共信息综合服务平台（www.guangdongip.gov.cn）的展示交易模块也仅提供了"供应项目"和"需求项目"方面的信息。

（3）综合交易平台。大部分的网上技术转移平台提供了多样化的服务内容，而技术的供给和需求信息是这些多样化服务的基础。网上技术转移平台的创新服务内容主要包括信息沟通、专家咨询服务、专利检索和技术分析、交易合同拟定等方面的内容。这种类型的平台一般需要较多的资源支撑，多是由企业建立和运营的，如技E网、科技网、高航网、yet2 等都是综合性的网上技术交易平台。

第四节　建设情况

我国的技术转移平台既有线上平台，也有线下平台，也有一些平台同时具有线上和线下的功能。

我国提供技术转移平台建设的主要有政府部门、商业部门、大学和科研机构、行业协会等。但是不同类别的组织所设立的平台具有不同的动机和特点，比如国家部门设立的平台侧重公共性，商业机构设立的平台偏向营利性，大学和科研机构设立的平台侧重学术交流和机构自身成果推介，行业协会设立的平台侧重服务特定行业领域。

政策推动对于我国技术转移平台的建设发挥重要作用。2006年，国家知识产权局发布《关于确定实施全国专利技术展示交易平台计划的通知》，并开始实施《全国专利技术展示交易平台计划》。建立全国专利转化实施的常设展示交易平台是计划的核心内容，并且首批成立了19个国家专利技术展示交易中心，主要分布在北京、上海、天津、武汉、宜昌、宁波、淮北、南昌、重庆、成都、佛山等地。全国各展示交易中心独立运作，在业务上互相配合、支持。由工业和信息化部发起的"上海硅知识产权交易中心"和上海市人民政府批准设立的"上海知识产权交易中心"也是我国重要的知识产权交易市场，上海市知识产权局主办的上海知识产权（专利）公共服务平台也提供知识产权交易方面的服务。江苏省专利信息服务中心建设的江苏省知识产权公共服务平台和广东省知识产权研究与发展中心（广东省知识产权维权援助中心）建立的广东省知识产权公共信息综合服务平台等也提供专利推介方面的服务。

一、技E网

2009年8月13日，由北京市政府、科技部、国家知识产权局和中国科学院联合建立的技术转移服务机构中国技术交易所（简称"中技所"）揭牌仪式在北京清华科技园举行。中技所坚持"技术＋资本＋服务"的创新服务理念，致力于打造技术交易的互联网平台、科技融资创新平台和科技政策的市场化操作平台，通过与经纪、咨询、评估等专业中介机构合作，为专利技术、商标以及其他知识产权以转让、许可、入股、融资、并购等多种形式转移转化的全过程，提供低成本、高效率的专业化服务。中技所成立后，取得了一系列成就。2010年8月17日，由中技所联合北京大学知识产权学院、知识产权出版社、北京东方灵盾及数十家会员机构共建的知识产权一站式服务平台（IPOS）正式启动。2011年6月，中技所入选为第三批国家技术转移示范机构。2013年7月，中技所入选2013年知识产权分析评议服务示范创建机构。2014年11月，中技所获得中国技术市场协会颁布的"金桥奖"中的先进集体奖、优秀项目奖和先进个人奖。

通过承担科技部"国家技术交易全程服务支撑平台"的课题，中技所建设了基于互联网的技术交易平台技E网（www.ctex.cn），促进技术交易制度和流程的规范化、技术信息发布的标准化、中介服务的集成化以及交易竞价的实时化，全面提高技术交易市场的运行效率。技E网于2014年12月18日正式上线，为技术交易参与各方建立全流程的市场化服务体系，并通过互联网手段实现线上与线下服务的融合。技E网面向所有技术交易供需双方及相关科技中介服务机构、政府管理部门开放免费的会员注册，对技术转移服务机构及经纪人采用佣金制，根据成交的技术交易项目，由技E网平台统一收取交易佣金，由参与项目交易的相关机构按照一定比例分配佣金，提高各机构及个人参与技术交易服务的积极性，努力发展成为行业内资源汇聚能力强、参与机构广、具有专业能力的个人能够直接参与获益的技术交易"第四方"平台。

目前，技E网已经在中国具有较大影响力，逐步成为行业内领先的信息化平台之一，与地方政府、行业组织合作共建48个分平台，逐步建立起覆盖全国、深入行业的体系，积累了数量庞大的项目信息和一批注册会员。技E网的主要服务特点包括以下几个方面。

（1）在线竞价形成行业标杆。网络竞价为批量转让项目提供在线竞价交易服务，购买方可以随时随地在线竞买，适用于技术、专利、商标、科技企业股权等交易产品。

（2）在线路演打造重点展示。在线路演主要针对重点项目和重点合作机构，为技术交易供需双方提供全面立体的项目展示和交易洽谈渠道。项目路演方面，为更好地服务于创新创业企业，技E网采用视频节目录制、动画制作、文字访谈等方式，为近百个项目打造了专场项目路演，促进优质项目更加精准有效地呈现给投资人。

（3）在线展会提升对接效率。在线展会使线上线下的展示活动相结合，大大提升了参观人数从而达到更好的对接效果。中关村管委会、中关村环保科技示范园、北京市知识产权局、中国科学院物理研究所、河北省科技厅、西安交通大学等主办的线上科技成果展会吸引了过万人次的访问，充分放大并提升了线下科技成果项目展会的影响范围。

（4）建立分平台实现共享共通。根据行业或区域产业特点，为地方政府部门、园区管委会、技术转移机构，提供订制化的平台建设服务，导入各类业务资源，支持各行业或区域创新服务体系建设，形成从线上到线下、从软件到硬件、从信息技术支持到科技成果转化的专业服务。

（5）建立国有科技成果交易专门系统。配合《促进科技成果转化法》的修订，技E网开发完成"国有科技成果挂牌交易系统"和"国有科技成果交易信息公示系统"，并于2015年10月正式投入使用，为科研院所、高校提供规范公开的市场定价机制，促进高校科技成果与资本的高效对接。

（6）与中技所其他网上平台相互补充。除技E网外，中技所还参与共建和负责运营"中关村技术转移与知识产权服务平台"（www.zgcipex.com），该平台与中技所共用一个后台数据库。该平台主要有技术转移和知识产权服务两大功能。技术转移功能围绕科技成果转移转化链条中的核心环节及各环节所需的共性服务，通过供需信息发布、实时竞价交易、项目路演和企业路演，以及一些专题模块（如军民融合、国际技术转移）等来实现。知识产权服务功能面向企业、科研院所、高校、行业协会、产业联盟和投资机构等市场主体，通过整合经纪、评估、预警、检索、法务、审计和专家等方面的资源来实现。同时，中技所本身的网站也可以实现基本的网上技术转移平台功能。网上提供了技术交易的信息和知识产权公开竞价展示区等内容。而技E网也是由中技所建立和经营的，从而在实际运作中会与"中关村技术转移与知识产权服务平台"和中技所本身网站协同发挥作用。

（7）与中技所的创新业务相结合。中技所牵头搭建的"知识产权一站式服务平台"（Intellectual Property One-Stop Service，IPOS）于2010年8月启动，目标是更好地提供知识产权的检索、咨询、交易和商用服务。此外，中技所还推出了知识产权质押平台、科技融资、科技信托、专利价值分析、专利拍卖等服务。由于同属一家，技E网可以对中技所的其他服务内容进行很好的融合，并对网站功能加以完善。

（8）实现线上线下服务融合。技E网由中技所建立和经营，一个主要特点是能够紧密融合线上功能与线下服务，推出政策咨询、定向技术对接与路演、企业需求调研、技术经纪人培训、双创咨询、园区规划与招商等服务内容，形成个性化且具有实效性的技术交易服务新模式，不断促进科技成果转化工作真正落地。中技所依托高校、科研院所和高科技企业的科技资源，与国内外一大批知名的专业机构建立了合作关系，吸收国内外律师事务所、会计师事务所、资产评估公司、拍卖公司、招投标公司等专业中介服务机构作为合作伙伴。此外，中技所还在全国布局技术服务网络，已经建立中技所杨凌分所、中技所成都交易中心，并在长沙、深圳、东莞、宁波、福州等城市建立了中技所工作站。对于中技所的线下资源，技E网可以进行很好地利用，并通过其网上平台实现信息的传递。

二、科易网

科易网由厦门科易网科技有限公司创建于2007年5月，定位为卓越的城市技术创新服务平台，愿景是成为优秀的城市科技创新服务提供商，至2019年底已拥有20家子公司，近300人专业团队。在技术转移平台上，创造性地将电子商务与技术转移有机结合，提供展示、对接、定价、交易、服务、管理等技术转移各节点性环节支撑，并逐步形成一系列成熟、行之有效的市场运行规则和规范；在科技资源整合上，实现从"注重资源丰富性"到"注重资源有效性"、从"注重资源贡献者的活跃性"到"注重资源商务关系整合"的层层深入；在区域服务上，作为技术市场基础服务提供商，探索并实践出成熟的区域技术市场化运营模式，通过体制、政策、服务的三大创新，构建了真正有效果、可持续、能扩展的区域技术创新服务体系。

科易网提供的服务和特征主要包括以下几方面的内容。

（1）技术转移服务。科易网改变了原有简单的科技资源采集与展示方式，坚持以优质服务和良好的客户体验来吸引服务机构自主进驻平台，实现核心资源由会员自主发布，大幅提升资源的有效性；坚持按客户需求导向来深度整合与加工科技资源，建立了数以万计的多维度技术专题与专家能力点，满足中小企业个性化需求。根据平台信息，至2019年底，科技网汇聚的基础资源有40余万科技成果、20余万专家、200余万家科技企业、83个合作区域、1000余家科研院所、5000多家合作服务机构。提供与技术转移相关的多项服务，形式包括会员服务、定制服务等。

（2）流程创新。科易网将电子商务与技术转移有机结合，打通技术转移全流程服务。首创技术交易价格评估系统，为企业提供技术定价的参考依据；首创在线展会服务体系，实现企业不出办公室、专家不出实验室在线同步洽谈对接；首创技术交易服务系统，解决技术交易双方资金担保支付、技术安全交付、线下服务规范等三大节点问题，提高科技成果转化成功率。

（3）技术创新服务体系探索。科易网的区域技术创新服务体系坚持政府指导下的市场化运营，实行"1+1+N"的组织架构。第一个"1"是指区域科技主管部门，是区域技术创新服务体系的主管部门。主要负责购买专业服务、出台平台政策、指导工作方向；第二个"1"是指市场化的创新体系基础服务提供商，负责为进驻平台的各类服务机构提供专业化支撑服务，构建良好的服务环境。"N"是指与技术创新有关的各种专业服务机构，包括高校技术转移中心、产业联盟、金融服务机构、知识产权服务机构、检测服务机构、工业设计中心、咨询培训机构等。

科易网历经多年的探索创新与资源积累，针对目前国内优秀创新体系基础服务商严重缺失的问题，积极扮演区域技术创新服务体系的基础服务商，为入驻服务机构与当地企业提供科技资源加工与展示服务，组织各种形式的对接活动，解决定价、担保支付、服务交付等节点问题，制定平台标准与规范，建立信用与评价系统，从而构建一个开放、有效、可持续的区域技术创新生态，大幅改善入驻机构的服务环境，提升服务机构的服务能力，满足企业技术转移及科技服务的个性化服务需求。

三、北方技术交易网

北方技术交易市场是国家科技部与天津市政府联建的国家级常设技术

市场，也是我国目前重要的区域性技术转移机构之一。于1995年3月开业运行，北方技术交易市场自建立至今，在科技部和天津市政府的指导和支持下，按照国家科技部提出的"立足天津和北方地区，面向全国和世界，与国际接轨，采用国际惯例运作，建成我国北方重要的科技成果信息集散地和技术交易中心"的指导思想，努力适应我国深化科技体制改革的要求，走出一条网络化—集成化—国际化的发展轨迹，从规模做大到功能做强，从单一服务到集成服务，不断调整服务结构，不断创新服务品种，逐步构建起具有相当规模的技术供需网络和以"北方技术网"为骨架的信息网络，搭建起致力于技术转移的技术、中介、信息、国际合作等四个集成服务平台，形成了信息服务、对接服务、中介服务、科技会展、技术产权交易和国际合作交流等六项服务功能的技术转移中心。

北方技术交易网的机构设置包括技术转移部（国际合作部）、咨询部（滨海部）、信息管理部、事业管理部等。技术转移部负责策划并组织实施境内外各类科技会展、供需对接、技术培训等活动及相关的配套服务；国内外技术转移与创新网络（包括技术转移服务联盟）建设，各类项目资源、服务需求信息的收集、加工整理、传递；中国创新驿站区域试点、欧洲企业网络中国北方中心的建设等工作。咨询部负责实施国内外技术项目的咨询、代理、评估、验收等多种形式的科技咨询和技术转移服务；北方市场在滨海新区及各功能区的日常联系与服务；组织和实施专业化技术转移项目服务；负责与其业务相关的各科技中介机构、配套服务机构的合作事项等。

技术集成平台旨在培育和催化原始创新成果、推进科技成果转化及产业化，整合集成专业知识、研发项目、基础条件等各种不同形态的科技资源，为区域经济发展和自主创新提供综合性技术服务。

中介集成平台包括需求征集、成果发布、项目筛选与推介、组织技术供需对接洽谈、协调签约和实施、反馈跟踪等各个环节的集成服务。以市场为导向，以推进集成创新为目标，识别、筛选有效需求，整合集成技术评估、市场调查、创业投资、融资担保、专利代理、法律咨询、产权交易等多种服务品种，形成互动衔接的技术转移服务链。

信息集成平台以"北方技术网"为主要载体和服务手段，不断增强信息资源的汇集和加工能力，围绕技术信息的共享与互动，不断拓宽网上资源，形成信息采集—加工整理—发布—在线服务—跟踪反馈的信息服务链，建成技术项目、专利成果、专家与技术人才、创业投资意向等大型数据库，将科技动态、产业政策、研发成果、市场供需信息和投资需求等整合、集成。

国际合作集成平台巩固并扩大与欧、美、亚发达国家和地区知名技术转移机构及国际组织的合作，引进、借鉴他们实施知识产权战略和技术转移的先进理念、运行机制与服务模式，通过国际交流平台的运行，不断拓宽科研单位和企业开展国际合作，参与国际技术大循环的领域和渠道，实现与国际市场接轨，同时加快北方市场的国际化进程。

四、其他已有网络技术转移平台

从网络技术转移平台的主导机构来看，可以分为企业拥有的技术转移平台、政府运营的技术转移平台、大学和科研机构拥有的技术转移平台三种类型。

企业拥有的技术转移平台主要是用于支撑企业的经营发展，或者平台本身就是企业经营模式的主要内容。

政府运营的技术转移平台由政府出资设立，主要是作为政府提供的公共产品，从公益角度促进技术转移与应用。与企业拥有的技术转移平台相比，政府运营的技术转移平台一般信息更新较慢。

大学和研究机构拥有的技术转移平台主要是为组织自身服务。平台一般包括研究活动、研究人员、知识产权、出版物、技术目录等方面的信息。

表 13-4、表 13-5、表 13-6 分别列出了一些已有的技术转移平台信息。

表 13-4　企业拥有的技术转移平台

平台	备注
Universal for Technology Transfer (Egypt)	实验室和科学设备供应商
Pwc Open innovation platform	为大企业、政府、研究人员和初创企业提供连接的机会
Nordic Innovation Accelerator	为企业提供展示其创新成果的机会
Global Technology Interface	为企业、创业者、初创企业、研发机构展示其创新成果提供平台
技E网	提供科技服务和技术交易
科易网	运营主体为厦门中开信息技术有限公司，提供多种类型的综合性技术转移服务
高航网	运营主体为广东高航知识产权运营有限公司，技术转移服务对象包括版权、专利、商标交易
云英网	提供知识产权运营服务，提供专利和商标信息
中国医药技术经济网	提供医药领域的技术信息
科学家在线	通过汇集科学家，旨在为企业解决自主研发问题提供一站式服务
知淘网	由北京知淘科技有限责任公司运营，主要技术转移业务为专利交易
盘古知识产权网	运营主体为盘古信息科技有限公司，技术转移服务对象包括商标、专利和版权交易

续表

平台	备注
汇桔网	运营主体为广州博鳌纵横网络科技有限公司，技术转移服务对象包括商标、专利、版权、域名交易以及科技咨询等
上海全国高校技术市场	地址位于上海，平台提供有关技术供给、技术需求、项目、专家方面的信息
浙江网上技术市场	由浙江伍一技术股份有限公司负责运营，并获得浙江省政府大力支持，平台提供技术成果、技术需求、科技商城、竞价大厅等方面的服务
吉林省科技大市场	平台提供技术转让、技术项目等信息

表 13-5　政府运营的技术转移平台

平台	备注
ASEAN-India Innovation Platform	旨在落实《东盟－印度和平、进步与共同繁荣伙伴关系（2016～2020）》行动计划，平台提供有关社会创新、研究创新、产品/产业创新方面的信息
APEC 技术转移中心	由国家科技部、江苏省科技厅和苏州市政府支持兴办，面向亚太地区从事技术转移业务、不以营利为目的的国际性科技中介机构
中国国际技术转移中心	由我国科技部支持建立，旨在促进国际技术转移，设有"技术超市""重大需求"模块，信息来源包括研究机构、大学和企业
长三角科技资源共享服务平台	旨在促进长三角区域科技资源共享，提供有关科技需求、科学仪器、科学装置的信息
北方技术网	依托于科技部与天津市政府联合建立的北方技术交易市场，地址位于天津，提供有关技术、政策、会展方面的信息
中国－阿拉伯国家技术转移中心	主要由科技部支持建立，地址位于宁夏，旨在促进中国与阿拉伯国家的技术转移
全国农业科技成果转化交易平台	由农业部科技教育司主办，旨在促进农业领域技术转移，平台提供专家服务、交易服务、评价服务等
石家庄科技大市场	平台提供技术需求、技术发布、科技组织、仪器共享等方面的信息
兰州科技大市场	平台提供科技金融、技术转移、科技服务等方向的信息
重庆科技大市场	平台提供技术对接服务

表 13-6　大学和研究机构拥有的技术转移平台

平台	备注
VUB TechTransfer（Belgium）	由比利时布鲁塞尔自由大学（Vrije Universiteit Brussel）运营，主要服务于研究人员和企业，提供有关项目、资助、专家、许可、新闻、案例等方面的信息
Center for Technology Transfer（Bulgaria）	由塞尔维亚贝尔格莱德大学（University of Belgrade）运营，提供有关新闻、研究人员、产业、技术等方面的信息，旨在促进技术转移
UCI Applied Innovation（USA）	由美国加州大学欧文分校运营，提供有关机构资源、产业资源和可用技术方面的信息，核心功能包括保护大学的知识产权，管理大学知识产权的许可，在促进发明创造的市场化方面为研究人员提供支持
CT Technology Transfer Center（USA）	由美国康涅狄格大学（University of Connecticut）运营，与线下平台结合提供职业发展项目、技术援助、创新信息共享方面的服务。康涅狄格技术转移中心主要服务于康涅狄格交通与公共安全委员会，包括实证公共工程指挥官、道路维护主管、城市工程师等，旨在通过帮助其提升技能和知识达到建立安全、高效、环境友好的交通体系
中国科学院知识产权网	隶属于中国科学院，主要关注中国科学院下属各个单位的知识产权和技术成果，提供有关知识产权、政策方面的信息
浙江大学知识产权与技术转移平台	由浙江大学运营，提供有关专利、技术、技术经纪、技术专家方面的信息
清华大学国际技术转移中心	由清华大学运营，提供不同技术领域的项目信息

第十四章 我国技术转移的特点

当前我国的科技进步不断朝好的方向发展，而经济发展也对科技进步不断提出新的要求，出现了技术与经济融合的问题，本质上也是技术转移的问题。在新时期，我国的技术转移呈现出一些新的特点。

第一节 多主体合作持续深入

以政产学研合作为代表的多主体合作是技术转移体系的关键内容，尤其是在建设中国特色社会主义市场经济的背景下，具有中央政府或地方政府背景的大学和科研机构是知识和技术产出的关键性主体，更加突出了政产学研合作的重要性。

一方面，我国政产学研合作上升至国家战略高度；另一方面，政产学研合作向紧密型深层次转变。

我国的政产学研合作经历了一个由低层次向高层次、由点到线到面、由小规模到大规模发展的过程。政产学研合作得到不断深化，结合领域不断拓宽，层次不断提升，政产学研合作向深层次、紧密性、实体化方向发展，呈现出多形式、多方位、多层次、多元化的趋势。我国以政产学研合作为基础的技术转移体系不断完善，合作水平不断深化。

政产学研合作体系是在产学研合作体系的基础上纳入了政府职能。政府既是技术转移的规则制定者，也是相关资源的提供者。近年来，我国政府部门不断完善促进技术转移的政策供给，2006年科技部发布《关于加快发展技术市场的意见》；2006年国务院制定《国家中长期科学和技术发展规划纲要（2006~2020年）》提出建设以企业为主体、产学研结合的技术创新体系；2016年国务院印发了《实施〈中华人民共和国促进科技成果转化法〉若干规定》和《促进科技成果转移转化行动方案》；2017年国务院印发《国家技术转移体系建设方案》。大学和科研机构是我国的重要创新来源，也是技术转移的主要技术供给方。在政府的制度支持下，大学和科研机构通过多种形式将技术转移到企业进行商业化，具体的形式包括联合攻关、共建研发平台、共建科技园等。

随着政产学研合作创新的不断深化，其合作形式由松散型逐渐向紧密型转变，体现在大学、企业、政府不再简单满足于以课题为依托的临时团队合作，逐渐转变为共建科研基地、研发实体等模式实现长远合作目标。

政产学研合作创新由低层次、项目式逐渐向深层次、实体化运作转变,表现为由突击式合作走向经常性合作,由碰撞式合作走向网络式合作,由国内合作走向国际合作,从定向委托转向资本结合,从项目合作转向共建利益共同体。

近年来,我国企业自主创新能力不断增强,由企业主导的技术转移活动的规模日益壮大。2017年,在我国技术市场交易中,企业占据主导地位,技术交易合同367586项,成交额13424.22亿元。卖方企业技术交易合同250126项,输出技术成交额11875.28亿元,同比增长20.18%,占全国的88.46%;买方企业技术交易合同25016项,吸纳技术成交额10312.70亿元,同比增长17.55%,占全国的76.82%[1]。《2018年中国专利调查报告》显示,我国专利许可率总体为5.5%,其中企业为6.1%,高校为1.8%,科研单位为2.0%;专利转让率总体为3.1%,其中企业为3.2%,高校为1.4%,科研单位为1.5%[2]。

总体上看,我国正在形成一个以政府为指导,以企业为主体,以市场为导向,以大学为支撑,以推动科技成果转化为突破口,以提高经济效益为目标的政产学研合作新体系。

第二节 知识产权作用更加突出

当前,知识产权交易和运营成为技术转移的重要内容,知识产权保护在政产学研合作创新中的地位和作用也进一步突出。

知识产权在技术转移活动中占据重要作用,而且这种作用还在进一步强化。知识产权在技术转移活动中作用的强化主要体现在两个方面。第一,知识产权交易在技术市场中占据较大份额,2017年我国技术市场交易中,涉及知识产权的技术合同成交额占总成交额的四成,全国涉及知识产权的技术合同153040项,成交额为5550.67亿元,占全国技术合同成交总额的41.35%,涉及知识产权类型主要为专利(15229项)、技术秘密(80258项)、计算机软件著作权(51026项)、集成电路布图设计专有权等[3]。第二,在技术转移过程中,相关主体对知识产权的重视程度有了明显提升,比如在技术咨询和技术服务项目中,在签订合同过程中双方即对产出知识产权的权属进行明确。

在政产学研合作创新中,具有法人资格的是企业、大学和科研院所,获得直接利益的是这些法人。市场经济是法治经济,也是权利经济。产权决定权利的主要表现形式,由作为对无形物主张权利的主要形式的知识产权和对有形物主张权利的物权共同决定着创新的收益。因此,知识产权是

---

[1] 数据来源:《2018年全国技术市场统计年度报告》。
[2] 国家知识产权局战略规划司.2018年中国专利调查报告,2018年.
[3] 数据来源:《2018年全国技术市场统计年度报告》。

政产学研合作创新的纽带，大学和科研院所是智力成果的开发人，企业是该技术成果的需求方；合作创新的客体是智力成果，即知识产权；内容是各方享有的权利和应承担的义务。因此，知识产权是政产学研合作创新的聚焦点，起着纽带的作用，政产学研合作不能离开知识产权而开展，若是脱离了知识产权，政产学研合作就变成了"无源之水，无本之木"。

知识产权问题贯穿政产学研合作创新的全过程。政产学研合作创新首先源于新智力成果的诞生，随后由智力成果的转化延续到产品设计、试制、生产直至营销和市场化的系列活动。这个过程涉及智力成果创造与保护、成果创新过程中的风险承担、智力成果的权益归属以及利益分配、智力成果的转化与实施以及后续成果的权利归属等一系列特殊及复杂的问题，这些问题直接或间接地与知识产权密切相关。

当前影响政产学研合作创新第一位的要素是利益分配，更进一步讲，是知识产权的权属和利益分配机制。由此可见，知识产权问题直接影响政产学研合作的广度、深度、效率和效果。合作各方如果能够围绕知识产权处理好各种关系，就能实现各方合作的初衷和利益诉求。反之，如果不能解决知识产权相关的争议，不但无法实现产学研合作的初衷，对成果转化和双方利益都会造成很大损失。

综上所述，政产学研合作创新的关键在于，依靠知识产权的权属和利益分配机制，合理划分政产学研各方在合作中的利益。

第三节　国际化程度不断加深

随着我国对外开放程度的不断深入和我国整体科技创新实力的提升，我国参与的国际技术转移活动日益频繁。具体有以下表现：一是我国的对外技术转移和技术援助活动增多。2017年，我国全年出口到境外的技术4445项，成交额为1619.94亿元。二是我国吸引的外来技术、海外技术投资等明显增多。2017年，我国全年引进境外技术2169项，成交额为508.02亿元。三是我国企业在海外建立研发中心的数量更多、规模更大、分布更广。比如，我国的汽车企业吉利控股集团在全球建立了五大工程研发中心（分别位于杭州、宁波、哥德堡、考文垂和法兰克福）和五大造型设计中心（分别位于考文垂、哥德堡、巴塞罗那、上海、加州）；长安汽车也在美国、意大利、日本、英国等国家建立多个海外研发中心；中国一汽在美国硅谷、德国慕尼黑设立了研发中心。四是海外企业在我国建立研发中心呈现出明显的增长趋势。以上海市为例，上海是我国内地吸引跨国公司区域总部和外资研发中心最多的城市，2017年10月10日，上海市人民政府专门制定发布《上海市人民政府关于进一步支持外资研发中心参与上海具有全球影响力的科技创新中心建设的若干意见》；据统计，截至2019年8月底，上海引进跨国公司地区总部达到701家，外资研发中心451家。

以我国汽车制造产业为例，外商投资准入要求的变迁说明我国在不断深化改革、扩大开放过程之中，对于国际投资和技术要素国际化的态度在演变。我国于1995年发布了《外商投资产业指导目录》，并分别于1997年、2002年、2004年、2007年、2011年、2015年和2017年进行修订；2018年，我国发布了《外商投资准入特别管理措施（负面清单）》，替代了2017年版《外商投资产业指导目录》中的"外商投资准入特别管理措施（外商投资准入负面清单）"，并且《外商投资准入特别管理措施（负面清单）》分别于2019年和2020年进行了修订；2019年，我国发布《鼓励外商投资产业目录》替代了2017年版《外商投资产业指导目录》中的鼓励性内容。从目录的具体内容来看，有关汽车的鼓励性内容不断增加，限制性内容不断减少。比如，"汽车用空调压缩机"作为1997年限制性目录中的内容，在2002年及之后的限制目录中没有包括在内；"电子控制燃油喷射系统"作为1997年限制性目录中的内容，在2002年变为鼓励性目录中的内容。

第四节 对国民经济的作用越来越大

一、国企积极主动地参与技术转移

我国社会主义市场经济条件下，国有企业（尤其是中央企业）是国民经济的支柱并掌握国民经济的命脉，更是国家经济转型的关键力量。在我国特殊的国情背景下，央企、国企是技术创新的重要来源，但是其技术转移的方式主要是自行实施。

央企、国企深入参与技术转移具有深刻的实践意义，是我国建设创新型国家、实现创新驱动的高质量发展的客观要求。第一，央企、国企有明显的知识和技术积累的优势，具备商业模式创新的能力，也有带动中小企业创新的实力。为响应十九大的要求、推动创新驱动发展和深化供给侧结构性改革，央企、国企应该利用好自身的优势，在保持既有创新成绩的基础上，充分发挥自身较强的风险承受能力和资源调配能力，利用制度创新和改革进一步扩展这些优势，带动和扶持中小企业创新。第二，随着央企在科技创新中的关键性、重大性和战略性作用日益突显，国资委对央企在科技创新中的作用更加重视，专门成立了科技创新领导小组，统筹推进央企科技创新工作，并通过营造政策环境、加强顶层设计、加强技术与资本结合等措施，不断加大推动央企科技创新的支持力度。这为央企在科技创新中发挥更大的作用创造了更为良好的政策条件。第三，央企、国企科技成果转化工作助力于创新的落地，使得科技与经济更为深度地融合。央企、国企作为"共和国长子"，对引领创新驱动发展有义不容辞的责任。央企、国企既是前沿技术研发的主体，又是先进技术产业化的主体，应该广泛参与到科技创新中心的建设中去。

为有效促进技术转移，同时作为对于建设创新型国家的响应，央企、国企采取了一系列举措。第一，针对技术转移的具体环节制定激励技术转移的内部规章制度，具体涉及人员激励、收益分配、专项基金、专门机构设立等方面。中国医药集团有限公司2014年制定《国药集团科研单位与工业企业深度融合管理办法》；招商局集团在2014年印发了《招商局集团创新专项基金管理办法》并于2018年进行修订；鞍钢集团于2016年发布了《鞍钢集团公司关于设立科研设计机构科技成果转化基金的指导意见（试行）》；国家电网有限公司在2017年发布《创建国家大众创业万众创新示范基地工作方案》《国家电网公司新技术推广应用管理办法》和《国家电网公司新技术（产品）挂网试运行实施细则》；中国航天科技集团2014年制定《集团公司加强知识产权转化应用激励指导意见》，并于2018年制定《科技成果转化管理办法》。第二，积极建立企业内部的技术转移服务平台。比如，国家电网建立了包括国网辽宁电力科技成果孵化转化中心、国网双创平台、职工创新成果孵化基地、国网浙江电力职工创新成果转化平台、国网福建电力创新孵化基地技培中心分基地等在内的11个企业内部技术转移服务平台，中国航天科技集团有限公司建立了中国航天科技集团有限公司知识产权与科技成果转化中心、产业化技术开发中心（真空低温专业化众创空间）等企业内部技术转移服务平台。第三，建立从事技术转移工作的企业内部人才队伍。很多央企、国企都建立了专门从事技术转移的人才队伍，而且一部分人员还取得技术经纪人或技术经理人的资格认证。调查显示，中国五矿、中国华能和中国通号3家央企专职从事成果转化的人员最多，人员数量分别为1804人、631人和605人；中国五矿、中国林业和中建集团持有技术经纪人（技术经理人）证书人员数量最多，数量分别为163人、34人和18人。第四，对参与技术转移的相关人员给与奖励。央企、国企对员工参与技术转移进行奖励的形式主要有现金分红和股权激励，覆盖人员包括科研人员和技术转移工作人员。

央企、国企在参与技术转移过程中，还面临一些问题。如果能进一步弥补不足，央企、国企将在我国科技创新中发挥更为重要和全面的作用。第一，关于央企、国企科技成果自身存在的问题。由于大部分科技成果从立项、研发之初就是为了解决企业自身的生产经营问题，成果的专用性比较强，与外部企业需求很少形成配套，应用范围相对较窄，使得科技成果推广应用困难、可复制性降低。同时，一些科研成果本身流于表面，缺乏客户导向和问题导向，转化价值不高。第二，关于央企、国际技术转移的体制机制问题。现有《促进科技成果转化法》主要针对高校、科研院所等事业单位，对央企、国企没有明确规定，在国有资产管理的限制下，央企、国企在开展技术转移过程中的人员激励、无形资产评估、成果转化认定等方面缺乏明确的国家政策指导，领导干部的免责制度和容错机制尚不健全。同时，央企、国企的技术转移还面临着转化途径单一、对接渠道匮乏、闲置技术很难进入市场的问题，仅仅通过企业内部的平台建设，难以实现良好效果。第三，央企、国企的技术转化人员往往身兼数职，缺乏高素质技术转移人才，尤其是缺乏专业的成果转化经纪人，使得科技成果转移转化供给端与需求端在精准对接的力度、强度和精度不够。第四，央企、国企的技术成果缺乏有效的知识产权布局和知识产权保护，专利质量总体不高。虽然专利数量持续增加，但现阶段的知识产权布局仅是从科研项目本身的需求出发，未结合项目核心技术的发展态势、发展方向，专利申请存在发散性、随意性。没有形成科学、系统的专利布局，存在"职称专利""报奖专利"现象，没有充分发挥专利的市场竞争工具作用，核心技术、产品没有得到严密保护。缺少对专利等知识产权的商业化效果分析和商业转化工作，未能有效实现知识产权向经济效益的成功"变现"。

根据上述分析，央企、国企基于其强大的技术积累，应当而且能够在技术转移方面有所作为，为我国的创新驱动发展贡献力量。第一，培育有市场应用前景的成果，建立以市场为导向的科技成果转化机制。对科技成果的转化考核进行分类管理，尤其对于重大核心技术的成果转化建立长效的考核机制和容错机制，制定符合央企、国企技术转移规律和实际需求的员工考核标准。第二，进一步完善央企、国企科技成果转化相关的配套机制体制。一方面制定央企、国企技术转移的实施细则，重点解决央企科技成果的使用权、收益权和处置权下放、科技成果价值评估、决策免责机制等关键问题。另一方面落实和完善技术转移的领导和决策制度，推动央企、国企及其下属研究所建立规范的技术转移规章制度、内控机制、规范流程，建立健全科技成果转化激励机制和容错纠错机制，为央企、国企从事科技成果转化营造宽松的政策氛围，形成敢于转化、愿意转化的良好氛围。第三，落实促进央企、国企技术转移的具体举措。有效开展技术转移相关法律法规及政策制度的宣传、解读与咨询工作；优化央企、国企技术转移报批流程，进一步推动科技成果处置权、收益权、使用权"三权"下放，由成果持有单位自主决定转让、许可或者作价投资；加强央企、国企技术转移专业化队伍建设，培养内部技术转移专业人才或委托独立的专业服务机构；搭建各央企、国企技术转移平台，建立面向技术供需双方的央企、国企技术转移平台，开展线上与线下相结合的技术交易活动，提供技术展示、技术交易、技术定价、在线服务、技术投融资、转化咨询等专业化服务。

二、技术转移的商业模式创新层出不穷

随着经济、社会、技术的不断发展和人们生活方式、生活需求的不断演变，与技术转移相关的商业模式也层出不穷。专利运营、各类科创基金、

科技金融结合等在我国均已初具规模并形成一定效益。

2013年4月2日,《国家知识产权局办公室关于组织申报国家专利运营试点企业的通知》发布,此后专利运营在我国广泛开展。国家知识产权局先后于2013年8月和2014年12月两次分别批准35家企业为国家专利运营试点企业。2012年5月,由北京市政府倡导的北京知识产权运营管理公司成立。2014年4月,由海淀区政府和中关村管委会各出资2000万元,并吸引金山、小米、TCL等多家科技企业投资,成立了睿创专利运营基金。2015年初,全国知识产权运营公共服务平台建设工作正式启动。2016年,成都市设立2.3亿元科技创业天使投资引导资金,联合相关机构共同出资设立7.3亿元规模的8支天使投资基金,还设立2.5亿元科技债权融资风险补偿资金。2018年8月,由TCL孵化的紫藤知识产权运营(深圳)有限公司挂牌成立,并在深圳市政府的支持下启动紫藤专利运营基金。

科技与金融的结合是市场经济发展的产物,可以有力推动技术转移。科技金融模式实际上是在解决技术转移过程中的问题,西南交通大学国家技术转移中心专门设立了一个科技金融办公室。科技金融结合的一个重要面向对象是拥有技术成果而又缺乏资金的中小企业,通过整合政府、银行、保险等方面的资源,为中小企业提供科技金融服务,有助于缓解其资金困难,帮助其基于已有技术获得更好的发展。

2010年12月,科技部等5部门联合印发《促进科技和金融结合试点实施方案》。以上海为例,2016年8月上海市政府印发《上海市科技创新"十三五"规划》,提出"完善科技金融支撑体系"。2018年,浦发银行专门挂牌成立科技金融中心。截至2018年末,上海银行业科技型企业贷款存量家数为5911户,年度贷款余额2424亿元;其中,科技型中小企业贷款存量家数为5390户,贷款余额为1195亿元。截至2018年末,上海银行业已设立科技支行7家,科技特色支行91家,科技金融专营机构1家,科技金融从业人员达到1500多人。

知识链接

世界主要国家技术主权基金概况

从国外实践来看,2008年金融危机爆发之后,发达国家积极探索通过国家资本带动技术转移的新模式。比如,2009年5月初至7月末,美、英、日、韩四国政府出面组织的官民合作新型技术投资基金陆续浮出水面,这些"技术主权基金"旨在全球范围内收购和运营领先技术,在未来整合产业链条,形成技术垄断。2009年5月,时任美国总统奥巴马宣布将在2010年财政预算中动议拨款5000万美元成立一支社会创新基金(Social Innovation Fund),以政府身份发掘和投资那些创新型、以结果为导向的慈善项目,并指定曾负责谷歌公司公益慈善事业的高管索纳尔·沙阿(Sonal Shah)掌管新设立的白宫社会创新与公民参与办公室。这一举措显示了美国政府对社会创新的特别重视,使社会组织感到鼓舞。2009年6月,英国政府设立了一个1500万英镑的"创新投资基金",旨在帮助高成长技术型中小企业解决融资问题;9月底,时任英国首相布朗宣布将投入10亿英镑成立"国家投资公司"投资于高技术制造业,并希望十年内带动100亿英镑的资金介入新技术的应用。2009年7月26日,日本成立了产业创新机构,该机构内设产业创新委员会,就相关企业在未来对其投资回收的可能性进行评估,以决定投资对象。日本官方和民间共向产业创新机构投资905亿日元(约合65亿元人民币)。日本政府先期出资820亿日元,东京电力、松下、日立、三菱、三菱东京日联银行等16家企业共计出资85亿日元。加上政府保证金,该机构最大投资规模将达9000亿日元。该机构从银行筹措资金时,日本政府以8000亿日元保证金担保。日本政府呼吁正处于投资低迷的其他民间资金投入,以提高相关产业的竞争力。2009年7月29日,韩国宣布年内成立发明资本基金,该基金计划出资200亿韩元,其中政府出资50亿韩元,其他150亿韩元来自民间。

这些国外的政府基金宣布时间之集中、资金潜力之大、宗旨目的之相近、各方合作之密切,预示着这些国家的创新政策和创新活动进入了一个新阶段。综合分析这4个新型基金,可以发现它们存在着以下特点:(1)政民结合。基金的组成和运营上都体现了政府和民间的结合;(2)社会创新。这些基金通过官民合作的形式把社会的力量集合起来;(3)要素集成。这些基金关注的是把尖端的技术变成产品,这是一个要素集成的工作;(4)技术主权。这些基金用来购买各地的新技术、新研发成果,只有这样才能保证国家在核心问题的话语权。

第十五章　建设国家技术转移体系

2017年9月，国务院印发《国家技术转移体系建设方案》，首次提出国家技术转移体系的概念，构建符合科技创新规律、技术转移规律和产业发展规律的技术转移体系，加强对技术转移和成果转化工作的系统设计，形成体系化推进格局，进一步推动科技成果加快转化为经济社会发展的现实动力。

第一节　体系化认识

技术转移是一项复杂的系统工程，依赖于不同主体的相互作用、共同活动。主要是基于以下因素的考虑。

第一，从技术转移体系的组成要素来看，技术转移活动涉及技术、人才、资本等要素。这些要素分散在高校和科研院所、科研人员、企业、金融机构、政府等主体中。这意味着技术转移整合资源的复杂性高、操作难度大、时间周期长。

第二，从技术转移活动的参与主体来看，技术转移活动参与主体有高校和科研院所及其科研人员、产业界内的生产经营企业、金融机构（风险投资机构和银行等）、用户（包括政府用户、企业用户、个人消费者等），参与主体种类多、分布广。以北京源清慧虹信息科技有限公司为例，该公司成立于2013年，主要业务是基于智能传感器、传感器云服务技术的转移。在研发阶段，公司技术的研发机构主要为清华大学电子系，研发阶段中的资金主要来源于政府部门（具体为国家自然科学基金、"863"计划、国家物联网发展专项基金），在此阶段主要有清华大学、政府部门参与。在产业化示范应用阶段，主要资金来源为江苏省交通厅、河南省交通厅科技项目支持，参与者主要有清华大学、江苏省交通厅、河南省交通厅。2017年，该公司先后获得源清创投、源渡创投、清控银杏等机构投资，风险投资机构也在产业化过程当中发挥重要作用。

第三，从技术的复杂程度来看，一项技术满足市场和用户的需求，需要在经济效益、可靠性等方面达到一定的程度，往往需要集成多个学科的技术。而对高校、科研院所的某项科技成果的研发人员而言，往往只擅长其中的一个学科。相比于科研，技术转移对整合不同学科的技术有着更高的要求。

第四，从技术转移的周期来看，一项技术从核心技术研发开始到实现产业化生产应用，历经研发、小试、中试、产业化生产阶段，往往需要经历较长的时间，并在技术产业化生产应用以后需要持续对技术进行改进升级，以期在市场竞争中持续保持技术上的优势。以万里路桥集团的振动搅拌技术为例，长安大学冯忠绪教授从1992年开始研发振动搅拌技术，先后研发出连续式（1995年）、旋振式（1996年）、立轴强制式（1997年）、双卧轴强制式（2001年）、单卧轴强制式（2006年）等多种形式的振动搅拌机。北京源清慧虹信息科技有限公司的传感器技术从2001年国家杰出青年基金立项，至2013年北京源清慧虹信息科技有限公司成立，历时12年之久。

第五，从系统与子系统的相对关系来看，技术转移系统又可以区分为技术开发子系统、技术传播子系统、技术应用子系统和辅助子系统（刘志迎，谭敏，2012）[①]。每个子系统发挥不同的作用，实际上是理解上述要素、主体和环节的一个新的整合思路。

技术转移体系的功能是促进科技成果持续产生，推动科技成果扩散、流动、共享、应用并实现经济与社会价值。具体而言，技术转移体系有如下功能。

第一，促进市场需求信息和科技研发信息的有效对接。技术能够满足市场需求，是企业能够从中盈利的重要前提，是技术转移能够成功的必备条件。通过技术市场、国家科技成果信息服务平台、行业协会、产业技术创新战略联盟等途径和组织，技术转移体系能够有效实现技术需求方和科研机构之间的有效对接。以市场需求为导向、以企业为主体的技术转移体系，能够将市场的需求传达至拥有丰富科研资源的高校和科研院所，从而促进高校和科研院所的应用研发更加符合市场的需求，避免了应用研发的盲目性，从而提高高校和科研院所应用研发的效率，降低技术产业化的风险。

第二，深化技术、人才、资金等创新要素的流动和结合。技术转移需要汇聚技术、人才（包括科研人才、企业经营人才、技术经纪人）、资金等创新要素。技术转移的复杂性决定了在很多情况下，技术转移的参与者（政府、企业、高校和科研院所、中介）难以仅凭自身的力量组织起足够的资源完成技术的研发、小试、中试、产业化生产到销售整个技术转移过程。整个技术转移过程的完成需要技术转移体系促进技术、人才、资金等创新要素在市场经济中流动和有机结合，为企业找到合适的研发人才，为高校和科研院所提供技术市场需求信息，促进企业和高校、科研院所的相互合作，并通过风险投资、知识产权抵押融资等融资方式，为技术转移提供足

[①] 刘志迎，谭敏. 纵向视角下中国技术转移系统演变的协同度研究——基于复合系统协同度模型的测度[J]. 科学学研究，2012，30（4）：534-542.

够的资金，从而助力技术转移活动跨过"死亡之谷"，成功实现转移活动。

第三，促进科技与经济融合，实现科技的经济社会价值。技术转移本身就是为了解决科技与经济脱轨的"两张皮"问题。通过技术转移，高校和科研院所的科技成果不再仅仅是论文、专利证书等形式，而是转化为能够满足市场需求、解决关乎国计民生的产品、服务，从而使企业、高校和科研院所获得经济收入，实现经济价值。不仅如此，技术转移产生了新的产品、服务，为社会提供更多的就业岗位。政府从技术转移中获得税收收入，能够为技术转移活动提供更多的财政支持，创造更多条件。通过增加就业、GDP和税收等途径，技术转移实现了科技成果的社会价值。

第四，激励科研人员从事应用研发活动。政府及其制定的法律政策是技术转移体系中不可或缺的部分。2015年修订后的《促进科技成果转化法》规定：国家设立的研究开发机构、高等院校对其持有的科技成果，可以自主决定转让、许可或者作价投资，转化科技成果所获得的收入全部留归本单位，主要用于对完成、转化职务科技成果做出重要贡献的人员给予奖励和报酬，并规定了奖励的比例，保护了技术转移中科研人员的权益。教育部、科技部等部门纷纷出台政策，推动技术转移。通过技术转移，提供市场所需要的技术成果，高校和科研院所的科研人员能够合法地从市场获得收入，改善个人生活，同时能够为科研活动筹集资金。这将大大激发科研人员从事技术转移的积极性。

第二节　关键要素

技术转移体系的组成要素一般包括资金、技术、人才、服务、政策等，这些要素主要分布在高校和科研院所、企业、政府、中介服务机构。在技术转移体系中，参与技术转移的部门至少提供一种组成要素。综合考虑我国技术转移的政策走向和世界其他国家的经验，通过分析参与技术转移的各类部门及其作用、技术转移中涉及的主要要素，可以将我国技术转移的主体和要素做如下分类。

一、企业

企业是市场经济的关键主体，也是技术转移的重要主体，在技术转移过程中兼有技术需求方和技术供给方的角色。

作为技术需求者，企业是技术的经济社会效益的最终实现者。在激烈的市场竞争环境下，技术创新成为企业获取竞争优势的重要来源，技术获利也是保证企业持续发展的重要支撑。企业获取技术的来源主要包括两种方式，一种是通过企业自主研发实现技术创新，但是具有高投入、高风险、长周期的特征；另外一种是通过技术转移引进外部技术，包括通过购买、许可等方式使用已有技术,或者通过技术模仿利用已有技术。在引进技术过程中,企业自身的消化吸收能力是能否真正利用技术创造收益的重要因素。作为技术供给者,近年来,我国企业研发投入不断加大,已经成为主要的创新主体,而且企业与市场紧密接触,技术研发更贴近市场需求,企业之间的技术流通也更加频繁。

企业主要进行生产、制造、销售和服务等经营活动,掌握的要素有企业家、资金、生产技术等,是距离市场最近的部门。在我国,大中型企业和一部分科研院所转制企业在发展中积累了相当的研发能力,能够进行较高水平的研发,在产业发展中有着重要作用。需要注意的是,技术转移中的企业不仅包括某项技术的接收方,还包括该项技术所处产业的上下游企业,上下游企业的配合在技术转移中起着重要作用。

二、大学和科研机构

大学和科研机构主要是指国家设立的高校和科研院所,是从事科学技术研发活动的重要主体和国家创新体系的重要组成部分,掌握科技成果、科技人才等技术转移要素。

大学和科研机构是技术转移体系中的主要技术供给方。大学和科研机构有丰富的科技资源和科技人员,为经济社会发展生产提供所需的技术,而技术转移是大学和科研机构的技术成果实现其经济社会效益的重要途径。同时,通过技术转移,大学和科研机构还能获得一定的资金回报,从而进一步投入研发。目前,在全球范围内来看,大学和科研机构都逐步认识到技术转移的重要性,通过成立专门机构、配备专门人员等,促进技术转移。

高校和科研院所还可以借助其技术优势成立企业,通过创业实现技术转移,即本书前文所述"技术创业"和"学术创业"。

三、服务机构

技术转移服务机构的本质是在技术转移过程中发挥桥梁作用,有效沟通技术供给方和需求方。

技术转移服务机构并不直接产生、使用科技成果,而是提供专业化的技术转移服务。服务内容主要包括以下几个方面:第一是聚集技术的供给信息和需求信息,并进行匹配;第二是技术转移过程中涉及的各类业务,比如技术评估、专利代理、各类商业服务等。技术转移服务机构的出现是完善技术转移市场机制的重要内容,在一定程度上,服务机构还是技术转移的主导者。

> 📖 **知识链接**
>
> **技术转移机构的政策界定**
>
> 2007年9月，科技部印发《国家技术转移示范机构管理办法》，其中第二条至第五条对技术转移机构和主要功能进行了界定：
>
> 第二条　本办法所指的技术转移是指制造某种产品、应用某种工艺或提供某种服务的系统知识，通过各种途径从技术供给方向技术需求方转移的过程。
>
> 技术转移机构，是指为实现和加速上述过程提供各类服务的机构，包括技术经纪、技术集成与经营和技术投融资服务机构等，但单纯提供信息、法律、咨询、金融等服务的除外。
>
> 技术转移机构可以是独立的法人机构、法人的内设机构。
>
> 第三条　技术转移机构是以企业为主体、市场为导向、产学研相结合的技术创新体系的重要组成部分，是促进知识流动和技术转移的关键环节，是区域创新体系的重要内容。
>
> 第四条　国家及地方各级科技行政部门负责对全国及所在地区的技术转移机构进行宏观管理和业务指导。
>
> 第五条　技术转移机构的主要功能是促进知识流动和技术转移，其业务范围是：
>
> （一）对技术信息的搜集、筛选、分析、加工；
> （二）技术转让与技术代理；
> （三）技术集成与二次开发；
> （四）提供中试、工程化等设计服务、技术标准、测试分析服务等；
> （五）技术咨询、技术评估、技术培训、技术产权交易、技术招标代理、技术投融资等服务；
> （六）提供技术交易信息服务平台、网络等；
> （七）其他有关促进技术转移的活动。

四、投资机构

技术转移活动有大量的资金需求。在垂直技术转移过程中，实现技术的商业化需要工人、设备、厂房、原料、营销等方面的投入，而技术转移的主导者可能财力有限，因此需要外部资金的支持。另外，从水平的技术转移来看，企业在考虑引进先进技术或者技术设备时，也可能面临资金紧张的局面，需要依靠外部资金来实现。

以技术创业为例，很多创业项目在初期有好的技术、好的团队和好的模式，但是缺乏启动资金。这时，风险投资通过资金投入，并在一定程度上参与管理，以市场化方式帮助技术实现商业化，最终获得收益回报。

五、政府部门

政府部门被视为经济活动中"有形的手",直接参与经济调节。在技术转移活动中,政府的作用主要包括:法律、政策的制定和修改,科研项目资助,政府投资,科技园、产业园和科技孵化器的建设,政府采购等。

如本书前文所述,基于法律政策的制度环境是现代技术转移活跃的法治基础,制定相关法律和政策是政府在技术转移过程中最重要的作用。此外,政府部门通过扶持技术转移服务机构,搭建技术产业化平台,鼓励企业技术创新,也有助于促进技术转移。

第三节 亟待解决的问题

一、重视企业家

技术、资本、人才这些要素并不总是能自动结合产生经济效益的。在技术转移过程中,需要根据市场的需要,有效率地组织技术、资本、人才这些要素,制定并执行技术转移策略,完成技术转移的整个过程。"创新经济学之父"熊彼特(Joseph Alois Schumpeter)认为组织这些要素的角色就是企业家,在熊彼特的创新理论中,创新就是建立一种新的生产函数。也就是说,创新就是把一种从来没有过的关于技术、资本、人才等生产要素和生产条件的"新组合"引入生产体系。熊彼特的创新理论对企业的经营管理人员提出了更高的要求。熊彼特把新组合的实现称为企业,把以实现新组合为基本职能的人称为企业家。这意味着只是经营已经成立的企业并不能称之为企业家;企业家首先应当实现某种创新,才能称之为企业家。

在技术转移体系的各类主体中,企业和企业家最接近市场,最容易发现市场的需求。企业家发现市场机会、组织生产要素进行生产,在技术转移中发挥着不可替代的重要作用。近年来,党和政府越来越重视企业、企业家在技术转移中的重要作用。企业是技术转移的主体。2015年3月13日,《中共中央 国务院关于深化体制机制改革加快实施创新驱动发展战略的若干意见》(中发〔2015〕8号)印发,强调"紧扣经济社会发展重大需求,着力打通科技成果向现实生产力转化的通道,着力破除科学家、科技人员、企业家、创业者创新的障碍"。2016年4月21日,国务院办公厅印发《促进科技成果转移转化行动方案》(国办发〔2016〕28号),强调"发挥市场在配置科技创新资源中的决定性作用,强化企业转移转化科技成果的主体地位,发挥企业家整合技术、资金、人才的关键作用"。2017年9月8日,《中共中央 国务院关于营造企业家健康成长环境弘扬优秀企业家精神更好发挥企业家作用的意见》印发，充分肯定了企业家和企业为积累社会财富、创造就业岗位、促进经济社会发展、增强综合国力方面做出的重要贡献，在营造依法保护企业家合法权益的法治环境、营造促进企业家公平竞争诚信经营的市场环境、营造尊重和激励企业家干事创业的社会氛围、弘扬企业家爱国敬业遵纪守法艰苦奋斗的精神、弘扬企业家创新发展专注品质追求卓越的精神、弘扬企业家履行责任敢于担当服务社会的精神、加强对企业家提供优质高效务实服务、加强优秀企业家培育、加强党对企业家队伍建设的领导九个方面提出了27条意见。

对企业家的重视不仅仅体现在党和国家的政策文件中，还体现在我国的司法审判中。近年来，最高人民法院、最高人民检察院多次发文，强调依法保护产权和企业家的合法权益，为发展经济、促进企业家创新创业营造良好的法制环境。2017年8月7日，《最高人民法院关于为改善营商环境提供司法保障的若干意见》（法发〔2017〕23号）印发。同年12月29日，最高人民法院印发《最高人民法院关于充分发挥审判职能作用为企业家创新创业营造良好法治环境的通知》（法〔2018〕1号）。最高人民检察院于2016年2月19日印发《最高人民检察院关于充分发挥检察职能依法保障和促进非公有制经济健康发展的意见》，于2017年12月4日印发《最高人民检察院关于充分发挥职能作用营造保护企业家合法权益的法治环境支持企业家创新创业的通知》（高检发〔2017〕12号），提出发挥检查职能、保护企业家的合法权益、支持企业家创新创业。

二、调动科学家

科研人员是科技成果的直接完成者。近年来，我国的科技政策中越来越重视激发科研人员的创新创业积极性。2017年3月10日，《人力资源社会保障部关于支持和鼓励事业单位专业技术人员创新创业的指导意见》（人社部规〔2017〕4号）印发，提出"支持和鼓励事业单位专业技术人员到与本单位业务领域相近企业、科研机构、高校、社会组织等兼职，或者利用与本人从事专业相关的创业项目在职创办企业"，"事业单位专业技术人员在兼职单位的工作业绩或者在职创办企业取得的成绩可以作为其职称评审、岗位竞聘、考核等的重要依据"。2018年2月26日，中共中央办公厅、国务院办公厅印发《关于分类推进人才评价机制改革的指导意见》，提出"应用研究和技术开发人才突出市场评价，由用户、市场和专家等相关第三方评价"，从人才评价机制的角度，激励应用研究和技术开发人才面向市场需求，进行市场所需要的技术研发。

由于科学研究和企业经营之间的巨大差异，科学研究对于科研人员的能力素质要求与经营企业对于企业家的能力素质要求也存在着巨大差异。在这种情况下，科学家是否适合担任企业家的角色，是值得仔细考量研究的问题。虽然媒体经常宣传科学家创业的成功案例,使人们产生科学家适合创业、能够胜任企业家角色的印象,但是这更可能是"幸存者偏差"。少数科学家创业成功的案例并不能充分证明大多数科学家能够胜任企业家的角色。因此,不应过分夸大科研人员在企业经营中的作用而忽略职业经理人的作用,这易导致科学家盲目从事企业经营管理工作,而不是从事更加擅长的科研工作,造成科学家科研才能的浪费,还会给企业带来更多经营和管理的风险。例如,被誉为"中关村民营科技第一人"的中国科学院物理研究所研究员陈春先,于1980年成立北京等离子体学会先进技术发展服务部,被看作中国历史上第一个民办科研机构,也是民营科技企业的前身。然而,"秀才创业,十年不成",先后创办过20多个公司的陈春先自己都承认"我的公司全都没做大。经历了企业家的各种磨难,但是没有聚集起财富"[1]。美国是技术转移发展时间更长且所处发展阶段更成熟的国家,美国的初创公司大多采用"科学家+企业家"的体制,即完成科技成果的主要科学家担任产业化公司的首席科学家,企业另行聘请专门的经营管理人员担任CEO,从事企业经营管理工作。这种制度设计也受到美国风险投资公司的青睐。[2]

三、强化工作平台

这里所指的技术转移平台主要是信息平台。在数字技术时代,人类生活和商业经济的方方面面都与信息化平台有关。在技术转移工作中,平台的建立同样具有重要的推动性作用。

技术转移工作平台应当具备的两个特征是国际化和专业化。如今科学技术的进步速度不断加快,并且新的技术一旦出现就通过互联网在全世界范围内迅速传播,这就要求从事技术转移工作的人员需要充分了解每天更新的技术信息,而信息平台就是实现信息获取的重要渠道。专业化是指信息平台需要有明确的功能定位,信息集成可能包括科技政策、融投资机构、技术成果和需求等多方面信息。

技术交易平台是技术转移工作平台的重要方面。随着信息技术的发展和互联网终端的普及,技术交易也在不断发展和演进。早期的在线技术转移平台从20世纪末就已经出现,如今世界上很多国家和国际组织,出于各种目的,建立了很多技术转移交易平台。

尽管技术交易平台数量非常多,但是却没有哪个平台能够在技术交易领域实现像淘宝、Amazon等货物交易平台一样的成绩。相反,很多技术交易平台甚至完全没有实现过在线技术交易,即便其平台提供了非常好的技

---

[1] 卫汉青. 中关村的报春梅——记中关村第一人陈春先[J]. 中关村, 2018 (11): 20-23.
[2] 王煜全, 薛兆丰. 全球风口: 积木式创新与中国新机遇[M]. 杭州: 浙江人民出版社, 2016: 13-19.

术检索库。

在线技术交易平台运行困难的原因主要来自两个方面。第一，在线技术交易平台必须同时吸引大量的技术需求方和技术供给方，才能有效实现供需之间的匹配。因为技术的对接一般是高度个性化的，不像淘宝和 Amazon 上销售的产品大多是标准化的。而且这其中存在一个矛盾，即高价值技术或者高价值专利的拥有者通常并不指望能够通过在线平台实现很好的收益，因为其并不缺乏市场，完全可以通过向外许可、技术投资等实现获利；而对于相对普通的技术或者专利，即使放到在线平台，可能也不会有很好的市场。第二，在线交易平台在一定程度上降低了信息不对称和信息搜寻成本，但是并不会降低技术转移的成本。技术信息本身具有一定的敏感性，即使技术的供给方和需求方通过平台达成了初步的意向，通常也需要进一步开展线下的接洽，在充分了解的基础上，才能最终决定是否进行合作或者交易。

关于技术转移在线平台，有以下几个方面的关系需要有效处理：政府和市场作用的关系，线上和线下平台的关系，技术供给和需求的关系。

目前，社会上对技术市场的建设主体问题还存在误区，一种观点认为技术市场建设是社会公益性事业，应该由政府承担责任；另一种观点认为技术市场是市场经济的组成部分，应该交给市场机制解决。这两种观点都有一定的依据，但是在具体运用过程中还需要结合实际情况。技术市场建设在本质上是为了优化科技资源的配置，首先应该由市场起决定性作用，实行市场化运作，这是由市场经济的客观规律决定的。但是，市场资源配置具有自发性同时也有一定的盲目性，因此需要政府通过适当的宏观调控来引导资源的合理配置。所以，一方面要发挥市场配置创新资源的决定性作用，遵循市场规律；另一方面也要发挥好政府作用，加大组织推动、政策支持力度，尤其是在技术市场刚刚起步的背景下。

线上和线下关系实际上就是技术交易的线上平台与线下沟通的关系。技术转移作为项目具有一次性，即每一次技术转移活动都是独一无二的；同时，作为技术转移对象的技术又具有一定的敏感性，技术转移的实现依赖于线下沟通。所以，技术转移的线上和线下平台本身就是一个整体，是有机融合、互为补充的，不能割裂开来。

科技创新成果与项目信息的获取和企业技术需求信息的获取是建设技术平台的重要基础，充分的技术供给和企业需求的对接共同构成充满活力的技术交易市场。因此，要更多地发动企业成为技术市场的主体，发动技术中介机构、行业协会（学会）等广泛收集企业的技术需求信息，并通过技术市场发布，让高校和科研院所围绕企业的技术需求进行研发，实现产研之间的有效对接。

四、完善专业网络

技术转移的专业网络与技术转移的人才、信息平台相辅相成。在一定程度上，技术转移的专业网络也可以理解为一个包括人才、信息平台、机构、政策举措、制度环境等在内的体系。

之所以称为技术转移的网络，原因就在于技术转移活动中的各个节点都能够有效地串联在一起，技术转移的体系充分完善，技术、人才、资金等资源有效流通。

在这种网络之中，聚集了来自不同领域、不同机构的人员。比如，企业的首席技术官、中介机构的技术转移经理、投资机构的投资经理、高校和科研院所的研发管理人员、媒体人员等。他们在技术转移过程之中扮演不同的角色，通过网络内部的衔接和技术转移实现互利共赢。

人才是有效连接各类资源和各个机构、促进技术转移最终得以实现的关键所在，技术转移需要遵循人本规律。

这里，结合技术转移的用途开发论对技术转移的人才需求进行说明。一般而言，多数企业由于在本企业之外的行业缺少知识和经验，可能无法识别潜在的用户或争取到有利的交易条件。因此，要想很好地开展技术的用途开发，外部的合作伙伴网络是必不可少的。很多需要打破限制的活动通常都从邀请外部人参加开始。比如，美国国防部曾经邀请小说家、记者和武器专家一起进行新武器开发。技术用途开发的外部伙伴可以分为两类，一类是技术和市场经验丰富的伙伴，另一类是信息和资金充足的伙伴。前者可以分为以技术为主的伙伴和以市场为主的伙伴；后者可以分为以信息为主的伙伴和以资金为主的伙伴。以资金为主的伙伴还可以分为以资金来整合相关技术、完善技术资产包的伙伴，以及全力投资于某项技术、使其快速成长为独立企业的伙伴。

就单独的一个技术转移项目而言，要想实现预期目标，需要明确其是否真正掌握了从事技术转移的核心资源。就技术转移工作本身的开展而言，其核心资源主要有三个方面：信息、创意和资金。收集和分析有关技术开发、技术需求的信息，开放的创新想法，畅通的融资渠道，这些都是开展技术转移过程中起到决定性作用的内容。

另外，制度基础和政策举措也是技术转移专业网络的有效成分，可以为技术转移活动的开展提供良好的市场环境，并形成一定的推力。这要求政府在产权保护、执法、维护市场公平竞争等方面充分发挥作用。

五、加大培训力度

技术转移的人才培训主要来自两个方面：大学教育培训和社会培训。

大学是社会创新人才的主要培养基地，在技术转移教育方面，大学主要提供三个方面的教育，即经管类学生的技术教育、知识产权法律教育以及理工农医等各类学生的专利意识教育。经管类学生的技术教育主要是通过开设"技术经济学""技术经济合作"等方面的课程从经济和管理的角度进行。知识产权法律教育主要以研究生阶段的民商法知识产权方向为主，目前我国已经有较多高校设立了知识产权学院、知识产权研究中心、知识产权研究所或者知识产权系，并有个别高校在本科阶段设立了专门的"知识产权"专业。而理工农医类学生的专利意识培养主要是通过选修课、专题讲座、专题报告等方式完成。同时很多学校都针对全校学生开设必修的文献信息检索课程，对于专利信息检索和情报分析有所涉及，由于理工农医类学生进入社会后主要是作为技术型人才，所以在校教育中对于研发意识、专利申请意识、知识产权保护意识和经营意识的培养非常关键。

社会培训主要提供顺应时代发展和符合企业当前需求的技术转移人才。技术转移具有关系全局、涉及面广而且工作细分的特点，集技术、经济、法律、管理于一体，涉及技术研发、知识产权保护、商务谈判、公司运营、政策法规等内容，对人才有较高的要求。而大学教育由于具有教学周期长、教学内容相对固定、课程设置基础化的特点，并不能充分满足瞬息万变的市场对于专利运营人才的需求，所以需要针对实际需求开展社会培训。

从技术转移人才培训的组织方来看，社会培训主要包括组织内部的培训、社会机构组织的培训和政府部门组织的培训。组织内部培训主要是基于组织对于技术转移的需求而开展的培训活动，比如专利运营活动频繁的 ICT 企业和以提供专利咨询、专利分析等服务为主要业务的企业。在社会机构组织的培训方面，多年来北京技术市场协会举办了多期技术经纪人（技术经理人）培训班，并辐射到周边地区，取得良好的社会反应；上海市技术转移协会也在上海地区展开技术经纪人培训。政府部门组织的技术转移培训主要由科技管理部门负责开展。2019 年 9 月科技部火炬高技术产业开发中心与辽宁省科技厅在沈阳共同主办国家技术转移机构主任培训班。实践中，很多企业对于技术转移人才培训的重要性认识还不够，而且不愿意进行这方面的投入，所以政府在提供技术转移培训方面起到重要作用。

从培训的对象来看，参与技术转移培训的人员包括来自大学和科研机构的人员、来自一般企业的人员、来自技术转移服务机构的人员和来自政府相关业务管理工作的人员。大学和科研机构是我国国家创新体系的关键支撑部门，但是大学和科研机构的技术创新成果的转移转化一直面临诸多困难，通过对大学和科研机构的技术转移工作人员或科技管理人员进行培训，可以有效改善技术转化难的情况，促进创新成果向生产力的转变。企业方面，从事研发、销售的人员和高层管理人员都需要对技术有所了解，通过对企业相应人员开展培训，一方面可以提高决策层对技术的认识从而制定符合企业发展目标的决策，另一方面能够提高技术转移工作人员的业务能力以强化技术在企业经营中的价值。技术转移服务机构主要包括咨询公司、专利代理机构、律师事务所、中介等。通过对这些单位的工作人员进行培训，可以提升其专业化程度，从而为客户提供更优质的服务，完善技术转移的整个社会体系。与技术转移相关的政府管理工作人员虽然不直接参与技术转移，但是政府行政管理部门的存在和运营是整个技术转移体系存在和运营的保障，通过对各类工作人员的培训，提升其业务能力可以更好地保证技术转移活动的开展。

后 记

技术转移话题，常说常新、常新常说。在书稿"杀青"之际，突然意识到技术转移具有除了自序部分说到的"历史性、世界性、时代性、急迫性"四大特征外，还应该加上"永恒性"，就是这个难题、这项工作，将永远伴随人类。因为无论怎样规划和努力，人类都不能恰好用完所创造的全部科学技术知识。

在数字科技、数字经济的作用和影响下，人类进入一个"再造"的时代：流程再造、组织再造、业务再造，甚至是局部的生命再造。显然，技术转移也面临着再造，而且也必然再造、必须再造。完全可以想象，在不远的将来，人类可以利用数字科技更精准地预测生产生活需求、更精准地组织资源进行研发满足生产生活需求，到那时，技术转移的效率将会大大提高。期盼着那一天早日到来。

在本书成稿过程中，得到了作者所在单位中国科学院科技战略咨询研究院领导和同事的大力支持。书中的不少观点在中国科学院科技促进发展局、科学技术部火炬高技术产业开发中心、中国技术市场协会、北京技术市场协会等单位组织的培训会议中和全国的很多同行交流过，并得到不少有价值的反馈，在此表示衷心感谢。书稿提交出版社后，责任编辑李潇多次和作者联系讨论诸多细节事项，其认真负责的精神让人感佩不已，在此再次表示感谢。

由于技术转移涉及的领域广泛复杂，作者能力有限，难以逐一深入把握，书中不当之处在所难免，恳请各位专家、读者不吝赐教。